Подмена
личности

Подмена личности

ВОЗВРАЩЕНИЕ МЕССИИ 1-ГО ВЕКА

ПЯТЬ ПРИЧИН, ПО КОТОРЫМ ХРИСТОС ЗАМЕНИЛ МЕССИЮ

Автор книги *Исцеляющая Сила Корней*
ДОМИНИКА БИРМАН, „КАНД. ФИЛОС. НАУК" (PHD)

© 2020, Доминика Бирман
Подмена личности, Доминика Бирман

Все права защищены. Никакая часть этой книги не может быть воспроизведена в какой бы то ни было форме и какими бы то ни было средствами с целью извлечения прибыли. Использование кратких цитат или копирование отдельных страниц в образовательных целях - индивидуальных или групповых - разрешено и приветствуется. Разрешение будет предоставлено по просьбе.

Если не указано иначе все цитаты из Священных Писаний взяты из Синодального перевода (SYN), Нового русского перевода (NRT) и Еврейского Нового Завета в переводе Давида Стерна (ENT).

Такие слова, как Иисус, Христос, Господь и Бог, были заменены автором на их первоначальное еврейское исполнение: Йешуа, Яхве и Элохим.

Электронная книга ISBN: 978-1-953502-30-8
Книга в мягкой обложке ISBN: 978-1-953502-29-2

Первое издание в мягкой обложке — июнь 2020 г.

Опубликовано издательством Zion's Gospel Press
shalom@zionsgospel.com
52 Tuscan Way, Ste 202-412,
St. Augustine, Florida 32092, USA

Впервые напечатано в июне 2020 года
Опубликовано в Соединенных Штатах Америки
Перевод на русский язык осуществил Алексей Лебедев 2020
Корректуру осуществила Эха Лыхмус 2020

Позабудет ли девушка украшения, и невеста – свой свадебный наряд? А Меня народ Мой забыл уже давным-давно.

— *Иеремия 2:32*

Воистину, Ты – Бог сокровенный,
Бог Израиля, Спаситель.

— *Исаия 45:15*

ПОСВЯЩЕНИЕ

В Яд Вашем, музее Холокоста в Иерусалиме, проложена особая аллея, обсаженная деревьями, — Аллея праведников мира. Под каждым деревом установлена табличка с именем и фамилией и страной проживания, которая увековечивает храброго нееврея, рисковавшего своей жизнью для спасения евреев от уничтожения нацистами в период оккупации Европы. Среди таких людей были христиане как католической, так и протестантской веры.

Своими праведными и справедливыми действиями они преодолели чудовищные антисемитские богословия, которые были плодородной почвой всех гонений, унижений и убийств евреев во имя Христа во время нацистского Шоа (Холокоста).

Я посвящаю эту книгу всем тем известным и неизвестным христианам, которые сумели подняться вышес воего богословского воспитания.

Я приветствую их всех. - Архиепископ д-р Доминика Бирман. Президент *Служения Кад-Эш МАП (Kad-Esh MAP Ministries)* и *Объединенные Нации за Израиль*.

ПРЕДИСЛОВИЕ

Я нахожусь в полновременном служении 54 года. Я объездил весь мир и прочитал, казалось бы, бесчисленное количество книг и прошел столько же учебных курсов. Я прочел множество книг с обнадеживающими историческими фактами и много-много книг о нашем любимом Израиле, тяжелом положении нашего народа и о планах нашего ЯХВЕ для Своего народа. Читая эту невероятную книгу архиепископа Бирман, вы откроете для себя шокирующие истины, которые на протяжении поколений скрывались историками и теологами. Она раскрыла и смело провозглашает эти истины, которых боялись и не хотели открыто обсуждать многие служители и потенциальные ученые, не желая поднимать шум. Эта книга - цунами откровений нашего прошлого, настоящего и будущего народа ЯХВЕ.

Предательство памяти и нынешнего состояния избранного Богом народа, по-видимому, упускается из виду и в том, (в той части общества), что называется сегодняшней Церковью.

Эту книгу нельзя прочитать и отложить в сторону. Она пленяет чистых сердцем и тех, кто так искренне желает угодить Небесному Отцу.

Я аплодирую вам, архиепископ, за вашу отвагу, вашу стойкую веру и смелость как пророчицы, которой вы являетесь - исторически занимая такую твердую позицию, с таким разоблачающим писательским творением, которое может и должно стать учебным пособием для всех, кто ищет чистую истину.

На протяжении многих лет я служил со многими и служил многим людям ЯХВЕ, как мужчинам, так и женщинам. Среди них есть служители, которых считают передовыми, но я могу сказать, что никто до сих пор не пытался вернуть и восстановить нашу истинную личность так бескомпромиссно. (как это сделали вы).

Архиепископ, пророчица, я очень благодарен за вашу преданность и вашу страсть. Я счастлив называть вас "другом" и соратником по вере.

Да умножится шалом бесконечными благословениями и благосклонностью к вам;

— **Архиепископ Лоуренс Лэнгстон (Lawrence Langston), доктор теологии и доктор философии.**

СОДЕРЖАНИЕ

Введение: Пророчество Розы 1
   Божественный призыв к Церкви подобной Есфирь .. 2
   Антисемитизм снова на подъеме! 3

1-е ворота: Ядовитый плод подмены личности 15
   Первый Никейский собор.................. 16
   Анти-МЕСИТОЕС 21
   О христианском антисемитизме из разных источников................... 22
   Плодородная почва для Гитлера и Нацистского Холокоста.................. 25
   Некоторые плоды христианского антисемитизма.. 26
   Позвольте Нам Познакомиться 32

2-е ворота: Убийства во имя Христа 35
   Факты о Подмене Личности................ 37
   Ориген Александрийский (185 н.э – 254 н.э)......... 40
   Иоанн Златоуст (344 н.э – 407 н.э) 40
   Августин (Аврелий) (354 н.э – 430 н.э) 41
   Пётр Достопочтенный..................... 41
   Мартин Лютер—1543: О евреях и их лжи (выдержки) .. 42
   Ни подмены личности, ни Холокоста 45

3-и ворота: Борьба с пятиглавым монстром 49
   Анти-МЕСИТОЕС 50
   Победа над врагом с помощью наших свидетельств....51

4-е ворота: Потеря помазания. 63
   Голова номер 1: Анти-Мессия................ 63

Значимость настоящей личности 63
21-ый век как 1-ый век! 68
Хотите ли вы известности у Бога или у людей? 72
Молитва о восстановлении 73

5-е ворота: Возвращение помазания 75

Являемся ли мы истинными мессианскими верующими или же мы христиане? 77
На пути к более высокому уровню 80

6-е ворота: Как люблю я Дух Твой 85

Три "запрета" 85
1: Духа не угашайте (1-е Фессалоникийцам 5:19) 85
2: Духа не огорчайте (Ефесянам 4:30) 87
3: Духа не хулите (от Матфея 12:31) 98
Молитва тшува: покаяние, возвращение и восстановление 101

7-е ворота: Израиль, наша мать 103

Голова номер 2: Анти-Израиль 103
Ключ Авраама 111
Молитва покаяния за враждебное отношение к Израилю 117

8-е ворота: Возвращение к слову Божию 119

Голова номер 3: Анти-Тора 119
Ложь о том, что "закон нарушен" 122
Тора, учение, наставление 128
Никейский Собор 132
Шаббат и COVID-19 139
Песах, праздник Иштар и COVID-19 143
Время избавиться от старой закваски 145
Законы Божьи вечны 153
"Снимите личность свиньи с Моего народа" 158
Ни святости, ни силы, ни славы! 165
Жизненно важная молитва о покаянии 173

9-е ворота: Высокомерие и антисемитизм 175
Голова номер четыре: анти-еврейская 175
Эта древняя ненависть коренится в зависти...................... 177
"Христоубийцы." 180
Убийство сыновей в Египте........................... 187
Амалек в пустыне 190
Валаам и Валак...................................... 193
Аман в Персии.. 198
Определяющая молитва призыва на службу 203

10-е ворота: Неопределенность личности и антисемитизм 205
"Мы не должны иметь ничего общего с евреями" 206
Неопределенность личности и цепная реакция 208
Лев от колена Иудина 211
Почему так необходимо срочно восстановить его еврейское имя?... 212
Обман о том, что "евреи убили Христа" 215
Христианский антисемитизм в 21 веке 220
Связь между Гитлером и Лютером 225
Молитва покаяния против антисемитизма 233

11-е ворота: Восстановление Израиля 235
Голова номер 5: Анти-сионистская.................. 235
Христианский, политический антисемитизм 238
От Палестины до отстроенного Израиля 243
Сионизм был вызван Кишиневским погромом................ 243
Величайшее чудо 20-го века 252
Возрождение иврита 255
Истина, стоящая за Палестинским вопросом 267
История миграции в Палестину 269
Османский период 1800-1918 гг. 269
Чудо гладиолусов............................. 275
Проклятые пески Газы........................... 277
Нарушенное обещание и создание Иордании 281

  Израиль всегда помогает первой, даже своим врагам............287
  Молитва покаяния за враждебное отношение к Израилю..........294

12-е ворота: Суд над народами..........295
 Ураган Ирма, Сентябрь 2017.................302
 COVID-19 и разделение Израиля......................307

Заключение..........315

I-е Дополнение: Проживая жизнь возмещения...............319
 Возмещение — это то, что нужно делать каждому христианину в мире 320
  Восстановление чести Израиля..................320
  Восстановите честь — это заповедь Торы! 321
  Всё дело в восстановлении чести Израиля!................325

II-е Дополнение: Дополнительная информация...............329
 Пройдите онлайн-курс GRI против антисемитизма..329
 Приобретайте оснащение и станьте нашим партнером 331

III-е Дополнение: Молитва против Амалека.................333

IV-е Дополнение: Библиография..........................339

ВВЕДЕНИЕ

ПРОРОЧЕСТВО РОЗЫ

Я получила это пророчество в 1993 году. Будучи на борту рейса Эль-Аль из Цюриха в Тель-Авив я спросила у Духа Святого: „Итак, почему же 'так важно' обучить Церковь о 'корнях'"? Я хотела понять предназначение моих путешествий во многие страны. „Бог, что ты говоришь?"

В моей памяти все еще были живы свидетельства о чудесных исцелениях и избавлениях, которые были разделены после того, как мы закончили наш первый семинар Возвращение к корням в Херизау, Швейцария. Ганс Петр (Hans Peter) и Анита Фогт (Anita Vogt) приветствовали нас, и всех евреев, с распростертыми объятиями. „Церковь должна покаяться", - сказали они.

Одно свидетельство, разделенное молодой женщиной, было очень трогательным.

"У меня были психические проблемы", - сказала она, - „Я не могла найти свою личность. Они изгнали из меня множество демонов, но я так и не освободилась. По мере того, как Вы рассказывали о корнях нашей веры и незыблемой связи между евреями и не-евреями, спокойствие пришло ко мне, и я примирилась со своими корнями. Теперь я свободна!"

Я обдумывала все это во время того рейса Эль-Аль из Цюриха в Тель-Авив. По мере приземления самолета, Дух Божий ответил на мой первоначальный вопрос: „В чем же важность обучения Церкви о корнях?"

„Это вопрос жизни и смерти," сказал Он. „Церковь похожа на прекрасную розу, срезанную с корней в саду. Она выжила в течение двух дней в вазе с водой. Но на третий день она умрет, если её не посадить и не соединить с корнями".

Я заплакала. Это пронзило мое сердце насквозь. Если это вопрос жизни и смерти, я уплачу цену за это ради ГОСПОДА и Его детей. Писание говорит, что день для ГОСПОДА подобен тысяче лет. Прошло уже две тысячи лет с тех пор, как ГОСПОДЬ Йешуа (Иисус) явился Израилю, и Церковь возникла в Иерусалиме. Все они были тогда евреями. Теперь же мы вступаем в новую эру истории. Воссоединение с нашими корнями — это вопрос жизни и смерти!

Ибо не хочу оставить вас, братия, в неведении о тайне сей, – чтобы вы не мечтали о себе, – что ожесточение произошло в Израиле отчасти, до времени, пока войдет полное число язычников...

— Римлянам 11:25

Божественный призыв к Церкви подобной Есфирь

„В 2016 году Архиепископ Кентерберийский Джастин Уэлби (Justin Welby) сравнил антисемитизм с 'вирусом', добавив, что 'это позорная истина, что благодаря своим богословским учениям Церковь, которая должна была предложить противоядие, усугубила распространение этого вируса." (Telegraph.co.uk)

Божественный призыв к Церкви подобной Есфирь
Эта книга - призыв к каждому христианину, церкви и конфессии, восстать среди своего поколения, как это сделала Есфирь. Жизненно важно истребить антисемитизм из рядов христиан, чтобы подготовить возвращение еврейского Мессии в Иерусалим.

„Рука на престоле Господа: брань у Господа против Амалика из рода в род".

— Исход 17:16

Антисемитизм снова на подъеме!

В ежегодном докладе Всемирной сионистской организации (WZO) о распространении антисемитизма в мире, опубликованном в понедельник, сказано, что пандемия коронавируса спровоцировала возрождение антисемитской деятельности и взглядов:

Лорен Маркус, новостное издание World Israel News (Новости Мир Израиля) 20 апреля 2020 года:

> Накануне Дня памяти жертв Холокоста Всемирная сионистская организация (WZO) опубликовала ежегодный доклад о состоянии антисемитизма в мире. В этом году в докладе подробно описывается всплеск антисемитских настроений в мире, что частично обусловлено пандемией коронавируса.
>
> В докладе отмечается, что в период с 2018 по 2019 годы зафиксирован рост частоты случаев антисемитизма с

применением насилия на 18 процентов. Стрельба в синагоге в городе Пауэй, штат Калифорния, в которой была убита одна женщина и еще многие верующие получили тяжелые ранения, и попытка вооруженного нападения на синагогу в городе Галле недалеко от Берлина, в результате которого были убиты два человека и еще двое получили ранения, произошли в 2019 году.

С момента начала пандемии коронавируса в 2020 году антисемиты активизировались на просторах сети Интернет „с обвинениями в адрес евреев, сионистов и израильтян, как отдельных лиц, так и группы людей, в создании и распространении коронавируса". Но практика обвинения евреев в мировых бедах уже стала чем-то само собой разумеющимся.

„Порицание евреев за то, „что что-то идет не так", — дело обыденное с длинной историей, как и сам антисемитизм", — говорится в докладе, подготовленном исследователем антисемитизма с многолетним стажем Эли Нахумом (World Israel News, Новости Мир Израиля).

Много лет назад я стояла у массивных стен церкви близ польских лагерей смерти Освенцим-Биркенау и задавала Всевышнему следующий вопрос:

„Как можно было предотвратить Шоа (нацистский Холокост)?

Он ответил мне: „В то время еще не было церкви Есфирь.

Если бы существовала церковь Есфирь, то шесть миллионов Моих людей не были бы уничтожены."

Исторически Церковь была не защитницей еврейского народа, а скорее его гонителем. Это казалось сомнительным в свете таких событий, как похищения еврейских детей, чтобы вырастить их христианами, христианские Крестовые Походы, испанские и другие инквизиции, анти-еврейские убийственные оргии проводимые в Европе и России на Пасху (праздник Иштар), Рождество, Новый Год и массовые убийства нацистов (Холокост)... и все во имя христианства и Иисуса Христа. Да, казалось очень сомнительным, что Церковь вообще может быть защитницей еврейского народа.

Я поставила перед собой задачу содействовать формированию такой общины Есфири, чтобы предотвратить очередную вспышку амаликитско-аманского антисемитизма, чтобы не убили еще больше евреев.* Эта своевременная книга является частью этого стремления, поскольку антисемитизм обострился до масштабов, подобных тем, что имели место до Второй мировой войны. Мы не можем и *не должны* молчать.

К моей радости, сегодня есть несколько христианских организаций, которые демонстрируют признаки общины Есфири, но этого недостаточно.

Но что такое церковь Есфири и чем отличилась Есфирь, чтобы стать героиней целой книги в Библии?

Если бы мне пришлось подвести итог, то одним важным фактором, который сделал царицу Есфирь бесспорным спасителем ее народа, была её *личность*.

Когда ее вызвал к себе двоюродный брат и приемный отец Мардохей, она сначала сказала: „Нет, я не хочу рисковать своей жизнью ради еврейского народа." Есфирь совсем забыла свою идентичность еврея. Она чувствовала себя комфортно и

---

* В Библии, Амалек - враг Израиля (например, см. Исход 17:8-16). Аман является еще одним врагом еврейского народа и пытался истребить евреев в книге Есфирь (см. Есфирь 3:6 для примера).

защищенной в гареме царя*, и она была готова скорее увидеть, как ее народ убивают, чем потерять свои удобства.

Мардохей вручил Гафаху (Слуга евнух Есфири) список с указа, обнародованного в Сузах, об истреблении их, чтобы показать Есфири и дать ей знать обо всем. Мардохей велел Есфири идти к царю, просить Его милости и умолять его от имени своего народа. Гафах пересказал Есфири слова Мардохея. Затем сказала Есфирь Гафаху и послала его сказать Мардохею

> „Все, служащие при царе, и народы в областях царских знают, что всякому, и мужчине, и женщине, кто войдет к царю во внутренний двор, не быв позван, один суд — смерть, только тот, к кому прострет царь свой золотой скипетр, останется жив. А я не звана к царю вот уже тридцать дней И пересказали Мардохею слова Есфири.
>
> — Есфирь 4:11–12

Большая часть церкви также забыла о своей личности. Она считала себя романизированной христианкой с римскими праздниками и традициями и ей это было удобно. Антисемитизм растет до самых высоких масштабов со времен Второй мировой войны, но она чувствует себя комфортно. Она не еврейка или все-таки да?

Когда неевреи получают Новый Завет в крови еврейского Мессии, они прививаются к еврейскому оливковому дереву, став таким образом единым целым с Израилем.

---

* Гарем-это отдельная часть дома, предназначенная для жен, наложниц и служанок.

> Если же некоторые из ветвей отломились, а ты, дикая маслина, привился среди них и стал причастником корня и сока маслины, то не превозносись перед ветвями. Если же превозносишься, то вспомни, что не ты корень держишь, но корень тебя.
>
> — Римлянам 11:17

Бог не призывает неевреев заменить или узурпировать Израиль, но присоединиться к Израилю, как Руфь присоединилась к Ноемини.

> Но Руфь сказала: „не принуждай меня оставить тебя и возвратиться от тебя, но куда ты пойдешь, туда и я пойду, и где ты жить будешь, там и я буду жить, народ твой будет моим народом, и твой Бог — моим Богом, и где ты умрешь, там и я умру и погребена буду, пусть то и то сделает мне Господь, и еще больше сделает, смерть одна разлучит меня с тобою."
>
> — Руфь 1:16-17

Но Церковь сегодня по большей части привита не к оливковому дереву, а к римской, языческой рождественской елке. Таким образом, она потеряла свою истинную идентичность. Не только личность еврейского Мессии была подменена на латинизированного Христа, но и идентичность церкви была подменена, таким образом, не было никакой общины Есфири, чтобы предотвратить Шоа (нацистский Холокост) во время Второй мировой войны. .

А будет ли одна сегодня? От нас зависит восстановление истинной *личности* еврейского Мессии, а вместе с ней и *личности* его невесты.

Восстановление после этой вековой подмены *личности* — это приказ часа – а если нет, то великий суд над Церковью и народами будет освобожден, знаки уже здесь!

Спасай взятых на смерть, и неужели откажешься от обреченных на убиение? Скажешь ли: „вот, мы не знали этого"? А Испытующий сердца разве не знает? Наблюдающий над душою твоею знает это, и воздаст человеку по делам его.

— Притчи 24:11–12

Мардохей ответил своей теплой и уютной племяннице так:

Если ты промолчишь в это время, то свобода и избавление придет для Иудеев из другого места, а ты и дом отца твоего погибнете. И кто знает, не для такого ли времени ты и достигла достоинства царского?

— Есфирь 4:14

Мардохей отделил Есфирь и дом ее отца от остальных евреев, которые должны были быть освобождены ЯХВЕ другим путем. Если Есфирь будет молчать, она и дом ее отца не будут спасены, хотя все остальные евреи будут освобождены.

Однако Есфирь была сиротой со времен Вавилонского изгнания и Мардохей был ее единственным отцом. Неужели Мардохей обрекает себя на гибель? Или же дом отца Есфири был совсем другим домом?

> **Был в Сузах, городе престольном, один Иудеянин, имя его Мардохей, сын Иаира, сын Семея, сын Киса, из колена Вениаминова. Он был переселен из Иерусалима вместе с пленниками, выведенными с Иехониею, царем Иудейским, которых переселил Навуходоносор, царь Вавилонский. И был он воспитателем Гадассы, — она же Есфирь, — дочери дяди его, так как не было у нее ни отца, ни матери. Девица эта была красива станом и пригожа лицом. И по смерти отца ее и матери ее Мардохей взял ее к себе вместо дочери.**
>
> — Есфирь 2:5-7

У Есфири не было ни отца, ни матери, ни отцовского дома. Теперь она была замужем за персидским царем, который стал ее мужем и по доверенности весь дом его отца стал домом ее отца. Если бы отец царя был жив, то у Есфири мог бы быть свекор.

Может быть Мардохей дал ей понять, что если она не поможет своему народу, то Бог Израиля будет судить ее и ее законную семью, персидскую царскую семью, к которой она принадлежала? Видите ли, персидский царь считался отцом своего народа. В этом смысле он был не только мужем Есфирь, но и ее отцом.

Предупреждение Мардохея ей можно перефразировать следующим образом: Если ты не будешь сражаться за завет еврейского народа, который тебя родил и воспитал, то мы все равно будем освобождены, ибо у Бога есть завет с нами. Но ты, ставший единым с царем Персии и его народом, погибнешь – и не только ты, но твой царь и отец и весь персидский народ.

Есфирь, по-видимому, поняла это, так как она раскаялась и пошла поститься, прежде чем она ходатайствовала за евреев перед своим царем. Впервые она признала свою забытую еврейскую личность.

„И отвечала царица Есфирь и сказала: если я нашла благоволение в очах твоих, царь, и если царю благоугодно, то да будут дарованы мне жизнь моя, по желанию моему, и народ мой, по просьбе моей! Ибо проданы мы, я и народ мой, на истребление, убиение и погибель. Если бы мы проданы были в рабы и рабыни, я молчала бы, хотя враг не вознаградил бы ущерба царя."

— Есфирь 7:3-4

Ее вмешательство было рискованным, но она вмешивалась не только ради еврейского народа, нет! Она действительно спасала Персию от уничтожения, так как теперь была персиянкой. Этот принцип повторяется во всех священных Писаниях. Любой человек или народ, который пойдет против Израиля, навлечет на себя гнев Бога Израиля.

„Ибо так говорит Господь Саваоф: для славы Он послал Меня к народам, грабившим вас, ибо касающийся вас касается зеницы ока Его. И вот, я подниму руку Мою на них, и они сделаются добычею рабов своих, и тогда узнаете, что Господь Саваоф послал Меня."

— Захария 2:8-9

Остальная часть этой истории закончилась плохо для злого Амана, так как он был повешен на виселице, которую он приготовил для еврея Мардохея.

Остальная часть этой истории закончилась плохо для злого Амана, так как он был повешен на виселице, которую он приготовил для еврея Мардохея.
„И повесили Амана на дереве, которое он приготовил для Мардохея. И гнев царя утих."

— Есфирь 7:10

После того как все опасные змеи были убиты, евреи смогли защитить себя и одолеть своих врагов. Царица Есфирь была возведена в известность и Мардохей стал советником царя вместо амаликитянина Амана.

После того как все опасные змеи были убиты, евреи смогли защитить себя и одолеть своих врагов. Царица Есфирь была возведена в известность и Мардохей стал советником царя вместо амаликитянина Амана.

— Есфирь 8:15

Личность царицы Есфири была полностью восстановлена, теперь вспоминается имя ее еврейского отцовского дома. Теперь она была опознана как дочь Абихайла. Авихаил означает могучий отец. Теперь она была полноправной дочерью Всевышнего. Ее сиротство и неуместная идентичность остались в прошлом.

> „Написала также царица Есфирь, дочь Абихаила, и Мардохей Иудеянин, со всею настойчивостью, чтобы исполняли это новое письмо о Пуриме."
>
> — Есфирь 9:29

Все хорошо, если все хорошо кончится.

Хорошо ли это кончится для церкви и народов, которые она представляет? Только если возникает церковь Есфири, чтобы вмешаться в их правительства для подавления отвратительного подъема антисемитизма.

> **Я благословлю благословляющих тебя, и злословящих тебя прокляну, и благословятся в тебе все племена земные.**
>
> — Бытие 12:3

Чтобы такая церковь Есфири возникла, она должна восстановить свою идентичность как привитая к еврейскому оливковому дереву и поклоняющаяся еврейскому Мессии. Только еврейский Мессия в ней может опрокинуть антисемитизм и суд над народами из-за возмездия за Сион (Исаия 34:8). римский Христос не подойдет!

Чтобы возникла община Есфири, мы должны вернуть подмененную личность еврейского Мессии Йешуа, который, как и еврей Мардохей, стучится в нашу дверь.

> „Вы не знаете, чему кланяетесь, а мы знаем, чему кланяемся, ибо спасение (Йешуа) — от Иудеев."
>
> — От Иоанна 4:22

Это не слишком раннее время для возникновения церкви Есфири!

„Ибо гнев Господа на все народы, и ярость Его на все воинство их. Он предал их заклятию, отдал их на заклание. И убитые их будут разбросаны, и от трупов их поднимется смрад, и горы размокнут от крови их. Ибо день мщения у Господа, год возмездия за Сион."

— Исаия 34:2

По мере прочтения, Вы откроете для себя пять основных причин, почему Церковь потеряла свою еврейскую личность. Вы также узнаете, как вернуть её! Во вратах первых (глава первая) мы раскроем плод подмены личности Мессии.

За Иудейского Льва - Архиепископ д-р Доминика Берман,

Президент Служения Кад-Эш МАП (Kad-Esh MAP Ministries)

и Объединенные Нации за Израиль.

ПЕРВЫЕ ВРАТА

ЯДОВИТЫЙ ПЛОД ПОДМЕНЫ ЛИЧНОСТИ

> Да, точно так же, как вы можете узнать дерево по его плоду, так вы можете узнать и людей по их действиям.
>
> — ОТ МАТФЕЯ 7:20

В христианских кругах широко распространено мнение, что большая часть еврейской нации не была ознакомлена со своим Мессией и Спасителем. Но сколько людей понимают, что большинство христиан в мире тоже не знают Его? В целом христианский мир знаком с римским Христом, а не еврейским Мессией. Результатом этой подмены личности стали презренные акты унижения, убийства и распространенный антисемитизм во многих христианских кругах. Плод общения с римским Христом, а не с еврейским Мессией, — это кровопролитие и жестокость.

Такие события, как похищение еврейских детей, чтобы воспитать христианами, ограничительные и дискриминационные законы направленные против евреев, христианские Крестовые походы, Испанская Инквизиция и другие Инквизиции, погромы˙, Нацистский Холокост и большая часть анти-сионизма сегодня являются ужасным наследием этой вековой подмены личности, которая длится более 18 веков. Император Константин укрепил её через Первый Никейский собор в 325 году н.э., который потребовал полного развода с евреями, что включало отделение от еврейского Мессии.

Следующие параграфы взяты из того, что я называю Актом развода от еврейского народа и всего еврейского. Это разделение затрагивает христиан и по сей день, являясь „виновником" всего христианского антисемитизма.

Первый Никейский собор

Выдержка из письма императора (Константина) всем, кто отсутствовал на соборе. (Евсевий, Жизнь Константина, III 18-20).

Когда возник вопрос о священном празднике Пасхи (праздник Иштар), все считали, что было бы удобно, чтобы все вели празднование в один день, что бы могло быть прекраснее и желаннее, чем увидеть этот праздник, благодаря которому мы получаем надежду на бессмертие, отмечаемое всеми единодушно и единым образом? Особенно недостойным было объявлено в такое время, время святейшего из празднеств, следовать обычаям (расчетам) евреев, которые запачкали свои руки самым страшным из преступлений, и чьи умы были

---

* Определение погрома: „Организованная резня той или иной этнической группы, в частности, евреев в России и Восточной Европе" Определение Оксфордского словаря.

ослеплены. Отказываясь от их обычая, мы передаем нашим потомкам правомерный принцип празднования Пасхи (праздник Иштар), который мы наблюдали со времени исхода Спасителя согласно дню недели.

Поэтому мы не должны иметь ничего общего с евреями, ибо Спаситель наш показал нам путь другой, наше поклонение следует в более правомерном и удобном русле (порядок следования дней недели): *И поэтому, единодушно принимая этот принцип, мы желаем, дорогие братья, отделить себя от отвратительного общества еврея.* Поскольку нам действительно стыдно слышать их гордыню, слышать то, что без их руководства мы не сможем сохранить это празднование. Как они могут быть правы, те, кто после смерти Спасителя более не руководствуются разумом, но диким насилием, кое наваждение может побудить их? Они не обладают правдой в этом пасхальном вопросе, поскольку в своей слепоте и отвращении ко всем улучшениям, они часто отмечают две Пасхи в одном и том же году. Мы не могли подражать тем, кто открыто ошибается.

Как же тогда мы можем следовать за этими евреями, которые вполне вероятно ослеплены ошибкой? Ибо праздновать Пасху дважды в год абсолютно недопустимо. Но даже если бы это было не так, это все равно было бы нашей обязанностью не запятнать душу свою, общаясь с такими порочными людьми (евреями). Вы должны учитывать не только количество церквей, составляющее большинств этих провинциях, но и так же то, что требовать того, чего требует наш разум - правильно и что мы не должны иметь ничего общего с евреями. (Парцифаль)

С тех пор, они приняли римского Христа как общепризнанного Спасителя христиан. Этот римский Христос пришёл с римским именем, римскими языческими празднованиями и традициями, а так же римской ненавистью ко всему еврейскому. Последствия этого нельзя назвать никак иначе нежели разрушительными. Сегодня молодое поколение находится на перекрестке выбора в то, что верить, и миллионы покидают церкви с чувством опустошенности и обмана. Дух Святой стучался в двери всех церквей за покаянием и восстановлением личности Его еврейского Сына, который является единственным Спасителем мира.

До написания моей первой книги на тему (известной всемирно как *Исцеляющая Сила Корней* (The Healing Power of the Roots), я спросила Всевышнего, „Почему же так важно обучить Церковь о еврейских корнях?" Его ответ для меня был громким и ясным, и он поддерживал меня в распространении этой проповеди на протяжении почти трёх десятилетий: *„Это вопрос жизни и смерти. Церковь была как Роза, которую срезали от её корней и поставили в вазу с водой на два дня. И на Третий День, если она не будет пересажена обратно, она обязательно умрёт."* у Господа один день, как тысяча лет. (2 Петра 3:8). Третий день настал, (3-е тысячелетие, – и роза умирает.

Недавно мы с сотрудниками побывали на общенациональной конференции религиозных передач (NRB), проводившемся в Нэшвилле, Теннесси, в котором принимали участие как американцы, так и представители других стран. Это был третий раз, когда я посещала такую конференцию. В последний день мы посетили открытую встречу консультационного совета NRB. Все участники имели возможность выразить мнение о том, что можно улучшить к следующей конференции.

Эта важная ассоциация была основана в 1944 году. Они боролись как лев за свободы христианского радио, телевидения и медиа. Ассоциация повлияла на многие выдающиеся пастырства и даже правительства, будучи прекрасным источником для обучения всем пастырским медиа. По прибытии, я заметила, что в отличие от предыдущих лет, посещаемость была очень низкой и конференц-комнаты были полупустыми. Я так же заметила, что многие места, выделенные для платной рекламы пастырских медиа, пустовали я чувствовала, что NRB была вовлечена в серьезную „войну". К тому же, доктор Рави Захариас (Ravi Zacharias), которому было поручено дать вступительное слово, пришлось срочно отправиться на неотложную операцию. К сожалению, тремя месяцами позже, 19 мая 2020, Рави, духовный наставник для многих и блестящий лидер, умер от рака позвоночника, обнаруженного во время операции. Лорен Грин (Lauren Green) из Fox News написала: „Смерть Рави Захариа обозначила конец эпохи." Многие молились за его здравие, включая нашу команду.

К последнему дню съезда, мы посетили открытое заседание Консультативного совета по телевидению при NRB. Все участники смогли высказать свои мнения и внести предложения по улучшению съезда следующего года Именно тогда председатель правления уверился в нашем мнении, что NRB почти прекратил своё существование к 2020 году, и что сам факт того, что съезд состоялся, был просто чудом! Внутри я была уверена, что эта могущественная ассоциация, ветеран многих войн с 1944 года, столкнулась с монстром, с которым она не сталкивалась ранее.

Я сказала им следующие слова:

„Я полагаю, что для того, чтобы NRB могла испытать силу воскресения и имела будущее, ей необходимо вывести послание Израиля и еврейские корни веры на передний план и в центр внимания. Это также вернет помазание. Мы должны информировать вещателей о том, что невежество на улицах ужасно, а уровень антисемитизма возрастает до опасного уровня. Ключ к грядущему возрождению находится в стихе Римлянам 11:15, 'Принятие евреев, *подобно воскресению из мертвых*.'"

В воздухе повисла полная тишина после моих слов. Но реакция этого важного совета состояла в том, чтобы пригласить меня стать членом Телевизионного Консультативного Совета. Я бы присоединилась и по своей воле, однако, из-за технической ошибки, у меня все еще не было членства в NRB — я была лишь гостем. Они изъявили свою надежду, что это может произойти к следующему году. Тем не менее, я молюсь, что они прислушаются к моим словам, так как будущее NRB и всех её членов зависят от этого.

Эта книга посвящена тому монстру, который почти убил NRB, и продолжает убивать многих хороших христиан, и она дает нам стратегию того, как его победить.

Вопрос не в том, *может ли что-то быть сделано*, мы должны понять, что это нужно сделать, даже несмотря на все трудности, чтобы восстановить личность Мессии. Жертвами этого сатанинского плана являются не только евреи, но и бесчисленные обманутые христиане, которые страдают от ужасной религиозной неразберихи, которая приводит к тому, что я называю *духовной шизофренией*.

Мир погрязает во грехе: гомосексуализм считается допустимым даже среди священников, психических расстройств и самоубийств больше, чем когда бы то ни было, порнография пользуется популярностью среди заметного числа христиан, измены стали нормой даже на церковном пюпитре, воцарились жадность и служение Маммоне, а не поиски Бога. Исход из многих церквей принял невиданные масштабы, и всё это - следствие разорвавшейся связи с одним евреем - Тем, кто умер за нас.

Читая эту книгу, вы пройдете духовное путешествие, очень похожее на путешествие израильтян, освобожденных из рабства в Египте через 430 лет. Однако ваше путешествие включает в себя уход от тщательно продуманного обмана, длящийся почти 1800 лет, который укоренился в четвертом веке н.э, когда он стал утвержденной церковной доктриной. Сегодня в теологических кругах это называется теологией замещения. Тем не менее, это не совсем то, о чем вы можете подумать. Даже если вы слышали об этом ранее, и вы думаете, что вы это не практикуете, пожалуйста, продолжайте читать – посколько это гораздо более распространено, чем вам могло бы показаться, и это замещение прячется в местах, о которых вы можете и не знать.

Даже если вы любитель Израиля, эта книга для вас.

Даже если вы мессианский верующий, эта книга для вас.

Вор личности Мессии - пятыглавый монстр: Демоническое начальство, которого я называю,

Анти-МЕСИТОЕС

У каждой из его голов есть цель обмануть Его невесту, чтобы она стала слабой, следуя „благочестивой форме, но отрицающей силу" (2-е послание Тимофею 3:5) которую дает нам жертвенная смерть Йешуа. Его стратегия состоит в том, чтобы искажать Священные Писания, чтобы убедить нас стать такими, как этот монстр, словом и делом. Пятью областями обмана являются:

- Анти-Мессия
- Анти-Израиль
- Анти-Тора
- Анти-еврейский
- Анти-Сион

Он хитёр, изощрён, жесток и кровожаден. Он пытался истребить евреев, и теперь он пришел за христианами, с планами подтолкнуть целые нации на уничтожение.

Следуйте за мной в разоблачении этого монстра и уничтожении его силой Духа Истины, Словом Божьим, свидетельствами и историческими фактами. Затем мы восстановим подмененную личность нашего еврейского Мессии и вместе с ним Его помазание, истинное духовное здоровье, святость и Божественную власть.

О христианском антисемитизме из разных источников

Христианская риторика и антипатия по отношению к евреям развилась в ранние года христианства, и она была подкреплена верой в то, что евреи убили Христа и все более усиливающимися анти-еврейскими мерами в течение последующих веков Действия, предпринятые христианами против евреев, включали в себя акты остракизма, унижения, насилия и убийства, кульминацией которых стал Холокост. (Harries)

Христианский антисемитизм объясняется многочисленными факторами, в том числе богословскими различиями, конкуренцией между Церковью и Синагогой, стремлением христиан к обращению, неправильным пониманием еврейских верований и обычаев и восприятием иудаизма враждебно по отношению к христианству. В течение двух тысячелетий эти настрои укреплялись в христианских проповедях, искусстве и народных учениях, которые выражали презрение к евреям, а также в законах, предназначенных для унижения и стигматизации евреев. (Koyzis, Gerstenfeld)

Современный антисемитизм в первую очередь описывается как ненависть к евреям как к расе и его наиболее недавнее выражение коренится в расовых теориях 18-го века, в то время как анти-иудаизм коренится во враждебности по отношению к еврейской религии, но в Западном христианстве анти-иудаизм фактически слился с антисемитизмом в 12 веке.* Ученые обсуждали, какую роль играл христианский антисемитизм в нацистском Третьем рейхе, Второй мировой войне и Холокосте. Холокост заставил многих христиан размышлять об отношениях между христианской теологией, христианскими практиками и какой вклад внесли они в них внесли. (Harries, Heschel)

Отцы церкви отождествляли евреев и Иудаизм с ересью и объявили народ Израиля extra Deum (lat. вне Бога) Святой Петр Антиохийский обращался к христианам, которые отказались поклоняться религиозным образам как к имеющим „еврейский разум". В начале второго века нашей эры еретик Маркион Синопский (ок. 85 - ок. 160 г. н.э.) объявил, что еврейский Бог был другим Богом, уступающим христианскому, и отверг еврейские священные писания как следствие низшего Божества. Учения Маркиона, которые были чрезвычайно популярны, отвергли Иудаизм не только как неполное откровение, но также и как ложное, но, в то же время, это позволило меньше обвинять лично евреев за непризнание Иисуса, поскольку, согласно мировоззрению Маркиона, Иисус не был послан меньшим Иудейским богом, но верховным христианским богом, которого у евреев не было причин признавать. (Michael)

В борьбе с Маркионом ортодоксальные апологеты признавали, что Иудаизм был неполноценной и уступающей христианству религией, в то же время защищая еврейские священные писания как канонические. Отец Церкви Тертуллиан (ок. 155 - ок. 240 г. н.э.) имел особенно сильную личную неприязнь к евреям и утверждал, что не-евреи были избраны Богом, чтобы заменить евреев, потому что они были более достойными и более благородными. (Nicholls)

Патристические епископы патристической эопи, такие как Августин, утверждали, что евреев следует оставить в живых, обрекая на страдание, постоянно напоминающее об их убийстве Христа. Как и его анти-еврейский учитель, Амвросий Миланский, он определил евреев как особую группу обреченных на ад. Будучи одним из свидетелей, он освятил коллективное наказание за богоубийство евреев и порабощение евреев католикам: „Не телесной смертью погибнет нечестивая раса плотских евреев ... Рассейте их за границей, заберите их силы. И уничтожь их, О Господь". Августин утверждал, что „любит" евреев, для того, что бы обратить их в христианство. Иногда он отождествлял всех евреев со злым Иудой и разрабатывал доктрину (вместе со св. Киприаном), что „вне Церкви нет спасения". (Michael)

Плодородная почва для Гитлера и Нацистского Холокоста

Другие отцы церкви, такие как Иоанн Златоуст, пошли дальше в своем осуждении. Католический редактор Пол Харкинс писал, что анти-еврейская теология св. Иоанна Златоуста „больше не является обоснованной (..) За эти объективно не христианские действия он не может быть оправдан, даже если он является продуктом своего времени". Иоанн Златоуст утверждал, как и большинство отцов церкви, что грехи всех евреев были общими и бесконечными, для него его еврейские соседи были коллективным представлением всех предполагаемых преступлений всех ранее существовавших евреев. Все отцы церкви применяли отрывки из Нового Завета относительно предполагаемой пропаганды распятия Христа всем евреям своего времени, евреи были абсолютным злом. Однако, Иоанн Златоуст зашел так далеко, что сказал, что, поскольку евреи отвергли христианского Бога в человеческой плоти, Христа, они заслужили быть убитыми: „годны на убой" Цитируя Новый Завет (от Луки 19:27) он утверждал, что Иисус говорил о евреях, когда сказал: „Что касается моих врагов, которые не хотели моего господства над ними, приведите их сюда и убейте их передо мной".

Святой Иероним отождествил евреев с Иудой Искариотом и безнравственным использованием денег („Иуда проклят, что в Иуде евреи могут быть прокляты ... их молитвы превращаются в грехи"). Гомилетические нападения Иеронима, которые, возможно, послужили основой для анти-еврейской литургии

Страстной пятницы, противопоставляют евреев дьяволу и что „обряды евреев вредны и смертельны для христиан", кто бы их ни соблюдал, обречен к дьяволу: „Мои враги - евреи, они сговорились в ненависти ко Мне, распяли Меня, навалили на Меня всякое зло, святотатствовали Меня„. (Michael)

Некоторые плоды христианского антисемитизма

Ниже приведени исторические христианские события ненависти и антисемитизм. христианская история настолько кровава, что невозможно быть исчерпывающим, описывая её одной книгой. Я могла бы написать много томов со слишком многими правдивыми и жестокими историями для печати. И к вашему сведению, это только частичный синопсис.

евреи подвергались широкому кругу правовых ограничений и запретов в средневековой Европе. Они были исключены из ремесел, профессии варьировались в зависимости от места и времени и определялись влиянием различных не-еврейских конкурирующих интересов. Часто евреям запрещали заниматься всеми видами деятельности, кроме одалживания денег и мелкой торговли, но даже это временами было запрещено. Ассоциирование евреев с ростовщичеством денег продолжалось на протяжении всего времени со стереотипом о том, что евреи являются жадными и укореняют капитализм.

В более поздний средневековый период число евреев, которым разрешалось проживать в определенных местах, было ограничено, они были сосредоточены в гетто и не имели права владеть землей, они облагались дискриминационными налогами при въезде в города или районы, отличные от их собственного. Присяга More Judaico, форма присяги, требуемая от еврейских свидетелей, в некоторых местах приобрела причудливые или унизительные формы (например, в Швабском законе 13-го века, где еврей должен был стоять на шкуре свиньи или кровавого ягненка). (Участники Википедии)

Четвертый Латеранский Собор в 1215 году был первым, где провозгласили требование, чтобы евреи носили то, что отличало их как евреев (для мусульман тоже самое). Во многих случаях евреев обвиняли в кровавом навете, предполагаемом питье крови детей-христиан как попытке в насмешке над христианской Евхаристией. (Avrutin, Dekel-Chen and Weinburg)

А Антисемитизм в популярной европейской христианской культуре начал усиливаться в 13-м веке. Кровавые наветы* и осквернение гостии** привлекли внимание общественности и привели ко многим случаям преследования евреев. Многие полагали, что евреи отравляли колодцы, чтобы вызвать чумы. В случае кровавого навета, считалось, что евреи убивают ребенка перед Пасхой (праздник Иштар), и им нужна христианская кровь, чтобы испечь мацу. На протяжении всей

---

* „Кровавые наветы" - это ложное и злонамеренное обвинение в том, что евреи убивали не-евреев (таких как дети-христиане), чтобы использовать их кровь в ритуалах.

** „Осквернение гостии" является формой богохульства в христианских конфессиях, которые следуют доктрине реального присутствия Христа в Евхаристии. Он включает в себя дурное обращение или злое использование освященной гостии - хлеба, используемого в евхаристической службе Божественной Литургии или Мессы.

истории, если христианский ребенок был убит, возникали обвинения кровавом навете, независимо от того, насколько мало еврейское население. Церковь часто подливала масла к огню, изображая мертвого ребенка мучеником, которого пытали, и предполагали, что у ребенка были такие же предполагаемые силы, которые были и у Иисуса. Иногда детей даже превращали в святых („Сказание мясника").

Антисемитские образы, такие как Юдензау (еврейская свинья) и Ecclesia et Synagoga (статуи торжествующей церкви против побежденной синагоги), нашли свое отражение в христианском искусстве и архитектуре.

Анти-еврейские пасхальные обычаи, такие как Сжигание Иуды, сохраняются до настоящего времени (Бахнер, Польская толпа бьет, сжигает чучело Иуды в шляпе, с пейсами ультра-ортодоксального еврея)

Первый Крестовый Поход (1096–1099) был первой из ряда религиозных войн, инициированных, поддержанных и иногда направляемых Латинской Церковью в средневековый период. Первоначальной целью было возвращение Святой Земли из Исламского правления. Первыми отреагировали толпы преимущественно бедных христиан, насчитывающие тысячи человек во главе с французским священником Петром Отшельником. То, что стало известно как Крестьянский Крестовый Поход, прошло через Германию и потворствовало широкомасштабным анти-еврейским действиям и массовым убийствам. (Участники Википедии)

Резня на Рейне, также известная как гонения 1096 года или Gzerot Tatnó, была серией массовых убийств евреев, совершенных толпами немецких христиан Крестьянского Крестового похода в 1096 году, или 4856 согласно еврейскому календарю. Некоторые ученые считают, что массовые убийства были самым ранним из известных случаев антисемитизма. (Nirenburg)

Многие евреи были изгнаны из большинства стран и большинства городов христианской Европы.

В Эдикте об изгнании, король Эдуардом I Плантагенетом изгнал всех евреев из Англии в 1290 году (только после того, как получил выкуп за около 3000 самых богатых из них), по обвинению в ростовщичестве и подрыву верности династии. В 1306 году во Франции была волна преследований, и были широко распространены еврейские погромы во время чумы, поскольку многие христиане обвиняли евреев в чуме или распространении ее. * Еще в 1519 году имперский город Регенсбург воспользовался недавней смертью императора Максимилиана I, чтобы изгнать 500 евреев, находившихся в городе. (Keter Books, Florida Center for Instructional Technology, Wood)

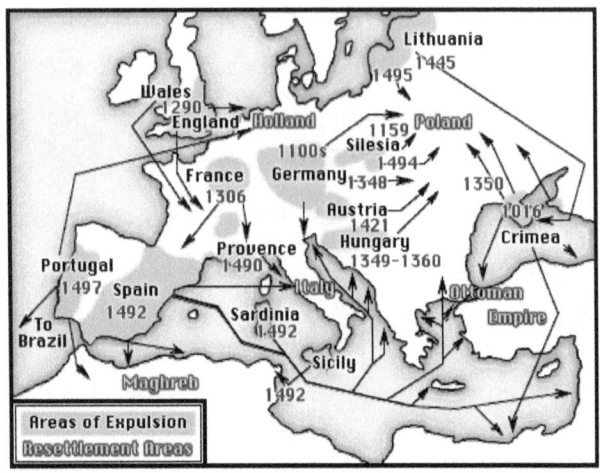

Выше: Карта еврейских выселений и зон расселения в Европе

Испанская Инквизиция

На протяжении веков еврейская община в Испании процветала и росла в количестве и влиянии, хотя время от времени проявлялся антисемитизм. Во время правления Генриха III Кастильского (1390-1406), евреи столкнулись с усилением преследований и были вынуждены принять христианство. Погромы 1391 года были особенно жестокими, и угроза насилия нависла над еврейской общиной Испании. Перед лицом выбора между крещением и смертью число номинально обращенных в христианскуюверу вскоре стало очень большим. Многие евреи были убиты, а те, кто принял христианские верования, - так называемые conversos (Испанский: "Обращенные")— столкнулись с постоянными подозрениями и предубеждениями. Кроме того, осталось значительное число евреев, которые делали вид, что исповедовали обращение, но продолжали исповедовать свою веру в тайне. Известные как Марраны, эти номинальные новообращенные из Иудаизма воспринимались как еще большая угроза общественному порядку, чем те, кто отказывался от насильственного обращения. После того, как Арагон и Кастилия были объединены королевским браком Фердинанда и Изабеллы (1469), Марраны были осуждены как опасность для существования христианской Испании. В 1478 году папа Сикст IV издал папскую буллу, которая разрешала католическим монархам назначать инквизиторов, которые будут заниматься этим вопросом. Это не означало, что испанские государи передавали Церкви борьбу за единство, напротив, они стремились использовать инквизицию для поддержки своего абсолютного и централизованного режима - и особенно для увеличения королевской власти в Арагоне. Первые испанские инквизиторы, действовавшие в Севилье, оказались настолько суровыми, что Сикст IV попытался вмешаться. Однако у испанской короны теперь было оружие, слишком ценное, чтобы от него отказаться, и усилия папы по ограничению полномочий инквизиции оказались безрезультатными. („Испанская инквизиция | Определение, История и Факты | Британника", History, & Facts | Britannica")

Томáс де Торквемáда был назначем испанскими монархами главным инквизитором, он стал главным ужасом всех евреев.

По настянию Торквемады Фердинанд и Изабелла издали указ 31 марта 1492 года, предоставив испанским евреям выбор изгнания или крещения, В результате более 160 000 евреев были высланы из Испании, включая мою еврейскую семью.

Позвольте Нам Познакомиться

Я Израильская еврейка, а также гражданка США, но родилась я в Чили. Я нахожусь на полном служении с 1988 года, вышла замуж в 1990 году и была отправлена из Иерусалима в том же году. В 1991 году мой муж Барух и я были посвящены в служение в *институте Христос* для народов в Далласе, штат Техас, и были отправлены на миссию по странам с одним пророческим словом от признанного пророка факультета CFNI: „Идите с миром, идите с миром, идите с миром" С тех пор мы прошли с миром в более чем 50 стран в качестве еврейских апостолов к странам. У нас была привилегия исцелять больных, изгонять демонов и увидеть тысячи спасенных. Я работаю на телевидении с 2015 года, года, когда Отец в небесах послал нас переехать из Израиля в Сент-Огастин, штат Флорида, Первый Берег и Врата Соединенных Штатов Америки. Мы здесь, чтобы стоять между опасностью и бороться за жизнь и душу Америки.

Я переродилась заново в драматической встрече с Мессией в водах Кинерета (Галилейского моря), когда Он пришел поговорить со мной лично. Он сбил меня с моей "лошади" - очень похоже на еврейского апостола Шауля/Павла - за исключением того, что это была не настоящая лошадь, а туристический автобус (так как я была тогда и до сих пор являюсь лицензированным израильским гидом). Никто не проповедовал мне Евангелие, это было божественное столкновение, которое потрясло меня до глубины души. Это произошло внутри Византийской Церкви Первенства Апостола Петра, во время руководства католическо-мексиканскими туристами. Как их гид я организовала их Мессу.

Когда Мессия начал говорить со мной, я почувствовала силу, пытающуюся поставить меня на колени перед крестом на стене этой древней церкви. Я попыталась противостоять этому, запаниковала, но все равно оказалась на коленях. Затем я услышала голос, который говорил: „Доминика, беги со всех ног, крестись и будь спасенной." Это шокировало меня! Я сефардская еврейка, христиане изгнали моих еврейских предков из Испании в 1492 году с помощью Главного Инквизитора Торквемады, поднявшего высоко крест Иисуса Христа - и вот я на коленях перед крестом?

Мой первый ответ на голос, который говорил со мной, был: „Что ты делаешь со мной, евреем, если ты являешься Богом христиан?" Я не могла признать моего еврейского Мессию в Иисусе Христе и христианстве. Однако, что-то сильнее чем я сама, заставляло меня бежать со всех ног, чтобы креститься и быть спасенной. Я знала, что я грешница и что я нарушила Божьи заповеди, Мне нужно было прощение и спасение.

Всего 24 часа назад, после пятимесячного периода личной и семейной трагедии, я „атаковала" холст мелками, написав следующие слова:

„Свет, где ты потерян, иди ко мне!"

24 часа спустя я стояла на коленях перед крестом и затем бежала со всех ног, чтобы быть спасенной Светом Мира. В моих ушах звучал вопрос: „Какое отношение имеет Бог Израиля, к которому я взывала, к христианскому Иисусу Христу?" Мое путешествие, чтобы обнаружить самую большую подмену личности в человеческой истории, началось.

Для дальнейшего чтения, я рекомендую мою книгу, „Yes!" (Да!) *

---

* www.kad-esh.org/shop/yes

ВТОРЫЕ ВРАТА

УБИЙСТВА ВО ИМЯ ХРИСТА

Вор приходит для того только, чтобы украсть, убить и погубить. Я пришёл, чтобы дать жизнь, жизнь во всей полноте.

— ОТ ИОАННА 10:10

Если случилась кража, то путём дедукции можно понять, что есть и вор. Согласно библейскому определению, самым главным вором из всех воров является сатана. Может ли быть так, что с самого начала существовал сатанинский заговор с целью украсть и подменить личность еврейского Мессии римским Христом, чтобы уничтожить все нации? Да, даже вашу нацию!

Я постараюсь доказать в этой книге, что если мы не вернём еврейскую личность Мессии, весь мир станет на путь полного уничтожения. Мы уже можем видеть, как это происходит — по стихийным бедствиям, штормам, эпидемиям (таким как эболавирус и коронавирус) — но самой большой чумой является духовная смерть миллионов в церквях, как католиков, так и евангельских христиан. Кроме того, существует опасность обострения антисемитизма в Европе, а так же в Северной и Южной

Америке. В Соединенных Штатах с 2016 по 2017 год рост уровня антисемитизма составил 57%! (Антидиффамационная лига)

Восстановление личности Мессии приведет к всемирному просвещению, возрождению и расширению прав и возможностей в масштабе невиданом ранее, как было обещано в стихе Римлянам 11:15, *то что будет принятие (евреев), как не жизнь из мёртвых?*

Воссоединение евреев с Мессией будет для Церкви и народов подобно жизни из мертвых. Однако, евреи никогда не примирятся с римским Иисусом Христом, во имя которого были убиты миллионы евреев. Они воссоединятся только с еврейским Мессией под чьим именем, Йешуа, никто не был убит.

Антисемитизм никогда не утихнет, пока христиане проповедуют римского Христа. Он только увеличился с тех времен, как еврейский Мессия был официально подменен римским Христом в 4-м веке, но если все евангельские христиане, пасторы и пророки начнут проповедовать во имя еврейского Мессии, в церквях прекратится антисемитизм, и многие евреи обретут своего Мессию. Тогда будет жизнь из мертвых, настанет то, что я называю „Пробуждением третьего дня". 3-е тысячелетие победит.

Отказ от еврейской личности Мессии приведет к ужасному суду, начиная с дома Божьего. Верный сын или дочь Живого Бога должен любить Его таким, какой Он есть, и Он – еврей, и зовут Его Йешуа, что на иврите означает спасение. Как человек, утверждающий что принадлежит Ему, может отвергнуть его в качестве еврея? Его до сих пор называют Львом Иуды вплоть до Книги Откровения, и этот еврей – Единственный, кто достоин открыть Книги Страшного Суда.

ТИ один из старцев сказал мне: „Не плачь, вот, лев от колена Иудина, корень Давидов, победил, и может раскрыть сию книгу и снять семь печатей её."

— Откровение Иоанна 5:5

Ибо время начаться суду с дома Божия, если же прежде с нас начнется, то какой конец непокоряющимся Евангелию Божию?

— 1 Петра 4:17

Однажды Его Дух прошептал мне на ухо: „*Моя невеста полюбит Моё (еврейское) имя (и, следовательно, Мою еврейскую личность)*" Его зовут Йешуа, и Он Царь Иудейский — идите и расскажите всем.

Факты о Подмене Личности

Кража личных данных, или подмена личности – это преднамеренное использование чужой личности, обычно в качестве метода получения материальных выгод, льгот или других преимуществ от имени другого лица, и возможно, в ущерб этого лица. *Лицо, чья личность была использована, может иметь неблагоприятные последствия, особенно если оно будет привлечено к ответственности за действия преступника.* (Участники Википедии)

Еврейский народ предполагает, что его Мессия, несомненно, не Иисус Христос, потому что во имя Его они были унижаемы, разграблены, замученны и убиенны. Замечательная новость заключается в том, что никто не был убит во имя Его Заветного, Йешуа.

Когда личность подменена, вор может выдать себя за жертву подмены и притвориться, что он тот человек. Миллионы христиан верят в римского Христа, даже если в глубине души они догадываются, что Он является евреем. Однако их учили отмахиваться, подозревать и даже ненавидеть все еврейское. Сам факт того, что люди все еще называют Его Иисусом Христом, является самым большим прикрытием, только чтобы никто не относился к Нему как к еврею. Это противоречит воле Отца Небесного, который выбрал имя Йешуа, имя написанное на иврите. Все называющие Его Йешуа не могут игнорировать тот факт, что Он - еврей. Подмена имени очень серьезна, так как это означает подмену личности. Первым фактом подмены личности Мессии для миллионов является транслитерация Его имени, которая не является переводом. Имя было романизировано как *Иисус Христос*, так оно было более приемлемым для масс, но это привело к потере имени еврейского завета, данного Отцом.

Некоторые ученые считают, что само имя напоминало имя Зевса или Юпитера, бога солнца. Это звучало как *Ye-Zeus (Йе-Зус)*, и поскольку большинство людей не умели читать, они только слышали имя - оно напоминало Зевса, бога, которому они поклонялись. Было бы легко убедить их, что такой Бог умер за них. Это стало особенно легко, когда языческие римские праздники были приспособлены к христианскому календарю. Праздники, созданные для поклонения Зевсу, Богу солнца, заменили первоначальные библейские мессианские праздники, данные народу Израиля.

Обратите также внимание на то, какое программное обеспечение использовалось в 21-м веке для подмены личных данных.

В статье за октябрь 2010 года под названием „Совершать киберпреступления стало проще" объясняется, на каком уровне хакеры используют вредоносное программное обеспечение. Как сказал Гюнтер Оллманн, технический директор по безопасности в Microsoft, „Заинтересованы в краже кредитных карт? Для этого есть приложение" Это заявление подытожило легкость, с которой эти хакеры получают доступ ко всем видам информации в Интернете. Новая программа для заражения компьютеров пользователей получила название Zeus, и программа настолько удобна для пользования, что ею может управлять даже неопытный хакер. Хотя хакерская программа проста в использовании, этот факт не уменьшает разрушительные последствия, которые Zeus (или другое программное обеспечение, такое как Zeus) может оказать на компьютер и пользователя. Например, в статье говорится, что такие программы, как Zeus, могут украсть информацию о кредитной карте, важные документы и даже документы, необходимые для обеспечения безопасности страны. Если хакер получит эту информацию, это будет означать кражу личных данных или даже возможный теракт. Центр комплексной оценки угроз (ITAC) сообщает, что в 2012 году личность была подменена у 15 миллионов американцев. (Участники Википедии)

Зевс также заразил христианство, заменив еврейское имя, библейские праздники и еврейскую личность еврейского Мессии на римского Христа.

Когда имя было транслитерировано от Йешуа к Иесусу (или Иисусу), оно утратило свое изначальное значение - спасение, что подразумевает полный набор искупления, включая исцеление и спасение. Поскольку имя утратило свой еврейский образ, языческим христианам стало намного легче соотносить себя с римским Иисусом, чем с еврейским Йешуа, что также облегчало ненависть и преследования евреев во имя Христа.

Ниже приведены антисемитские цитаты широко известных отцов церкви о евреях.

Ориген Александрийский (185 н.э - 254 н.э)

Ориген Александрийский был церковным писателем и учителем, который способствовал раннему формированию христианских доктрин.

> Таким образом, мы можем с полной уверенностью утверждать, что евреи не вернутся к своей прежней ситуации, поскольку они совершили самое отвратительное из преступлений, совершив заговор против Спасителя человеческой расы ... поэтому город, в котором страдал Иисус, был вынужденно разрушен, еврейский народ был изгнан из своей страны, и другой народ был призван Богом на благословенные выборы. (Seltman, YashaNet)

Иоанн Златоуст (344 н.э - 407 н.э)

Иоанн Златоуст был одним из „величайших" отцов церкви, известный как „златоротый". Миссионерский проповедник, известный своими проповедями и обращениями, сказал следующее:

> Синагога хуже борделя ... это притон негодяев и пристанище диких чудищ ... храм демонов, посвященных идолопоклонническим культам ... прибежище разбойников и развратников, и пещера дьяволов. Это преступное собрание евреев ... место собраний для убийц Христа ... дом хуже, чем хмельной магазин ... дом воров, дом дурной славы, жилище беззакония, убежище дьяволов, залив и бездна погибели. ...Я бы сказал то же самое об их душах ... Что касается меня, я ненавижу синагогу ... Я ненавижу евреев по той же причине. (YashaNet, Hay)

Августин (Аврелий) (354 н.э - 430 н.э)

В „Исповеди Святого Августина", 12.14, говорится:

> Как ненавистны ко мне враги Твоего Писания! Как бы я хотел, чтобы Ты убил их (евреев) своим обоюдоострым мечом, чтобы не было никого, кто бы противостоял Твоему слову! Я бы с радостью придал их смерти и жил бы для тебя! (YashaNet, Outler)

Пётр Достопочтенный

Пётр Достопочтенный был известен как „один из глубочайших людей, образец христианской милости"

Да, Вы, евреи. Я говорю, я обращаюсь к вам, Вы, кто до сего дня отрицаете Сына Божьего. Как долго, бедняги, вы не уверуете в правду? Воистину, я сомневаюсь, что еврей может быть по-настоящему человеком … Я вывожу из его логова чудовищное животное и показываю его как посмешище в амфитеатре мира, на глазах у всех людей. Я вывожу тебя вперед, ты, еврей, скотина, в глазах всех людей. (YashaNet, Hay)

Мы изучали вышеупомянутых теологов на протяжении многих поколений на всех теологических семинарах и в библейских школах по всей Америке и в других странах. Эти богословы оставили наследие ненависти к евреям, которое влияет на христианский мир до сегодняшнего дня. На сегодняшний день самым худшим наследием является сам знаменитый реформатор Церкви Мартин Лютер. Он написал подробности в своей книге О евреях и их лжи, которая, как мы теперь знаем, стала „Окончательным решением". Гитлер цитировал в своей книге Mein Kampf тот самый план Лютера, которому Адольф Гитлер объявил евреев недолюдьми и паразитами и, следовательно, достойными истребления, основываясь на том, к чему были приучены все христиане своими отцами Церкви

он последовал, чтобы уничтожить всех евреев во время Второй мировой войны.

Мартин Лютер—1543: О евреях и их лжи (выдержки)

Что же нам, христианам, делать с этой проклятой, отвергнутой расой евреев? Поскольку они живут среди нас, и мы знаем об их лжи, богохульстве и проклятиях, мы не можем терпеть их, если не хотим разделять их ложь, проклятия и богохульства.

Таким образом, мы не можем ни погасить неугасимый огонь божественной ярости, ни обратить евреев. Мы должны с молитвой и благоговением практиковать милосердную строгость. Возможно, мы сможем спасти несколько от огня и пламени [ада]. Мы не должны искать мести. Они наверняка будут наказаны в тысячу раз сильнее, чем мы могли бы пожелать им. Позвольте мне дать вам мой честный совет. Во-первых, их синагоги должны быть подожжены, а все, что не сгорело, должно быть покрыто или сравнено с землей, чтобы никто никогда не смог увидеть ни золы, ни камня. И это должно быть сделано во имя чести Бога и христианства, чтобы Бог мог видеть, что мы христиане, и что мы не терпели и не одобряли такого публичного обмана, проклятия и богохульства Его Сына и Его христиан.

Во-вторых, их дома также должны быть разрушены и уничтожены. Ибо они совершают там то же, что и в своих синагогах. По этой причине они должны быть помещены под одну крышу или в конюшню, как цыгане, чтобы они могли понять, что они не хозяева на нашей земле, как они разглагольствуют, но жалкие пленники, которые беспрестанно жалуются пред Богом горько плача. В-третьих, они должны быть лишены своих молитвенников и талмудов, в которых преподаются их идолопоклонство, ложь, ругательства и богохульство.

В-четвертых, их раввинам нужно запретить иметь новых учеников под угрозой смерти...

В-пятых, паспорт и привилегии при путешествиях должны быть абсолютно запрещены евреям. Потому что у них нет дел в сельских районах, так как они не дворяне, не чиновники, не торговцы и не тому подобное. Пусть они останутся дома ... Если вы, князья и дворяне, юридически не закроете дорогу таким эксплуататорам, то некий отряд должен будет выехать по их душу, они же узнают из этой брошюры, кто такие евреи и как с ними обращаться и что их нельзя защищать. Вам не следует, вы не можете их защищать, если только в глазах Бога вы не захотите разделить их мерзость ... Подводя итог, дорогие князья и дворяне, у которых есть евреи в ваших владениях, если это мое решение вам не подходит, то найдите лучшее, чтобы вы и мы все могли освободиться от этого невыносимого дьявольского бремени - евреев ...

Пусть правительство разберется с ними в этом отношении, как я и предлагал. Но независимо от того, будет правительство действовать или нет, пусть каждый хотя бы руководствуется собственной совестью и формирует для себя определение или образ еврея. Когда вы смотрите на еврея или думаете о нем, вы должны сказать себе: увы, этот рот, который я вижу, проклял, напитал отвращением и озлословил каждую субботу, мой дорогой Господь Иисус Христос, который искупил меня своей благородной кровью, кроме того, он молился и умолял перед Богом, чтобы я, моя жена и дети, и все христиане были зарезаны и погибли в несчастье. И он сам с удовольствием сделал бы это, если бы смог, чтобы присвоить наши богатства ... Такая отчаянная, совершенно злая, ядовитая и дьявольская толпа эти евреи, которые на протяжении этих четырнадцати столетий были и остаются нашей чумой, нашей эпидемией и нашим несчастьем (Лютер, О евреях и их лжи, Работы Лютера, YashaNet)

Исторически мы знаем, что нацистские войска переезжали через полуживые трупы евреев и таранили их вусмерть, в то время как христианское население нацистской Европы игнорировало истребление или участвовало в нем – так как отец Германской Нации и отец всех протестанских и евангельских христиан велели не *защищать* их. Согласно Лютеру, защита евреев от страданий, смерти или разрушения навлечет гнев Божий. Обязанностью протестантских христиан было *не защищать* евреев. Были некоторые, которые рисковали своими жизнями, такие как Оскар Шиндлер (Oskar Schindler) из Германии и Корри Тен Боом (Corrie Ten Boom) из Голландии, и многие другие, которых мы очень уважаем, но, безусловно, большинство людей были приучены собственным отцом Церкви позволять им быть обобранными и убитыми.

Гитлер также сказал, что он следовал воле Бога, изложенной величайшим реформатором всех времен. Он решил уничтожить евреев и назвал их, как это сделал Лютер, эпидемией, чумой и несчастьем. Официальные члены протестантской и католической церквей, теперь были вынуждены всеми своими отцами Церкви, рассматривать евреев как нечеловеческих паразитов, которых нужно было уничтожить всеми средствами.

Ни подмены личности, ни Холокоста

Если бы не было подмены личности, у нацистского Холокоста не было бы ног, на которые можно было бы опереться! Гитлер убивал людей на треть или на четверть еврейских корней. Если бы все христиане знали, что их Спаситель был евреем, который умер за них, они бы не сотрудничали с Гитлером. В Германии и католическое, и протестантское духовенство встретили Гитлера дружеским рукопожатием, когда он пришел к власти.

Официальные члены как лютеранской, так и католической церквей были среди нацистов и даже среди офицеров СС. Церкви в Польше и Германии, проводящие службы возле концентрационных лагерей и лагерей смерти у железнодорожных путей, просто „пели немного громче", чтобы заглушить крики евреев, перевозимых в вагонах для скота по железной дороге, к их окончательной погибели. По сообщениям, церкви в городах рядом с лагерями смерти, например в *Освенциме* близ Освенцима-Биркенау, могли даже чувствовать запах горящей плоти евреев, исходящих из дымоходов, - все же они либо сотрудничали с нацистами, либо не делали ничего, чтобы остановить массовые убийства.

И все же это был Сам еврейский Мессия, которого они сжигали во имя Иисуса Христа. Он также был сожжен на костре инквизиции, где многие евреи, которые были насильственно обращены в католицизм, были сожжены заживо после ужасных пыток. Они делали это с ними из-за их чтения библейских еврейских традиций, таких как шаббат или Пасха (праздник Иштар). Христианские рыцари также сожгли еврейского Мессию, Йешуа, в Иерусалиме во время Крестовых Походов. Они сожгли все еврейское население в Иерусалиме в 1099 году н.э. с развевающимися знаменами, при этом распевая: „Христос, мы поклоняемся тебе".

Пока мы продолжаем называть Его этим римским именем, отмечая языческие праздники Рождества и Пасхи (праздник Иштар), нет никакого способа восстановить еврейскую личность Мессии, и антисемитизм, включая анти-сионизм, будет распространяться по христианским церквям, которые будут подвергнуты великому суду от Бога Израиля, который очень чувствителен к „зенице Его ока".

> **Ибо так говорит Господь Саваоф (Господь Воинств): для славы Он послал Меня к народам, грабившим вас, ибо касающийся вас касается зеницы ока Его.**
>
> — Захария 2:8

Мы не можем относиться к антисемитизму поверхностно, мы должны пойти к самому корню и уничтожить его. Если верующие в Мессию будут свободны от романизированной личности Мессии, только тогда они получат силу и власть бороться с ней и взять верх.

> **Так всякое дерево доброе приносит и плоды добрые, а худое дерево приносит и плоды худые. Не может дерево доброе приносить плоды худые, ни дерево худое приносить плоды добрые. Всякое дерево, не приносящее плода доброго, срубают и бросают в огонь.**
>
> — От Матфея 7:17-19

Даже если вы являетесь христианином, который любит Израиль, для вас так же обязательно быть готовым к восстановлению Его полной еврейской личности, включая имя Его Завета, Шаббат Его Завета и празднования. Недостаточно любить Израиль „романтично", этого даже недостаточно, чтобы бороться за Израиль в средствах массовой информации. Мы должны любить Его как еврея, включая Его Имя, Его Тору, Его народ и Его землю. Это высвободит то, что я называю „Пробуждением третьего дня", и ковод: безмерная, весомая слава Божия. Мы вернем мессианскую апостольскую, пророческую движущую силу и авторитет еврейских учеников 1-го века, и это восстановит все, как и было обещано, для подготовки к возвращению Мессии.

Итак, покайтесь и обратитесь, чтобы загладились грехи ваши, да придут времена отрады от лица Господа, и да пошлёт Он Йешуа, предназначенного вам Мессию. Которого небо должно было принять до времен совершения всего, что говорил Бог устами всех святых Своих пророков от века.

— Деяния Апостолов 3:19–21

Нам нужно бороться и победить пятиглавого монстра, который господствовал в высшей степени и почти не оспаривался, главным образом, в каждой конфессии и не-конфессии того, что обычно называют Церковью. Чтобы преуспеть, нам нужно сначала зафиксировать Его личность в нас - тогда мы будем Едины, и ничто не будет невозможным.

Я рекомендую вам в дальнейшем читать мою книгу, The MAP Revolution. *("Революция МАП")* *

* Определение МАП – Мессианская, Апостольская, Пророческая www.kad-esh.org/shop/the-map-revolution/

ТРЕТЬИ ВРАТА

БОРЬБА С ПЯТИГЛАВЫМ МОНСТРОМ

Они победили его кровию Агнца и словом свидетельства своего, и не возлюбили души своей даже до смерти.

— ОТКРОВЕНИЕ ИОАННА 12:11

Вор выдал себя за Спасителя и Мессию, подменив сущность того, кем Он является:
- Еврейский Спаситель
- Лев Иуды
- Воплощение Торы
- Царь Иудейский
- Помазанник Божий

ТЭто подражание напоминает мне историю *Красной Шапочки*. Она думала, что волк - ее бабушка, потому что волк оделся в ночную рубашку бабушки, и на нем были очки бабушки. Однако, на самом деле именно страшный серый волк подменил личность бабушки. Это чуть не погубило маленькую девочку, если бы не спаситель-охотник, который спас ее в последний момент! Есть страшный серый волк, одетый как христианский Бог, но он больше похож на дракона. На протяжении тысячелетий он истреблял евреев, и с четвертого века и даже раньше он стал причиной духовной смерти миллионов христиан. Будут судимы все народы, потому что этот „волк в овечьей шкуре" обманул все народы, начиная с христиан.

> Господь разгневан на все народы, ярость Его на все их полчища. Он обрек их полному уничтожению, предал их на бойню. Ибо день мщения у Господа, год возмездия за Сион.
>
> — Исаия 34:2, 8

Чтобы победить в этой битве за ПОДМЕНУ ЛИЧНОСТИ Мессии, мы должны знать своего врага. Вопреки тому, во что верят большинство людей, враг - не плоть и кровь, а демоническое начальство, которого я называю:

Анти-МЕСИТОЕС

Анти-МЕСИТОЕС заключает в себе:

- Анти-Мессия — Он против помазания Духа Святого
- Анти-Израиль — Он утверждает, что Церковь заменяет Израиль
- Анти-Тора — Он утверждает, что Тора, данная Израилю, устарела (беззаконие)
- Анти-еврейское (или антисемитизм) — Он хочет избавиться от всех евреев.
- Анти-сионистское — Он выступает против возвращения еврейского народа на землю Израиля и совершает нападки

на существование Государства Израиль, этот дух называет сионизм "расизмом".

Победа над врагом с помощью наших свидетельств

В следующих главах мы разберем этого пятиглавого монстра на пять компонентов, чтобы победить его. Но, прежде чем мы сделаем это, позвольте мне представить вам несколько свидетельств христиан, которые уже победили монстра, в основном после чтения наших книг и обучения в нашей онлайн библейской школе - GRM (Global Revival MAP - Мессианская, Апостольская, Пророческая). Вы увидите, что они со всего мира, из разных конфессий и воспитаний. Это лишь очень немногие из свидетельств, которые были присланы нам, но это показывает, что ликвидация ПОДМЕНЫ ЛИЧНОСТИ и восстановление правды о еврейском Мессии спровоцировали глобальное Божье движение. Опять же, мы называем это „Пробуждение третьего дня".

Ментальное исцеление

Я ушла из дома в 16 лет. Я разочаровалась в Боге и в своих родителях и приняла решение оставить их, и все, что было связано с верой или религией. Я переехала в Хельсинки и перепробовала все, что могла, чтобы найти смысл в моей жизни. Летом я путешествовала автостопом по Европе и наполняла голову всевозможными наркотиками и алкоголем. Среди всего этого я чувствовала себя очень одиноко, и много раз, будучи пьяной, я проповедовала своим друзьям о Боге.

Я никак не могла забыть, как чувствовалось Его Присутствие. Когда я была ребенком, я часами молилась в Святом Духе. Теперь же в моей жизни наступил беспорядок разорванных отношений и пристрастий. В 26 лет я оказалась в закрытом отделении психиатрической больницы. Я боролась с паническим расстройством, тревогой и депрессией в течение нескольких месяцев, пока я полностью не рухнула без сил. За этим последовали семь лет ада. Я искала помощь повсюду: терапия, лекарства, больница, консультанты и церкви. Наконец один друг дал мне книгу: *Исцеляющая Сила Корней* авторства Архиепископа Доминики Бирман, и благодаря этой книге я научилась познавать Бога по-новому.

Я узнала, что настоящее имя Иисуса - *Йешуа,* что означает „спасение, избавление и исцеление": я жаждала этих вещей больше всего на свете! Я знала, что скоро умру, если не смогу найти настоящую помощь. Я отдала свою жизнь Йешуа как еврейскому Мессии, и Он исцелил меня! Я начала соблюдать заповеди и был исполнена Святым Духом. Это очистило мой разум и от вредных привычек, негативных мыслей и желания умереть. Я начала посещать библейскую школу GRM, и она стала новой основой для моей жизни.

—Хадасса Даниелсбака (Hadassah Danielsbacka), Финляндия/США

Истинная победа

Мое участие в библейской школе GRM стало поворотным моментом в моей жизни. После многих лет будучи в христианстве я спросила себя, почему я не вижу больше побед в жизни тех, кто меня окружает. Я читала в Библии, что было возможно благодаря вере, но мало чего из этого я видела. Затем мои глаза открылись благодаря книгам и учениям библейской школы GRM Архиепископа доктора Доминики Бирман. Когда я продолжил обучение, стало ясно, что моя личная свобода от „теологии замещения" была необходима, чтобы наслаждаться чистым общением с моим Создателем, моим Отцом. Это путь к победе!

Я благодарю Яхве за то, что он позволил мне соединиться с этим инструментом служения, который действительно освобождает пленников Истиной! Мы разделяем эту же свободу по всему миру через нашу команду служения, но это было бы невозможно без руководства этой преданной пары, которая безоговорочно любит нас, христиан.

—Преподобная Дебра Барнс (Debra Barnes), Алабама, США

Духовное развитие

Архиепископ д-р Доминика Бирман сыграла решающую роль в моем духовном развитии. Ее учения необычайны, и ее настойчивость в раскрытии „теологии замещения" является одним из самых редких благословений для тела Мессии. Она лично помогла мне в трудные времена, проявила большое сострадание и пожертвовала своим временем. библейская школа GRM имеет высочайшее качество обучения.

Берманы являются достоянием тела Мессии, которое затронет грядущие поколения.

—Пастор Эстер (Esther), город Нью-Йорк, США

Восстановленная личность

Я нашел свою личность в Йешуа. В Нем у меня есть внутренний шалом (мир), и мне не нужен весь мир, чтобы найти свою истинную личность.

Я верующий. Если тревога или депрессия пытаются одолеть меня, я кладу пальцы на клавиши пианино и восхваляю Его, чтобы войти в Его присутствие. Тогда все беспокойство исчезает.

Цель моей жизни стала ясной, когда я понял, кто такой Святой Израилев. Я также испытал новую глубину и силу в моем поклонении, когда я благословляю Израиль. Я всегда получаю благословение назад!

—Давид Туоминен (David Tuominen), Финляндия

Свобода от равнодушия и безнравственности

Послания и учения архиепископа Доминики освободили меня от равнодушной христианской веры, прелюбодеяния, бунтарства и блуда, исходящих от религиозных, анти-израильских систем, отравленных теологией замещения.

Мой путь за последние семь лет, осуществляемый видением и миссией еврейского апостола Доминики Бирман, было буквально ничем иным, как воскресением из мертвых (Римлянам 11:15).

—Эйха Лыхмус (Eicha Lõhmus), Эстония

Исцеление через послушание

Я укрепился в Господе благодаря изучению Слова Божьего по книгам Архиепископа доктора Доминики Бирман. Я прочитал *"Исцеляющая Сила Корней"*, *"Ключ Авраама"* - („The Key Of Abraham" и *"Привитые к оливе"* - („Grafted In"), которые мне дал друг, когда я начал узнавать об истине. Я получил больше пользы от Божьего направления через эти книги. Я обращен недавно - сначала я был римским Католиком, но теперь я поклоняюсь в Шаббат и смог узнать правду 18 ноября 2018 года. Происходили прекрасные чудеса, и на чудесные молитвы был дан мгновенный ответ. Я испытываю счастье в Господе и выздоровел от остеомиелита черепа в ноябре прошлого года сразу же, когда я сказал „да" Шаббату и начал проходить через процесс покаяния, прощения и полной сдачи Господу.

Я медбрат-анестезиолог или научный сотрудник по анестезиологии в районной больнице Арава в Бугенвиле,

Папуа-Новая Гвинея. Я заинтересован в том, чтобы следовать за богом Бога в служении Слову Божьему. Я был свидетелем и создал мощную растущую атмосферу в распространении Слова Божьего. Люди хотят больше книг архиепископа Доминики. Вместе мы можем распространять Слово Божье духовным огнем. Я очень благодарен за Архиепископа доктора Доминику Бирман.

—Алекс Кеоно (Alex Kehono), Папуа-Новая Гвинея

Из тьмы в свет

В июне 2010 года, когда мне было еще шесть месяцев в Иисусе в детском доме в Индии, я прочитал эту книгу *Йешуа — это имя*, написанную одной еврейкой по имени Доминика Бирман. Это была моя первая встреча с евреем, еврейским именем Йешуа, и с Доминикой Бирман, имя которой я едва знал, как произносить. Позорно и с сожалением говорю вам сейчас, Я не осознавал, что существуют такие люди, как евреи.

Приехав из страны, которая полностью закрыла двери для Израиля и евреев, я жил в невежестве 42 года своей жизни, хотя я жил за границей в США пять лет и в Индии девять лет. Моя родная страна - полный пример указа Константина: „Поэтому мы не должны иметь ничего общего с евреями"

HaleluYah! Я благодарю Адонай, ибо Он благ, ибо вовек милость Его! (Псалом 106: 1). Несмотря на то, что я был слеп в течение 42 лет, я благодарен сегодня и навсегда за эту еврейскую женщину, архиепископа доктора Доминику Бирман, и за книгу *Йешуа – это имя*, которую она написала. Я также очень благодарен за человека, который одолжил мне книгу для чтения в течение двух дней в 2010 году.

Сегодня я прочитал все 19 книг, написанных архиепископом Доминикой, включая *Женский фактор*, написанный ею для ее мужа, раввина Баруха Бирмана. Моя семья и я всегда благодарны этой еврейской женщине и ее мужу за то, что они принесли жертву на алтаре ЯХВЕ, и пусть она продолжит превращение народов в народы овец!

—Ps. Давид Йосеф Ли (Dawid Yosef Lee), Азия

Правда делает меня свободной!

Бог связал меня с Служением Кад-Эш МАП с 2011 года, и теперь я являюсь норвежским делегатом от Объединенные Нации за Израиль. В течение несколько лет я была тесно связана со Служением, и я горжусь их искренней работой для Царства Божьего, которую они выполняют честно. Они всегда говорят правду в любви, а также непосредственно в жизни людей, потому что только истина делает людей свободными. Я так счастлива, что нашла "духовную семью", которая верит в еврейские корни веры. Это единство и любовь, которые мы испытываем в служении Кад-Эш МАП, в котором евреи и язычники вместе, привиты к оливе израильской, и имеют единство, описанное в отрывке от Иоанна 17:17, 20-21. Это то, что я нигде ранее не испытывала, и ни с кем кроме этих братьев и сестер, которые обрели истину в Евангелие которое пришло с Сиона и готовы заплатить высокую цену, при необходимости.

—Пастор Ханне Г. Хансен (Hanne G. Hansen), Норвегия

Резкое увеличение помазания

Я получила большой духовный прорыв с помощью библейской школы GRM, которая изменила мою жизнь и служение. Чистое, оригинальное Евангелие, получившее свое начало на Сионе, привело меня в землю обетованную. Уродливая "кожа" и структура теологии замещения оставили меня, и сегодня я очищенный огненный сосуд. Мое помазание и полномочия взлетели до небес. Я всегда благодарна архиепископу доктору Доминике за ее духовную проницательность! Она упрекала меня за мое благо, открывая мое слабое место, которое спасло мне жизнь и привело меня к подлинному смирению. Я называю это настоящей любовью!

—Апостол и Пророк Сана Энрус (Sana Enroos), Швеция

Испытанные чудеса

Я училась в библейской школе Архиепископа GRM и недавно закончила обучение на Суккот* 5780. Я испытала знамения, чудеса и исцеление, как никогда раньше. Истина освободила меня.

„И познаете истину, и истина сделает вас свободными" (от Иоанна 8:32). „Я есмь пастырь добрый, и знаю Моих, и Мои знают Меня." (от Иоанна 10:14). Кроме того, Архиепископ Доминика помогла мне понять еврейские корни веры, и теперь я привита к оливковому дереву Израиля и стала дочерью Авраама по завету.

—Ди'Вора Чеунг (D'vora Cheung), Гонконг

Исцеленное разбитое сердце

В 2017 году я принял участие в израильском Суккот туре, организованном Архиепископом Доминикой, и моя жизнь изменилась. Истина была передо мной. Было так ясно, что

---

* Суккот - Праздник Кущей — один из основных танахических праздников еврейского народа и один из трех паломнических праздников, начинается 15 числа месяца тишрей (осенью) и продолжается семь дней. В это время по традиции совершают трапезы (а в хорошую погоду и ночуют) вне дома, в сукке (то есть шатре, куще или шалаше), в память о блуждании евреев по Синайской пустыне (книга Исход) (Участники Википедии)

„теология замещения" была разоблачена. Невероятно, что Константин обманывал мир более 1600 лет.

Я часто вижу, как Архиепископ Доминика проповедует, служит и молится, полна помазания, энтузиазма и служения, в меру того, что может сделать истинный слуга Божий. Кто может управлять таким служением более тридцати лет? Иногда отвергнутая и преданная, она все еще желает послушаться Богу и 'отпустить' своих собственных детей, чтобы они служили народам.

Я не забуду сердечную доброту Архиепископа к китайцам, которые искренне молились в глубоком поклонении Господу на специальной Пасхальной конференции в Гонконге в 2018 году, когда она помазала всех присутствующих. Масло для помазания закончилось, но Яхве (Yah, Бог) совершил сверхъестественное чудо, которое позволило маслу для помазания в бутылке приумножиться. Адонай послал Архиепископа как Элияху (Илию) среди нас, „И он обратит сердца отцов к детям и сердца детей к отцам их" (Малахия 4:6), и это исцелило разбитых сердцем. Она помогла мне найти мой свет в жизни.

—Серена Янг (Serena Yang), Тайвань

Еврейские корни освобождают пленных

В 2014 и 2015 годах мы сформировали команду для посещения женской тюрьмы в Лиме, Перу. Мы обучали заключенных истинному Евангелию, пришедшему от Сиона в народы, - тому же посланию, которое проповедовали еврейские Апостолы, первоначальные последователи Йешуа. Мы основали наши учения на основе учений библейской школы GRM и на помазанных книгах Архиепископа доктора Доминики Бирман. Мы рассказали им о *тшуве* (еврейское слово „покаяние"), о нарушении заповедей Яхве и о Шаббате как об отделенном дне, благословленном Им.

Одна заключенная обнаружила ее еврейские корни, она начала соблюдать заповеди и соблюдать Шаббат. Тюрьма дала ей разрешение использовать обширную территорию двора, чтобы держать Шаббат, и многие другие заключенные присоединились к ней. Они попросили помощи в удовлетворении своих потребностей и помощи в прекращении безнравственности в своих камерах.

Со временем мы увидели, как женщины изменили свое поведение и отношение к тюремным работникам, и как они обрели благосклонность в своих судебных разбирательствах. Многие получили досрочное освобождение за хорошее поведение!

—Пастор Соня Готелли Гонсалез (Sonia Gotelli Gonzalez), Перу

От пустоты к обилию

Я верила в Иисуса с самого детства. Однажды, когда я слушала проповедь в собрании, я почувствовала сильную пустоту и подумала, что это не может быть всё. Я искала что-то большее, но я не знала, что. Я ходила в разные церкви, но чувствовала себя неуверенно и как сирота. Я искала истину Слова среди всего духовного комплекса.

Наконец, я нашла библейскую школу GRM. Я поняла, как далеко „теология замещения" уводит нас от еврейских корней веры и первоначального Евангелия. Я узнала, что первоначальное имя Иисуса - Йешуа, и я встретила Его как еврейского Мессию. Я узнала корни моей веры. Пустота исчезла, и я больше не была сиротой - я нашла дорогу домой!

—Пастор Терхи Лайне (Terhi Laine), Финляндия

От беззакония к послушанию

Хотя я много лет была в прекрасном собрании, основанном на вере, моя духовная жизнь зашла в тупик. Я стремилась и устала. Я обязана своей жизнью этой еврейской женщине: все учения, которые я получила от нее через библейскую школу GRM, книги, поездки в Израиль и прочее, очистили меня от всякого „БезТория" (беззакония) до послушания. Я нашла еврейские корни веры - путь подлинной радости, смелости, святости и податливости.

Мы благодарны за Йешуа и Его братьев, Берманы!

Спасибо, Архиепископ Доминика. Я люблю, ценю и чту вас как мать. Вы - женщина завета, а я - финка, преданная тому, чтобы стоять с вами, как Руфь Моавитянка, преданная своей еврейской свекрови.

—Синикка Бэклунд (Sinikka Bäcklund), Финляндия

Покаяние и воссоединение

Я стала верующей более 40 лет назад, в 1978 году. Я была „хорошей христианкой", часто читала Новый Завет, но мои близкие отношения были трудными. Я ничего не понимала в значимости Израиля и не понимала многие из отрывков Ветхого Завета, которые, тем не менее, были захватывающими, смутили меня - я не могла понять, почему. Было так много обещаний, но для кого?

Дух Святой побудил меня учиться в библейской школе GRM в 2014 году. Первый класс был об Израиле, и вскоре я поняла, как я презирала собственную страну Бога и Его народ, зеницу Его ока. Затем я посетила тур по Израилю под названием *Суккот-тур библейской школы на колесах*, и там я плакала и раскаивалась в своем отношении к Матери народов, Израилю.

Позже я также попросила у родителей прощения за то, что я оскорбила их своим отношением к ним. В результате мои дети также зауважали меня и моего мужа, их родителей. Это восстановило мои самые близкие отношения. АЛЛилуйЯх, Йешуа Могуч!

—Эрья Ластунен (Erja Lastunen), Финляндия

Новый жизненный закон

Я была „обычной верующей" с десяти лет. В последующие годы я часто спрашивала Отца: „Когда моя жизнь действительно начнется?"

Слава Святому Израилеву, который уже давным-давно подготовил меня к принятию Евангелия, получившего свое начало на Сионе, попросив меня ежедневно громко заявлять: „Я хожу в истине, и никакой обман не имеет власти надо мной"

Когда я получила книгу Архиепископа доктора Доминики Бирман *Исцеляющая Сила Корней*, Дух Святой напомнил мне об этом заявлении. Читая книгу, я чувствовала, что все, что в ней было, влилось в мое сердце. Я читала, плакала и раскаивалась. Как истина благословляет и освобождает!

Тогда я поняла, что моим Спасителем был еврейский Мессия Йешуа. Наряду с Ним в мою жизнь пришли Шаббат, библейские праздники, заповеди Отца и диетические законы, Дух Святой записал их в моем сердце и разуме. библейская школа GRM укрепила мой путь и дала мне прочную основу.

—Аннели Сеппяля (Anneli Seppälä), Финляндия

> Затем я услышал громкий голос в небесах, говоривший: „Теперь одержана победа Божья, сила и царствование, и власть Мессии Его, так как Обвинитель наших братьев, обвиняющий их перед Богом день и ночь, был низвергнут!"

Они победили его кровию Агнца и словом свидетельства своего, и не возлюбили души своей даже до смерти.

— Откровение Иоанна 12:10–11

Для дальнейшего чтения, рекомендую прочесть мою книгу *"Eradicating the Cancer of Religion" (Искоренение рака религии)*.*

---

* www.kad-esh.org/shop/eradicating-the-cancer-of-religion/

ЧЕТВЕРТЫЕ ВРАТА

ПОТЕРЯ ПОМАЗАНИЯ

Голова номер 1: Анти-Мессия

Но вы примете силу, когда сойдёт на вас Руах ха-Кодеш*, и будете Мне свидетелями в Иерусалиме и во всей Иудее и Самарии и даже до края земли.

— ДЕЯНИЯ 1:8

Когда Церковь четвертого века отвергла евреев и все еврейское, они также отвергли иудейского Мессию, помазанника Божиего с Его помазанием. Дух Святой отступил от той отступнической церкви, которая медленно, но верно вошла в темные века. Анти-Мессия или анти-Машиах означает *подмену помазанника Божиего и помазания подделками*.

Значимость настоящей личности

Обладая всей информацией, идентификационными номерами и деталями, вор может проникнуть на счет своей жертвы и украсть

---

* Руах ха-Кодеш на иврите означает Дух Святой

все его деньги и богатства. Первым добром, украденным путем подмены еврейского Мессии Йешуа на римского Христа, Иисуса, было помазание и апостольский авторитет.

Помазание, или на иврите *мешикха (meshicha)* (что означает "сила Духа Святого") отступило. Пророчества, знамения и чудеса прекратились, когда Константин развёл евреев и все еврейские корни с Церковью. Поскольку Мессия - еврей, Он отступил от этой отступнической церкви. Мессия или *Машиах* означает "помазанник Божий", а это значит "уполномоченный елеем Духа Святого на правление". Будучи в Израиле, Он сказал: "Царство Моё не от мира сего" (от Иоанна 18:36),

и, " Если же Я перстом Божием изгоняю бесов, то, конечно, достигло до вас Царствие Божие. (от Луки 11:20). Бог помазал Его править над демоническими силами и начальствами, исцелять больных и изгонять бесов. Он исполнил Исаия 61:1 : "Руах (Дух) Адонай Элохима на мне, потому что Адонай избрал меня нести благую весть угнетенным, отправил меня врачевать израненные души, пленникам возвещать избавление и узникам – освобождение от оков... "

Он дал то же самое помазание Своим еврейским ученикам:

И призвав двенадцать учеников Своих, Он дал им власть над нечистыми духами, чтобы изгонять их и врачевать всякую болезнь и всякую немощь.

— От Матфея 10:1

Это не ограничилось только двенадцатью:

После сего избрал Господь и других семьдесят учеников, и послал их по два пред лицом Своим во всякий город и место, куда Сам хотел идти, и сказал им: жатвы много, а делателей мало, итак, молите ГосподиНА жатвы, чтобы выслал делателей на жатву Свою. Семьдесят учеников возвратились с радостью и говорили: Господи! и бесы повинуются нам о имени Твоем.

— От Луки 10:1-2, 17

Он не хотел, чтобы мы собирали жатву душ без помазания и силы Духа Святого, чтобы исцелять больных и изгонять бесов.

Ниже приведены последние слова Учителя, прежде чем Он был поднят ввысь. Это Его воля и завещание для всех верующих, как евреев, так и неевреев!

Но вы примете силу, когда сойдёт на вас Руах ха-Кодеш (Дух Святой), и будете Мне свидетелями в Иерусалиме и во всей Иудее и Самарии и даже до края земли. Сказав это, Он на их глазах был поднят ввысь, и облако скрыло Его от их взглядов.

— Деяния 1:8-9

После того как Он воскрес из мертвых, Он наставлял Своих учеников ничего не делать, до тех пор пока они не были уполномочены Святым Духом. Никакие из добрых религиозных дел не сработают, кроме тех, которые совершаются благодаря помазанию и уполномочия силой Духа Святого.

> При наступлении дня Шавуот (Пятидесятницы) все они были единодушно вместе. И внезапно сделался шум с неба, как бы от несущегося сильного ветра, и наполнил весь дом, где они находились. И явились им разделяющиеся языки, как бы огненные, и почили по одному на каждом из них. И исполнились все Руах ха-Кодеш (Духа Святого), и начали говорить на иных языках, как Дух давал им провещевать.
>
> — Деяния 2:1–4

Дух Святой сошёл на тех еврейских учеников, около ста двадцати из них находились в верхней комнате древнего иерусалимского Храма, где они молились и искали Бога. Все они были единодушны, отмечая библейский праздник Шавуот (Пятидесятницы). Все они были на "одной волне" доктринально, и у них была одна цель: быть уполномоченными Отцом через Духа, чтобы стать свидетелями помазанника Божиего, в Иерусалиме и во всей Иудее и Самарии и даже до края земли. Следующее было знамениями, которые следовали за всеми теми еврейскими верующими, которые следовали за еврейским Мессией:

> И сказал им: идите по всему миру и проповедуйте Евангелие всей твари. Кто будет веровать и креститься, спасен будет, а кто не будет веровать, осужден будет. Уверовавших же будут сопровождать сии знамения: именем Моим будут изгонять бесов, будут говорить новыми языками, будут брать змей, и если что смертоносное выпьют, не повредит им, возложат руки на больных, и они будут здоровы. И так Господь Йешуа, после беседования с ними, вознесся на небо и воссел одесную Бога. А они пошли и проповедовали

везде, при Господнем содействии и подкреплении слова последующими знамениями.

— От Марка 16:15–20

Этому не суждено прекращаться до скончания века.

А потому идите и делайте все народы Моими*ᅟ учениками, крестя их во имя Отца и Сына и Руах ха-Кодеш (Духа Святого), уча их соблюдать всё, что Я повелел вам, и се, Я с вами во все дни до скончания века.

— От Матфея 28:19–20

Его ученики должны были нести знамения помазания и Его силы без остановки и везде, куда бы они ни шли, в каждом поколении.

Теология замещения, с помощью ПОДМЕНЫ ЛИЧНОСТИ Мессии, украла еврейство Евангелия и то могущественное помазание, которое сопровождает Его истинную личность как Помазанного Царя евреев.

Все мы, евреи и неевреи, привитые к оливе (Римлянам 11:11-24) призваны быть мессианскими помазанными верующими, чтобы показать Его царство в святости и силе. Он дал им власть научить все народы, крестя их во имя Отца и Сына и Духа Святого, исцелять больных, изгонять бесов и учить их соблюдать все, чему Он их научил. Он учил Своих учеников Торе постоянно. Он подробно разъяснил все, что было передано Моисеем, и сделал это славным, включая все социальные и моральные законы. Он привнес полноту пророческого значения в каждый из израильских

---

* Согласно оригинальному еврейскому тексту Евангелия от Матфея, в тексте написано "и делайте все народы Моими", имея в виду Йешуа

праздников и праздновал их все. Он хранил Шаббат в свободе Духа Святого творить добро, исцелять и освобождать. Он противостоял религиозным лидерам своего времени. Он опрокинул столы жадных меновщиков и делал еще многое другое. Это был еврейский Мессия, открывающий Себя Своему еврейскому народу. И Он попросил их сделать то же самое и учить других делать то же самое до конца века.

21-ый век как 1-ый век!

Затем, прежде чем Он ушел, чтобы исполнить Свой призыв отдать Свою жизнь за нас, Он молил о Своей воле Отцу в Евангелие от Иоанна 17. Он сказал, что другие придут к вере благодаря их посланию, посланию, которое принесут еврейские ученики. Он молился, чтобы те "другие", которые придут, были бы едины с верующими евреями, чтобы мир поверил, что Отец послал Его.

> **Не о них же только молю (еврейских верующих), но и о верующих в Меня по слову их (других евреях и многих неевреях), да будут все едино, как Ты, Отче, во Мне, и Я в Тебе, так и они да будут в Нас едино, – да уверует мир, что Ты послал Меня. И славу, которую Ты дал Мне, Я дал им: да будут едино, как Мы едино— Я в них, и Ты во Мне, да будут совершены воедино, и да познает мир, что Ты послал Меня и возлюбил их, как возлюбил Меня.**
>
> — От Иоанна 17:20–23

Единственное условие, которому должен поверить мир, — это что евреи и неевреи в Мессии, помазаннике Божие, были эхад*

---

* Эхад на иврите означает един, но, точнее, оно означает единое целое, состоящее из более чем одной части.

, что на иврите означает един. Это стало невозможным, когда Константин, поддержанный всеми епископами язычниками четвертого века, подписал документ о разводе, называемый Никейским собором, который приказал всем христианам "отделиться от отвратительного общества евреев ибо Спаситель показал нам путь другой" (Парцифаль). Тот "Спаситель", о котором упоминал Константин, был самозванцем, и он подменил личность и узурпировал призвание еврейского Мессии. "Другой путь", который показал самозванец "Спаситель", есть не что иное, как другое Евангелие или отступничество.

> **Но если бы даже мы сами или ангел с неба стали возвещать вам не ту Радостную Весть, что мы возвещали вам сначала, то пусть такие вестники будут навеки прокляты!**
>
> — Галатам 1:8

Йешуа, еврейский Мессия больше не был допущен в Церковь. Те, кто хотел следовать за Ним, должны были выйти из лагеря господствующей церкви и, в большинстве случаев, прятаться в тенях. Поскольку антисемитизм и ненависть к евреям и ко всему еврейскому были результатом этого, в Церкви уже было не безопасно быть евреем. Благородный Дух Святой отступил от этой заблуждающейся религиозной системы христианства. Знамения и чудеса прекратились. Церковь медленно, но верно уходила в темные века. Затем последовали крестовые походы, инквизиции, погромы и нацистский Холокост, все во имя христианства, во имя Иисуса Христа, оставляя след еврейской крови, кричащей из-под земли.

> И сказал Господь: что ты сделал? голос крови брата твоего вопиет ко Мне от земли,
>
> — Бытие 4:10

Свет Мира, Иудейский лев, и Его помазание были отвергнуты, и тьма правила в течении многих поколений. Глубокая тьма покрыла землю через христианство. Церковь 21-го века все еще оправляется от этой глубокой тьмы, так как во многих христианских кругах люди по-прежнему разведены с еврейством Мессии и помазания и полномочий Его Духа Святого. В Церкви все еще господствует разделение, и борьба между теми, кто верит в Духом Святым, и между теми, кто не верит в существование помазания Духом Святым. На самом деле, очень немногие знают, что даже в 21-м веке сила Духа Святого отсутствует в наших службах, какими бы профессиональными они ни казались.

Это первый результат изгнания евреев, отрезания еврейских корней и устранения еврейского Мессии из наших церквей - Дух Святой и помазание уходят.

Нельзя отделить еврейского Мессию от Его помазания. С другой стороны, во многих мессианских кругах верующие попали в ловушку самодовольства и религиозности. Не зная этого, они приняли теологию замещения, заменив Духа Святого на литургии и традиции. С самого начала нашей совместной жизни мы с мужем (мы оба евреи) поклялись перед Всемогущим, что все, что помазано, мы сделаем, а то, что не помазано, мы будем избегать. Без Его Духа Святого, помазания и присутствия мы ничто. Все наши религиозные действия подобны менструальной ткани перед Ним.

„Все мы сделались – как нечистый, и вся праведность наша – как запачканная одежда , и все мы поблекли, как лист, и беззакония наши, как ветер, уносят нас." (Исаия 64:5). Религиозные традиции и хорошие дела без истинной святости и праведности отвратительны для Него.

Когда мы восстанавливаем истинную личность Мессии, оно начинается с него, Мессии, помазанник Божия, и нашим помазанем Его Святым Духом и огнем.

В 21 веке, как и в четвертом веке, религия и профессионализм подменили силу Бога. В большинстве случаев служение превратилось в бизнес, карьеру, которую нужно делать ради денег или славы (или даже сделать что-то хорошее), но не из-за Божественного призвания, духовных даров и полномочий Духа Святого.

Призыв также взывает к возмещению еврейскому народу за все грехи, совершенные против него во имя христианского мира. Однако, все это может произойти только тогда, когда мы восстановим личность еврейского Мессии. Если нет, помазание уйдет, и это будет *ихабод*, что на иврите означает "уход славы". Это произошло в древнем Израиле, когда священники грешили, и они возлюбили пожертвования, но не людей. Они отошли от Торы и поклонялись Богу их собственного создания.

И назвала младенца: Ихавод, сказав: "отошла слава от Израиля" — со взятием ковчега Божия и (со смертью) свекра ее и мужа ее.

— 1-я Книга Царств 4:21

Хотите ли вы известности у Бога или у людей?

Сегодня многие служители боятся, что потеряют свои десятины, пожертвования и известность, если будут рассматривать еврейство Мессии. Те, кто уже просветлены, иногда сводят разговоры об этом к минимуму, чтобы не выделяться и не поднимать шумиху. Однако если мы хотим иметь силу и авторитет, которыми обладали ученики 2000 лет назад, мы должны вернуться к тому же Евангелию, которое получило свое начало на Сионе, и к тому же еврейскому Мессии, Йешуа, принявшему Его образ жизни в святости и праведности. Дух Святой уполномочил и помазал этих учеников, точно так же, как их еврейский Учитель. Ничто не может заменить помазание - никакие деньги, религиозные традиции или профессионализм не могут сравниться с одной каплей Его силы и одним мгновением в Его присутствии.

Давайте вспомним, что Дух Святой ушел после развода Церкви от еврейства Мессии и от верующих евреев того времени. С тех пор каждый шаг Духа восстанавливал то, что запятнала подмена личности и теология замещения.

Это не битва между разными вероисповеданиями христианства: битва между каждым верующим и демоническим начальством анти-МЕСИТОЕС.

> Потому что наша брань не против крови и плоти, но против начальств, против властей, против мироправителей тьмы века сего, против духов злобы поднебесной.
>
> — **Ефесянам 6:12**

Битва не против ваших братьев и сестер, а против самого сатаны, который стремится сохранить Церковь разделенной и слабой. Анти-Мессия или голова антипомазания этого пятиглавого монстра должны быть отрезаны от Церкви, и единственный способ сделать это - через покаяние. Слово покаяние на иврите - *тшува*, что означает "вернуться, чтобы быть восстановленным". Этот путь возвращения может начаться с простой молитвы.

Молитва о восстановлении

Бог — Отец Небесный, прости меня за то, что я отверг еврейство Мессии, и помазание и силу Духа Святого. Я открываю свое сердце Тебе, Йешуа, как мой еврейский Мессия и Спаситель. Я прошу тебя наполнить меня Своим Святым Духом и огнем так же, как вы наполняли учеников до ПОДМЕНЫ ЛИЧНОСТИ Мессии. Спасибо за то, что ты вернул меня к Евангелию, получившее свое начало на Сионе во имя Йешуа. Аминь!

ПЯТЫЕ ВРАТА

ВОЗВРАЩЕНИЕ ПОМАЗАНИЯ

> Ибо никто не может положить другого основания, кроме положенного, которое есть Мессия Йешуа.
>
> — 1 КОРИНФЯНАМ 3:11

Мессия – Царь Израилев. Все израильские цари должны были быть помазанными елеем пророком Божием, чтобы править. Именно тогда найдет на царя сила Духа Святого и станет он "иным человеком".

> И взял Самуил сосуд с елеем и вылил на голову его (Саула), и поцеловал его и сказал: вот, Адонай помазывает тебя в правителя наследия Своего: После того ты придешь на холм Божий, где охранный отряд Филистимский, и когда войдешь там в город, встретишь сонм пророков, сходящих с высоты, и пред ними псалтирь и тимпан, и свирель и гусли, и они пророчествуют, и найдет на тебя Руах Адоная

(Дух Господень), и ты будешь пророчествовать с ними и сделаешься иным человеком.

— 1-я Книга Царств 10:1,5,6

На Саула нахлынули великие эмоции и он был Божественно уполномочен на правление.

Ни одна политическая царская школа не смогла бы наделить полномочиями помазанных царей и научить их править своими силами. Они должны быть сверхъестественно наделены ЯХВЕ, Богом Израилевым. Только тогда царь мог бы называться Машиах Адонай или "Мессия, помазанник ЯХВЕ."

Адонай Элохим, не отврати лица помазанника Твоего (Машиаха или Мессии), помяни милости к Давиду, рабу Твоему.

— 2-я Паралипоменон 6:42

Дух Божий помазал царя Йешуа после Его *миквы** (омовение) на реке Иордан, Йохананом, которым является Иоанн. "И он увидел Дух Божий, сходящий на Него, подобно голубю, и голос с небес сказал: 'Это Мой сын, любимый Мною. Я весьма доволен Им'" (от Матфея 3:16-17).

Дух Святой одарил властью Царя, Машиаха Адоная. Это случилось и с Йешуа, Его избрание стало очевидным благодаря помазанию Духа Святого.

---

* Миква - в иудаизме водный резервуар для омовения (твила) с целью очищения от ритуальной нечистоты (Участники Википедии)

> Как Бог помазал Йешуа из Назарета Руах ха-Кодеш (Духом Святым) и силой, как Он странствовал, творя добрые дела и исцеляя всех, угнетённых Противником, так как Бог был с ним.
>
> — Деяния 10:38

Быть *мессианским верующим* означает *быть помазанным* когда мы становимся *единым целым* с помазанным Царем Иудейским и Его помазанием в правлении и свергании демонических начальств.

> А они пошли и проповедовали везде, при Господнем содействии и подкреплении слова последующими знамениями. Аминь.
>
> — От Марка 16:20

Являемся ли мы истинными мессианскими верующими или же мы христиане?

Этот благородный титул мессианства носят многие, кто отверг помазание Духа Святого, осуждая и отвергая тех, кто возносит помазание. Скептицизм, осуждение, самодовольство и простое неверие лишают некоторые мессианские круги могущественного помазания Духа Святого. Это и есть подмена личности, поскольку как в некоторых мессианских общинах, так и во многих христианских церквях до сих пор правит антимессианское начальство.

Никто не может считаться истинным "мессианским верующим", если мы не примем, не полюбим и не проявим помазание. Сегодня быть мессианским верующим во многих кругах означает быть частью другого вероисповедания, в котором есть еврейские литургии и еврейская терминология. Многие, называющие себя мессианскими верующими, все еще глубоко укоренены в теологии замещения, поскольку они заменили силу и огонь Духа Святого традициями людей.

Они приняли только одну часть еврейского Мессии, а именно то, что он еврей, и что с Шаббатом, библейскими праздниками и Тора не нарушена, как Йешуа настоятельно увещевал (от Матфея 5:17-22).

> **Не думайте, что Я пришёл нарушить закон (Тору) или пророков: не нарушить пришёл Я, но исполнить. Ибо истинно говорю вам: доколе не прейдет небо и земля, ни одна иота или ни одна черта не прейдет из закона, пока не исполнится все. Итак, кто нарушит одну из заповедей сих малейших и научит так людей, тот малейшим наречется в Царстве Небесном, а кто сотворит и научит, тот великим наречется в Царстве Небесном.**
>
> — **От Матфея 5:17–19**

Однако, многие хотя и называют себя мессианскими верующими, отвергли силу, огонь и проявления Духа Святого. Как следствие, помазание оскорблено во многих мессианских общинах – нет предела греху, так же как и во многих христианских церквях, и нет там духовного роста.

Избрание в качестве Его мессианских верующих становится очевидным, когда Его Руах (Дух) наполняет помазанных последователей. Вот почему Он сказал не делать *ничего* до получения Духа Святого. Затем мы становимся иными людьми

— это дает нам возможность совершать сверхъестественные подвиги и править так, как Он правил над демонами.

Йешуа сказал: "Царство Моё не от мира сего" (от Иоанна 18:36). Хоть Он и никогда не поощрял Своих последователей следовать какой-либо религиозной системе, хотя Он очень четко говорил о послушании Его заповедям.

> **Если заповеди Мои соблюдете, пребудете в любви Моей, как и Я соблюл заповеди Отца Моего и пребываю в Его любви.**
>
> — От Иоанна 15:10

Он говорил только о царстве Божием. Чтобы мы были Его царственным священством, мы должны быть царственны. Дух Святой должен помазать всех людей завета и библейских царственных на правление, иначе все окажется политикой, религиозной политикой.

> **И возлил елей помазания на голову Аарона, и помазал его, чтоб освятить его.**
>
> — Левит 8:12

Как цари были помазаны елеем на правление, так и священники были помазаны елеем на служение. Более того, всё в скинии должно быть помазанным елеем. Никакое служение во имя ЯХВЕ не провести без помазания.

И возьми елея помазания, и помажь скинию и все, что в ней, и освяти её и все принадлежности её, и будет свята,

— Исход 40:9

Мы должны быть помазанными царями и священниками Богу нашему. Мы также стали скинией Его присутствия и сосудами служения Его. Он обязан помазать нас. Именно помазание Духа Святого посвящает нас в служение, чтобы оно могло очистить нас от скверны плоти и духа и сделать нас непорочными. Никакие человеческие приспособления, никакие религиозные традиции, ничто, кроме помазания Его Духа Святого, не дает нам возможность служить и ходить под Ним.

Церковь четвертого века установила непомазанную, подменяющую религиозную систему христианства, потому что они отвергли еврейского Мессию, еврейские корни, Шаббат, библейские праздники и всех евреев. Каждый должен принять Мессию, а именно помазанника Его с *помазанием* Его, включая группы мессианских верующих, которые приняли еврейство Мессии.

Не имена наши определяют нас—лишь плод наш.

На пути к более высокому уровню

Помазание призывает нас к более высокому уровню послушания и ответственности перед Всевышним, а также к более глубокому уровню близости и самопожертвования. Хоть и многие люди пытаются подражать помазанию с помощью духовных манипуляций и профессионального подхода, помазание нельзя проимитировать или купить. Бог может одарить этим только раскаявшиеся сердца.

> Симон же, увидев, что через возложение рук Апостольских подается Руах ха-Кодеш (Дух Святой), принёс им деньги, говоря: дайте и мне власть сию, чтобы тот, на кого я возложу руки, получал Руах ха-Кодеш (Духа Святого.) Но Петр сказал ему: серебро твоё да будет в погибель с тобою, потому что ты помыслил дар Божий получить за деньги. Нет тебе в сём части и жребия, ибо сердце твоё неправо пред Богом. Итак, покайся в сём грехе твоем и молись Богу: может быть, опустится тебе помысел сердца твоего, ибо вижу тебя исполненного горькой желчи и в узах неправды. Симон же сказал в ответ: помолитесь вы за меня Господу, дабы не постигло меня ничто из сказанного вами.
>
> — Деяния 8:18-24

Неверие также является побочным результатом подмены еврейского Мессии религиозной системой. Там, где есть неверие и бесчестие, Дух Святой скорбит, и даже величайшие из служителей не могут проявить силу Божию. Сам Йешуа не мог творить чудес в Назарете.

> И они (народ Назарета) затаили обиду на него. Но Йешуа сказал им: "Единственное место, где люди не уважают пророка, – это его родной город и его родной дом". Он сотворил там мало чудес, так как им недоставало веры.
>
> — От Матфея 13:57-58

Фамильярность и бесчестие убивают помазание. Евреи, будучи отцами и матерями веры, были обесчещены и подменены другими отцами церкви, которые, наряду

с императором Константином, создали религиозную систему, которая *обесчещивает евреев и всё еврейское*.
В результате, помазание ушло, а чудеса прекратились. Эта искаженная религиозная система влияет на христиан и до сегодняшнего дня, поскольку они продолжают бесчестить еврейский народ.
Я благословлю благословляющих тебя, и злословящих тебя прокляну, и благословятся в тебе все племена земные.

— Бытие 12:3

Всякий раз, когда мы чего-то не понимаем, мы должны быть похожи на Мириам (Марию), еврейскую мать Йешуа, в тот момент, когда её посещал ангел Гавриил. Вместо того, чтобы отвергать то, что для нас ново или кажется чуждым, мы должны говорить, как говорила Мириам, "да будет Мне по слову Твоему." (от Луки 1:38)

Ангел сказал Ей в ответ: Дух Святой найдет на Тебя, и сила Всевышнего осенит Тебя, посему и рождаемое Святое наречется Сыном Божьим. Вот и Елисавета, родственница Твоя, называемая неплодною, и она зачала сына в старости своей, и ей уже шестой месяц, ибо у Бога не останется бессильным никакое слово. Тогда Мириам (Мария) сказала: се, Раба Господня, да будет Мне по слову твоему. И отошёл от Неё Ангел.

— От Луки 1:35-38 (Syn + коррекция имени)

Причина, по которой многие не помазаны, состоит в том, что помазание требует от нас всего, оно требует полного подчинения Учителю. Хотя помазание даруется свободно Его верным последователям, оно недешево. Мы должны откладывать своё эго и свои личные цели в сторону, чтобы ходить в помазании. Если мы этого не делаем, мы теряем помазание, как царь Саул потерял его из-за своих эгоистичных амбиций, страха перед людьми и зависти к помазанию Давида.

> А от Саула отступил Руах Адонай (Дух Господень), и возмущал его злой дух от Адоная.
>
> — 1-я Книга Царств 16:14

Точно так же Церковь четвертого века утратила Дух Адоная из-за эгоистичных амбиций, страха перед людьми (из-за римских гонений) и ревности по отношению к евреям, которые были естественными наследниками Нового Завета. Тогда злой дух антисемитизма овладел этой церковью.

Константин сказал: "Мы не должны иметь ничего общего с евреями, ибо Спаситель наш показал нам путь другой" — избавляясь от евреев, он также избавился и от помазания. Однако, мы можем восстановить и быть восстановленными, теперь, когда Бог предал гласности этот проступок.

Важная молитва против неведения

Отец Небесный, я жажду Тебя. Пожалуйста, прости меня за мое неведение относительно помазания Твоего и силы Духа Святого Твоего. Я прошу Твоего прощения за любое осуждающее отношение, ревность или ненависть к евреям. Несмотря на все мною унаследованные теологии которые противостоят Твоей славе, я прошу, чтобы Ты наполнил меня Духом Святым и огнем Своим чтобы я могла ходить в помазании Твоем все дни моей жизни. Во имя Йешуа, аминь.

Подмена личности

ШЕСТЫЕ ВРАТА

КАК ЛЮБЛЮ Я ДУХ ТВОЙ

Три "запрета"

> Не угашайте Духа, пророчеством не пренебрегайте, но все проверяйте и держитесь добра.
>
> —1-Е ФЕССАЛОНИКИЙЦАМ 5:19—21

1: Духа не угашайте (1-е Фессалоникийцам 5:19)

Мы угашаем, избегаем и уменьшаем Духа Святого внутри нас, когда пророческие послания презренны, подвергаются насмешкам, отвергаются или не воспринимаются всерьез. Пророческие послания иногда не вписываются в наше концептуальное понимание и когда это происходит, люди обычно отвергают их. Иногда пророческие послания приносят совершенно неожиданные посланники. Это оскорбляет нас, нашу гордость, и мы можем отвергнуть их из-за их незначительности. Очень важно, чтобы мы испытали их, прежде чем отклонить как абсурдные, "ошеломляющие," или бессмысленные. Один из способов испытать их - молиться и просить Отца показать нам то, что действительно исходит от Него. Другой способ - ждать, чтобы увидеть, сбудется ли пророческое слово.

Например, в 1993 году на меня снизошло от Духа Святого Пророчество Розы, описанное в начале этой книги. Я опубликовала это пророчество в моей книге *Исцеляющая Сила Корней*. Те, кто откликнулись на него, проявили покаяние и были преображены. Однако многие назвали его "ошеломляющим" и жизнь их иссякла. 27 лет спустя это пророчество сбылось, поскольку во многих церквях проявляются многие признаки отступничества и духовной смерти. Современное поколение даже не хочет ходить в церковь. Грех весьма распространен как в церкви, так и за ее пределами—под этим имеются в виду аборты, инцест, разводы, сексуальное насилие, порнография, прелюбодеяние (даже на церковном пюпитре), наркотики, никотиновая и алкогольная зависимости, и этот список можно продолжить. И многие пасторы даже не упрекают паству свою, потому что они сами незрелы и нуждаются в исправлении. В правлении находятся эгоистичные амбиции и маммона.

Помните ли вы Пророчество Розы?

Перед написанием моей первой книги на эту тему (известной во всем мире под именем Исцеляющая Сила Корней), Я спросила Всевышнего, "Почему же так важно обучить Церковь о еврейских корнях?" Его ответ для меня был громким и ясным, и он поддерживал меня в распространении этой проповеди на протяжении почти трёх десятилетий: *„Это вопрос жизни и смерти. Церковь была как роза, которую отрезали от её корней и поставили в вазу с водой на два дня. И на Третий День, если она не будет пересажена обратно, она обязательно умрёт."* У Господа один день, как тысяча лет. (2 Петра 3:8). Третий День настал, (3-е тысячелетие, – и роза умирает.

2: Духа не огорчайте (Ефесянам 4:30)

> Не доставляйте огорчения Божьему Руах ха-Кодеш (Духу Святому), так как он поставил на вас печать как на своей собственности до дня окончательного искупления. Избавьтесь от раздражения, ярости, злости, гневных притязаний и бранных слов, а также недоброжелательности. Будьте добры по отношению друг к другу, отзывчивы, прощайте друг друга так же, как Бог в Мессии простил вас.
>
> — Ефесянам 4:30–32

Это гораздо глубже, чем просто угашение Духа. Вы когда-нибудь чувствовали, что огорчаете Духа Святого? Я чувствовала, и это было так больно, что мне хотелось умереть. Нет ничего более болезненного, чем огорчение Духа Святого внутри нас. Более того, многие чувствуют себя измученными, подавленными и они склонны к самоубийствам после того, как Дух Святой был огорчен. Непослушание, грех, непрощение, неверие, отвержение даров Духа и помазания, и отклонение Слова Божьего и Его наставлений вызывают у Духа огорчение. Это огорчение заставляет нас чувствовать, будто наше внутреннее существо отравлено.

Я считаю, что многие больны как физически, так и ментально из-за огорчения Духа Святого. Тшува (сердечное покаяние) излечило бы большинство болезней среди верующих.

Многие огорчили Духа, отвергая следующие вещи: евреев, еврейскую сущность Евангелия, Давидово поклонение и Тору (говоря, что она нарушена). Часто считается, что Израиль — это всего лишь еще одна страна на Ближнем Востоке. Огорчая Дух, многие в конечном итоге начинают презирать евреев и все еврейское.

Огорчать Духа Святого хуже, чем угашать его, и это может привести к серьезным проблемам—дело может дойти даже до закрытия целых общин. Я видела две общины, которые пережили возрождение, которое не прошло испытание временем, потому что пасторы огорчали Духа Святого.

В 1990-ых, мы были пасторами общины в Далласе, штат Техас. По сути дела, мы её основали. Некоторые из друзей, с которыми мы познакомились в библейской школе, были пасторами другой небольшой общины. Они попросили нас присоединиться к ним и объединить две общины. Причиной этого стало то, что Бог использовал меня, чтобы привнести возрождение в них. Я пришла к ним на помощь и помогла им в служении, когда их лидер общины внезапно покинул их. После проповеди пастора я почувствовала "покалывание" в своих руках, и Бог высвободил все небеса Дух Святой сошел на это место с невиданной силой и люди были спасены и чудесным образом исцелены. Впервые я поняла, что такое "перекатывающиеся святые" (holy rollers), поскольку люди были "пьяны" от силы Духа Святого и они буквально перекатывались на полу между проходами. То, что случилось, было потрясающе!

Моего мужа не было со мной, так как он отлучился, чтобы молиться в течение семи дней в кладовой, воздерживаясь от любой пищи или воды. Он хотел, чтобы Всевышний дал ему направление для "его служения". Тем не менее, беспристрастный Бог Вселенной, сошел на эту израильскую женщину помазанием возрождения, которое сопровождало меня до конца моего мирского путешествия.

Излияния Святого Духа происходили в различных проявлениях за 30 лет нашего служения в более чем 50 странах. Тем не менее, в Далласе, штат Техас, наши друзья-пасторы испытывали трепет по отношению к нашей общине и просили нас об объединении. Они жаждали того, что мы могли предложить их людям. Оглядываясь назад, мы видим, что мы допустили ошибку - мы должны были соединиться в усилиях, а не объединиться в единое целое, развивая нашу общину отдельно. Но мы не знали, что будет дальше.

После того, как мы объединились и стали со пасторами (teisi variante ei leidu), они запретили нам привносить в общину что-либо еврейское, в том числе библейские израильские танцы. Они не уверовали в Давидово поклонение и не хотели они ничего из того, что у нас было, кроме силы Духа Святого творить чудеса. Однако нашем призванием было духовно вернуть Церковь из Рима в Иерусалим к первоначальному Евангелию и еврейским корням, пришедшим с Сиона. И моё помазание — это самое особенное в послании, которое я несу. Для Церкви покаяние в открытом и скрытом антисемитизме является вопросом жизни и смерти. Поверьте мне, оба существуют в большинстве церквей и во всех вероисповеданиях. Бог дал мне привилегию отобразить Его чудодейственную силу, чтобы люди могли пристально слушать послание покаяния. В этот же момент, когда эти пасторы захотели отделить мое послание от помазания моего, убрать наши "еврейские танцы" и еврейские корни, Дух Святой был очень огорчен. Он сказал нам покинуть эти отношения, так как наш уход был бы *икхаб*од (отступление славы). Мы ушли, никого не взяв с собой, и вместе с нами отступила слава. Через несколько месяцев эта община закрылась. Мы были очень огорчены. Сколько еще церквей будет закрыто Отцом за то, что они отвергли иудейских апостолов, посланных с Сиона?

Помните, что случилось с Михаль (дочерью Саула, которая стала женой царя Давида)? Она стала бесплодной из-за того, что критиковала своего танцующего и поклоняющегося мужа. Что ж, эта община перестала существовать, потому что они пошли против танца Давидова, который был "слишком еврейским" для них.

Следующее изречение написано о нас, потомках Авраама, Исаака и Иакова.

> **Никому не позволял обижать их и возбранял о них царям: „не прикасайтесь к помазанным Моим, и пророкам Моим не делайте зла".**
>
> — Псалтирь 105:14–15

В 2006 году Дух послал нас из Израиля, чтобы принять участие в праздновании столетнего юбилея возрождения на Азуза-стрит в Лос-Анджелесе. У нас было всего две недели, чтобы подготовить выставочный стенд и собрать нашу команду. У нас не было денег, но я услышала наставление Господа ехать, и, как могут засвидетельствовать те, кто меня знает, я не желаю угашать или огорчать Духа Святого. Мы сделали то, что я называю "финансовой акробатикой", и мы приехали на столетие Азуза-стрит.

В выставочном зале было много стендов, некоторые из которых финансировались израильтянами. На нашем стенде были все мои книги и некоторые предметы иудаики, такие как шофары и талиты. Мы возлагали большие надежды на эту выствку. Там было много именитых проповедников и тысячи посетителей. Некоторые люди посещали наш стенд, что бы купить мои книги, включая одного молодого человека по имени Дуг (Doug), сына пастора, который купил копию моей книги *"Привитые к оливе" (Grafted In)* (книгу, основанную на послании Римлянам 11). В этой книге я учу Церковь, как вернуться к первоначальному Евангелию, пришедшему из Израиля около 2000 лет назад, с еврейскими корнями, шаббатом и библейскими праздниками. Я также подробно разъясняю заповеди Божии и то, как вести себя как древние иудейские апостолы и ученики, когда даже их тень исцеляла больных.

На следующий день Дуг вернулся к стенду и сказал: "Я не понимаю, Я купил множество других книг, но Дух Святой не позволил мне читать ничего кроме твоей книги "Привитые к оливе" (Grafted In) и она просто судьбоносна!"

Тем не менее, я видела ангелов возрождения повсюду, и они стояли сложа руки. (Да, ЯХВЕ- Бог использует ангелов в Своих возрождениях). И я спросила Отца, почему ангелы возрождения бездействуют, когда тут находятся множество именытых проповедников, и так много тысяч людей, жаждущих возрождения. Ответ явился в последний день, когда Джек Хейфорд (Jack Hayford) проповедовал о важности Израиля.

Дух Святой сказал: "Если евангелическая харизматическая и пятидесятническая церковь не покаются в том, что они игнорируют и не воспринимают Израиль серьезно, а так же отвергают послание восстановления первоначального Евангелия, пришедшего из Израиля 2000 лет назад, я полностью миную их в грядущем возрождении."

Восстановление еврейской личности Мессии имеет первостепенное значение, и вместе с этим восстановление утраченной личности невесты Мессии, привитой к еврейскому оливковому дереву. Разоблачение и искоренение подмененной римской личности Йешуа стоят на повестке дня. Дух Святой огорчен во многих церквях и общинах, когда этим пренебрегают, не воспринимают серьезно или напрямую отвергают.

Однако огорчение Духа Святого - не единственное, что происходит, когда люди отвергают еврейские корни веры. Бог огорчается, когда люди хотят возрождения и проповеди, но только поверхностно, когда они продолжают грешить или покрывать свои грехи. Первоначальное Евангелие, проповедуемое Йешуа в Израиле, а затем и Его еврейскими учениками, началось со слова "покайтесь". Тшува означает покаяние на иврите.

Также это означает "вернись, покайся, восстанови" и "ответ". Решение всех наших проблем всегда скрывается в возвращении к Богу и путям Его, оставляя наши пути и наши политкорректные религиозные интерпретации позади. По мере становления все более популярным того, что многие называют "Евангелием дешевой благодати" (многие даже называют его "современным"), забывая, что Ветхий днями не меняется. То, что было грехом в Ветхом Завете, остается грехом и в Новом Завете. То, что Он считал скверным и отвратительным для Него в Ветхом Завете, так же скверно и в Новом Завете. На самом деле, в Новом Завете уровень нравственности намного выше, чем в Ветхом Завете, как и требование на послушание Учителю.

> Вы слышали, что сказано древним: "не прелюбодействуй". А Я говорю вам, что всякий, кто смотрит на женщину с вожделением, уже прелюбодействовал с нею в сердце своём. Если же правый глаз твой соблазняет тебя, вырви его и брось от себя, ибо лучше для тебя, чтобы погиб один из членов твоих, а не все тело твоё было ввержено в геенну

(ад). И если правая твоя рука соблазняет тебя, отсеки её и брось от себя, ибо лучше для тебя, чтобы погиб один из членов твоих, а не все тело твоё было ввержено в геенну (ад).

— От Матфея 5:27–30

В случае принятия еврейских корней и проявлений Духа, укрывая при этом тайные грехи в руководстве и общине – без последствий не обойтись.

Во время празднования столетнего юбилея возрождения на Азуза-Стрит в 2006 году, в Лос-Анджелесе, местная церковь Миссионерского Альянса пригласила нас провести служение. Хотела бы я правильно описать то, что там произошло. Эти люди никогда не видели Духа Святого в действии, они не молились на незнакомых языках и не понимали возрождения. Однако они жаждали движения Божия. Пастор и прихожане молились и верили, что мы были ответом на их молитвы. Очевидно, они не ожидали, что проповедником окажется женщина, и как же они были удивлены, когда я поднялась на сцену.

Я сказала им: "Мы не из возрождения на Азуза-стрит и не из какого-либо известного вероисповедания. Мы родом из Израиля и являемся продолжением Иерусалимского возрождения, которое произошло 2000 лет назад".

Затем я взяла свою гитару и спела одну из моих песен, которая стала гимном этого возрождения последних времён и движения восстановления. Она начинается так:

Вместе мы восстанем и протянем руку всем народам,

    Будучи едиными в Тебе, язычник и еврей.

Ибо Ключ Авраама был дан человечеству,

И Ключ Авраама открывает все двери.

Когда я пела, младшая участница нашей команды (тогда ей было около 20) танцевала под действием помазания Духа Святого. Сила Божия снизошла внезапно, как в день праздника Шавуот (Пятидесятница) в Иерусалиме, как упоминалось во второй главе книги Деяний апостолов. Люди бежали к алтарю в раскаянии, чтобы лишь поддаться силе Божией упав на ковер. Одна женщина упала со своего стула в трансе — Господь взял ее на небеса на четыре часа и велел ей прощать и не питать горечи. Дети прибежали к главному алтарю из воскресной школы и впадали во власть Бога, плакав в покаянии. Они увидели на экране, что происходило у главного алтаря, и попросили прощения у своих сверстников, учителей и родителей за гнев, ревность и бунтарство. Ковер был полон тел мужчин, женщин и детей поддавшихся власти Адоная – Бога, там было всё: покаяние, плач, смех, исцеление и они духовно предали себя еврейскому Мессии. Пастор был одним из немногих, кто не был на полу. Он смотрел на это возрождение с передней скамьи с широко открытыми глазами, а я смотрела на него. Он был потрясен.

Через четыре часа он схватил меня и сказал: "Вы не уйдете, пока не объясните мне, что это такое". Мы остались и объяснили, как Церковь, отделенная от своих еврейских корней, потеряла власть, и как антисемитизм и страх перед чем-либо еврейским огорчали Духа Святого. Далее мы объяснили, как Церковь разделилась на множество разных вероисповеданий, пренебрегли шаббатом и библейскими праздниками, что принесло много разногласий, ревности и подозрений. Наконец, мы поделились тем, что Бог Израиля хочет чтобы вся Церковь раскаялась и вернулась домой, к Евангелию, которое сошло в Иерусалиме 2000 лет назад с Торой и Духом. Я не знаю, сколько из всего сказанного он понял, но этот пастор, его жена и его прихожане продолжали обращаться к нам в течение пары лет после этого, и даже поехали с нами в тур по Израилю. Однако хоть пастор и был очарован проявлениями Духа, он отказался покаяться в прелюбодеянии. Он давно изменял своей жене. Наконец, Дух Святой был абсолютно огорчен и он закрыл эту общину.

Бог очень ревнив в том, что касается Его присутствия и важности святости. К сожалению, многие из тех, кто любит проявления Духа Святого, воспринимают Его легкомысленно, отвергая Его письменные заповеди. Они огорчают Духа Святого, поэтому возрождения многих общин были остановлены из-за греха, особенно в руководстве.

Зная Йешуа как льва от колена Иудина, мы понимаем, что мы не можем воспринимать Его, Духа Его, или слово Его легкомысленно. В первой еврейской общине мессианских верующих в Иерусалиме грех нельзя было скрыть. Еврейские апостолы обращались с грехом радикально, как с Ананием и Сапфирой, которые лгали о приношениях. Неудивительно (в такой атмосфере святости и страха перед ЯХВЕ), что даже тень апостолов исцеляла больных.

> Но Петр сказал: Анания! Для чего ты допустил сатане вложить в сердце твоё мысль солгать Духу Святому и утаить из цены земли? Чем ты владел, не твоё ли было, и приобретенное продажею не в твоей ли власти находилось? Для чего ты положил это в сердце твоем? Ты солгал не людям, а Богу. Услышав сии слова, Анания пал бездыханен; и

великий страх объял всех, слышавших это. И, встав, юноши приготовили его к погребению и, вынеся, похоронили.

— Деяния 5:3-6

Восстановление еврейства Мессии не означает образования другого вероисповедания или религиозной системы. Истинное восстановление еврейских корней веры и первоначального Евангелия, пришедшего с Сиона, должно привести нас к радикальному послушанию и святости.

В двух вышеупомянутых случаях общины закрылись вскоре после того, как они оскорбили Духа Святого.

Нераскаянный грех оскверняет возрождения

Несколько лет назад в городе Лейкленд, штат Флорида, произошло излияние Духа Святого. Как и на многих других собраниях, люди падали под властью Бога дрожав и смеясь. Я отправилась туда со многими моими учениками, как молодыми, так и старыми, ожидая прикосновения Духа Его и некоторого освежения. Я открыла свое сердце всему, что хотел сделать Авва. Я всегда хочу больше Духа Его и Его присутствия.

Однако я ничего не чувствовала, и никто из моих людей не чувствовал никакого помазания. Не желая осуждать, я просто молилась, "Авва, покажи мне, от Тебя ли это, и почему я ничего не чувствую, учитывая что я так сильно люблю Дух Твой?"

Вскоре я упала на колени, и в то время как другие дрожали, смеялись и замечательно проводили время, я всхлипывала, глубоко придыхая, а затем я стенала, прося у Бога прощения. Я не знала, почему я скорбила, когда все остальные смеялись.

Через несколько дней все стало очевидным. Лидер этого пробуждения совершил прелюбодеяние с одной женщиной из своих последователей. Позже он развелся со своей женой и женился на своей любовнице. Дух Святой был огорчен, и Он заставил меня плакать и каяться от Его имени, в незнании причины всего этого. Иногда истинные деяния Духа могут быть осквернены из-за греха в руководстве или из-за того, что люди не противостоят греху. Вот почему Дух Святой называется 'святым', и если мы позволяем греху происходить без предела, мы огорчаем Его святость и оскверняем Его поступки! Вот почему так важно оставаться в близости с Ним - тогда у нас будет умение чуствовать Его присутствие, и мы будем относиться к Духу Святому и помазанию с уважением.

Ему придверник отворяет, и овцы слушаются голоса его, и он зовет своих овец по имени и выводит их. И когда выведет своих овец, идёт перед ними; а овцы за ним идут, потому что знают голос его. За чужим же не идут, но бегут от него, потому что не знают чужого голоса.

— От Иоанна 10:3–5

Когда истинное еврейство Евангелия будет восстановлено и мы возвратим личность льва от колена Иудина, здоровый, святой страх Господа также будет восстановлен. И вместе с этим придёт помазание святости, Божественная власть и слава Его.

Если вы считаете себя христианином или мессианским верующим и избегаете помазание и силу Духа Святого, вас обмануло антимессианское начальство. Вы находитесь во власти теологии замещения, поскольку вы заместили Божественную силу религий, церковной политикой и профессионализмом. Вы можете даже совершать некоторые чудесные дела, но если они не наделены Божественной силой, и вы не приобщитесь к Йешуа через Духа Святого, вы можете слишком поздно обнаружить, что поклоняетесь поддельному, а не еврейскому Мессии.

3: Духа не хулите (от Матфея 12:31)

> Посему говорю вам: всякий грех и хула простятся человекам, а хула на Руаха (Духа) не простится человекам; если кто скажет слово на Сына Человеческого, простится ему; если же кто скажет на Руах ха-Кодеша (Духа Святого), не простится ему ни в сём веке, ни в будущем.
>
> — От Матфея 12:31–32

Хуление Духа Святого на один шаг дальше огорчения Духа. Отвергание Духа Святого — это последовательность, которая начинается с угашения Духа и пророчеств. Затем эта последовательность переходит в огорчение Духа через гордость, высокомерие, горечь и нераскаянный грех. Она завершается единственным грехом, который не прощается: хуление Духа Святого.

Объясняю, когда происходит истинное проявление Духа Святого (молитва на незнакомых языках, чудодейственные исцеления, впадение под власть Бога и т.д.), и вы говорите, что это от сатаны, вы можете пересечь черту, за которой находится единственный непростительный грех.

Только Авва знает сердца людские, но основа в смирении и чести. Будьте достаточно смиренны, дабы не осуждать то, чего вы не понимаете. Не спешите подавлять проявления, которые кажутся вам странными. Обождите Господа, и Он покажет вам правду.

Проявления Духа оскорбляют плотски настроенных. Вот почему так важно сохранять сердце в смирении, воздерживаться от угашения или огорчения Духа и никогда не осуждать что-либо раньше времени. Мы должны относиться к помазанию с большим уважением и смирением, чтобы быть осторожными с тем, что не соответствует нашему учению. Мы можем воздерживаться от участия, если мы не уверены, но мы также должны воздерживаться от осуждения того, что мы не понимаем. Наставление говорит быть в "смирении и осторожности", пока мы не получим откровение от Отца. Михаль, дочь Саула, осуждала Давида, когда он танцевал перед ковчегом ЯХВЕ без своих царских одежд, будучи облеченным только в самую простую священническую одежду, называемую эфод. Он не был голым, как многие могли интерпретировать. Бог наказал ее бесплодием до дня смерти её, она не могла иметь детей. Сколько общин бесплодно сегодня, не испытывающих движения Духа и у которых не рождаются новые дети?

> Когда Давид возвратился, чтобы благословить дом свой, то Михаль, дочь Саула, вышла к нему навстречу и сказала: как отличился сегодня царь Израилев, обнажившись сегодня пред глазами рабынь рабов своих, как обнажается какой-нибудь пустой человек! И сказал Давид Михаль: пред АДОНАЕМ, Который предпочёл меня отцу твоему и всему дому его, утвердив меня вождем народа ГОСПОДНЯ, Израиля; пред Господом играть и плясать буду; и я ещё больше уничижусь, и сделаюсь ещё ничтожнее в глазах моих, и пред служанками, о которых ты говоришь, я буду

славен И у Михаль, дочери Сауловой, не было детей до дня смерти её.

— 2-я Книга Царств 6:20–23 (Syn + коррекция имени)

Обычно, когда Всевышний совершает новое движение, оно является необычным, и для большинства оно "выходит за рамки". Нам нужно оставаться смиренными, податливыми и обучаемыми, будучи осторожными в своих мыслях, чтобы не думать, что мы владеем всей правдой. Мы никогда не 'прибудем', мы всегда будем в Его пути к все большему свету, возросшему количеству истины и обильному восстановлению. Мы должны сохранять наши сердца в смирении, и мы должны сохранить наши отношения с Мессией Йешуа в особенной внимательности к Его Духу Святому.

Принятие истинного еврейского Мессии и Его Царства приведет нас к радикальному послушанию, нерелигиозной и несгибаемой святости и бескомпромиссному хождению в Духе Святом. Одним из главных признаков Нового Завета, данного народу Израиля, чтобы они поделились им с народами, является *помазание*. Без него мы ничто иное, как члены мертвой религии. Никакая религиозная система не может по-настоящему спасти, исцелить и освободить людей, это может сделать только еврейский Мессия с Его помазанием в нас.

Дух Господа Элохима на Мне, ибо Господь помазал Меня благовествовать нищим, послал Меня исцелять сокрушенных сердцем, проповедовать пленным освобождение и узникам открытие темницы;

— Исаия 61:1

Вы отвергли еврейство Евангелия или проявления Духа Святого? Имели ли вы плохой опыт в харизматических кругах, который сделал вас озлобленным и подозрительным?

Вы осуждали то, чего не знаете? Гордость и строгая религия оглушили вас и вы не слышите Пастыря Доброго? Вы боитесь, что предание Духу Святому сделает вас "странным"? Вы чувствуете себя подавленным? Вы постоянно болеете? Вы думаете, что вы угашали или огорчали Духа? Вы боитесь, что вы могли охулить Духа Святого и что пути назад нет?

Тшува, покаяние является ответом на ваши вопросы.

> Жертва Богу — сокрушённый дух; К сердцу удручённому и сокрушённому, о Боже, ты не отнесёшься с презрением.
>
> — Псалтирь 51:17 (стих 19 в других версиях)

Молитва тшува: покаяние, возвращение и восстановление

Отец, прости меня, если я каким-либо образом угашала или огорчала Дух Твой. Прости меня за то, что я отвергала какую-либо часть еврейства Мессии или за любую враждебность, бесчестие или апатию в моем сердце по отношению к еврейскому народу. Я отрекаюсь и сопротивляюсь демону анти-Мессии, который против Твоего помазания. Я полностью отдаюсь Твоему Сыну, моему еврейскому Мессии Йешуа, Твоему Духу Святому и полноте Твоего слова. Я раскаиваюсь во всей жестокости, религиозности и самодовольстве, а также в каждом грехе сердца и тела, грехе разума и духа, который оскорбляет Тебя и препятсвует моим сокровенным отношениям с Тобой. Благодарю Тебя за Твоё прощение и милость и за то, что Ты снова наполнил меня Твоим Духом Святым и огнем, чтобы я могла служить Тебе и поклоняться Тебе от всего сердца всю мою жизнь. Во имя Йешуа и ради Него. Аминь!

Если вы хоте узнать больше о голове номер один, я рекомендую прочитать мою книгу, "Исцеляющая Сила Корней" *

---

* www.kad-esh.org/shop/the-healing-power-of-the-roots/

СЕДЬМЫЕ ВРАТА

ИЗРАИЛЬ, НАША МАТЬ

Голова номер 2: Анти-Израиль

> Итак, я спрашиваю: может быть, они споткнулись, чтобы упасть навсегда? Конечно же нет! Но их падение принесло спасение язычникам, которое должно возбудить ревность и в самих израильтянах.
>
> — РИМЛЯНАМ 11:11

Один из основных догматов теологии замещения и ПОДМЕНЫ ЛИЧНОСТИ Мессии это ложь о том, что Церковь сместила или заменила Израиль. Во многих старых церквях на видном месте стояли статуи двух женщин. Одна статуя изображала величественную женщину, стоящую прямо, с короной на голове. Другая же была бедной, сломленной, униженной и склоненной женщиной. Величественная женщина олицетворяла собой "торжествующую Церковь" над "побежденной Синагогой", или христиан, торжествующих над сломленными и униженными евреями.

Израиль проклят навсегда благодаря кодификации* декретов Никейского собора – именно так рассматривало христианство Израиль со времен развода с еврейскими корнями в четвертом веке. Проповедники постоянно заявляли массам, что Церковь унаследовала все благословения, данные Богом народу Израиля, а евреи унаследовали все проклятия. Антисемитизм был и остается основополагающей доктриной во многих общинах и церквях. "Мы – Израиль", - высокомерно говорят многие христиане, "Мы - Израиль Божий, старый Израиль пропустил время своего посещения, когда пришел Иисус Христос, поэтому теперь мы, христиане-язычники, унаследовали завет и все его благословения".

И все же Бог очень ясно говорит в Священном Писании, что Он никогда не нарушит Свой завет с Израилем. Он может наказать ее, но никогда не уничтожит ее, не пренебрегет ею и не перестанет быть Богом Израилевым.

> **И ты, раб Мой Иаков, не бойся, говорит Адонай и не страшись, Израиль; ибо вот, Я спасу тебя из далекой страны и племя твоё из земли пленения их; и возвратится Иаков и будет жить спокойно и мирно, и никто не будет устрашать его, ибо Я с тобою, говорит Адонай, чтобы спасать тебя: Я совершенно истреблю все народы, среди которых рассеял тебя, а тебя не истреблю; Я буду наказывать тебя в мере, но ненаказанным не оставлю тебя.**
>
> — Иеремия 30:10–11

---

* Кодификация - действие или процесс согласования законов или правил в соответствии с системой или планом.

> Народы будут появляться и народы будут исчезать, и любому народу, восставшему против Израиля, придет конец, но Израиль останется навсегда.

Но все пожирающие тебя будут пожраны; и все враги твои, все сами пойдут в плен, и опустошители твои будут опустошены, и всех грабителей твоих предам грабежу. Я обложу тебя пластырем и исцелю тебя от ран твоих, говорит Господь. Тебя называли отверженным, говоря: "вот Сион, о котором никто не спрашивает"; так говорит Господь: "вот, возвращу плен шатров Иакова и селения его помилую; и город опять будет построен на холме своём, и храм устроится по-прежнему. И вознесутся из них благодарение и голос веселящихся; и Я умножу их, и не будут умаляться, и прославлю их, и не будут унижены. И сыновья его будут как прежде, и сонм его будет предстоять предо Мною, и накажу всех притеснителей его."

— Иеремия 30:16–20

Для большей части христианского мира стало огромным шоком, когда Израиль возродился на своей собственной земле 14 мая 1948 года после того, как нацистский Шоа (Холокост) истреблял еврейское население, уничтожив более шести миллионов человек. Однако, несмотря на разрушение большинства европейских еврейских общин и синагог (целые деревни были стерты с лица земли), эта "побежденная Синагога" восстала как феникс из пепла Освенцима, Биркенау, Треблинки, Собибора и многих других лагерей смерти и концентрации. Настоящими выжившими были истощенные евреи, которые потеряли все из-за режима, наполненного ненавистью, который был кульминацией всего, чему христианство учило на протяжении многих лет со времен Константина и Никейского собора.

Гитлер говорил: "Я исполняю волю Бога", он также назвал Мартина Лютера "гением" за то, что он описал в своей книге "О евреях и их лжи", как жестко нужно обращаться с евреями (Зюсс и Лютер / Züss, Luther).

И католическая, и протестантская церкви на протяжении многих поколений подвергались идеологической обработке на счет евреев. Теология замещения научила большинство из них насмехаться над нами и ненавидеть нас. Это продолжается и до сегодняшнего дня во многих кругах. Хотела бы я сказать вам, что все уже прекратилось, но ничего еще не прекращено. В Интернете постоянно появляются сообщения об антисемитских событиях, связанных с теми, кто исповедует ту или иную форму христианства.

Недавно группировка из Нью-Джерси под названием "Черные иудеи" хладнокровно убила евреев, которые праздновали еврейский праздник Хануку в частном доме своего раввина. Эта группировка заявила, что они являются истинными иудеями, а не этими евреями, и, поскольку они якобы убили Христа, они заслуживают смерти. Многих шокировало то, что это произошло в США, в 21 веке. Тем не менее, я не удивлена, так как это демоническое начальство скрывается в учениях многих церквей и общин. И все же Бог Израилев много раз говорил в Своем Священном слове, что Израиль - Его избранный народ навеки - и Он не имел в виду Церковь или какой-либо христианский народ.

Недавно, во время пандемии коронавируса или COVID-19, один белый баптистский пастор из Флориды опубликовал ужасные обвинения в адрес Израиля, заявив, что израильтяне вызвали коронавирус. Мы называем это *кровавым наветом,* когда евреев и, в данном случае, все государство Израиль обвиняют в преступлениях, которых они не совершали, тем самым подстрекая массы ненавидеть их. Другой антисемитский пастор и телеведущий в США сказал, что коронавирус — это наказание от Бога для евреев за то, что они не следовали за Иисусом. (Антидиффамационная лига)

> Так говорит ЯХВЕ, Который дал солнце для освещения днем, уставы луне и звездам для освещения ночью, Который возмущает море, так что волны его ревут; ЯХВЕ Саваоф – имя Ему. Если сии уставы перестанут действовать предо Мною, говорит ЯХВЕ, то и племя Израилево перестанет быть народом предо Мною навсегда. Так говорит ЯХВЕ: если небо может быть измерено вверху и основания земли исследованы внизу, то и Я отвергну все племя Израилево за все то, что они делали, говорит ЯХВЕ.
>
> — Иеремия 31:34–36

Мы должны восстановить еврейскую личность Мессии, чтобы иметь святое разделение в Церкви: между теми, кто примет Его как еврея, и будет благословлять и возместит ущерб естественному Израилю, и между теми, кто будет продолжать утверждать, что *они* являются истинным Израилем, и что Израиль на Ближнем Востоке - поддельная страна с народом, который заслуживает смерти.

Жизнь многих обманутых христиан висит на волоске. Восстановление подмененной личности Церкви от романизированного узурпатора Израиля к привитой к оливе Церкви подобной Руфь Моавитянке (той, которая присоединяется к Израилю через кровь еврейского Мессии Йешуа) является ключом к спасению народов и возрождению последних времен.

ЯХВЕ-Элохим, Бог Израилев, обещал, что Его завет с Израилем вечен. Он никогда не говорил, что заменит Израиль Церковью. Более того, Он сказал, что Церковь должна не заменить Израиль, а должна быть *привита к нему или должна присоединиться к Израилю*.

> Если же некоторые из ветвей отломились, а ты, дикая маслина, привился среди них и стал причастником корня и сока маслины, то не превозносись перед ветвями. Если же превозносишься, то вспомни, что не ты корень держишь, но корень тебя. Скажешь: "ветви отломились, чтобы мне привиться". Хорошо. Они отломились неверием, а ты держишься верою: не гордись, но бойся. Ибо если Бог не пощадил природных ветвей, то смотри, пощадит ли и тебя.
>
> — Римлянам 11:17–21

Еврейский апостол язычников - раввин по имени *Шауль*, также известный под своим римским именем Павел, который предупреждал верующих язычников никогда не быть высокомерными по отношению к евреям и не думать, что они могут присвоить себе их место. Фактически, его предупреждение было настолько серьезным, что он заявил, что, если язычники станут высокомерными по отношению к израильско-еврейским ветвям, их высокомерие может стоить им вечного спасения. Сколько людей Бог отломил от оливы, за то что они поклонялись романизированному Христу, который ненавидит народ Израиля? Сколько было отломлено от оливкового древа спасения за ненависть к евреям, высокомерие по отношению к ним и проповедь о том, что Церковь теперь является Израилем, полностью подменяющим народ Израиля?

Павел также предупреждал об опирании на любое другое основание, кроме того, которое он объявил, которым является Йешуа Мессия, помазанный царь еврейский и Спаситель, обещанный только Израилю.

Но теология замещения с ее пятиглавым монстром до сих пор тесно связана с доктриной Церкви, которая постоянно опирается на римско-языческое основание, которое порождает антисемитизм.

> **Ибо никто не может положить другого основания, кроме положенного, которое есть Мессия Йешуа. Строит ли кто на этом основании из золота, серебра, драгоценных камней, дерева, сена, соломы, каждого дело обнаружится; ибо день покажет, потому что в огне открывается, и огонь испытает дело каждого, каково оно есть. У кого дело, которое он строил, устоит, тот получит награду. А у кого дело сгорит, тот потерпит урон; впрочем, сам спасётся, но так, как бы из огня.**
>
> — 1 Коринфянам 3:11–15

Скольким пасторам грозит опасность сжечь весь свой тяжелый труд в огне осуждения ЯХВЕ из-за теологии замещения и открытого или скрытого антисемитизма? Опасно исповедовать ложную теологию о том, что Церковь подменила Израиль, и они коренят его в зависти, которая порождает убийство.

> И сказал Господь: "Что ты сделал? голос крови брата твоего вопиет ко Мне от земли; и ныне проклят ты от земли, которая отверзла уста свои принять кровь брата твоего от руки твоей; когда ты будешь возделывать землю,

она не станет более давать силы своей для тебя; ты будешь изгнанником и скитальцем на земле."

— Бытие 4:10-12

Каин завидовал Авелю и восстал, чтобы убить его, а не раскаяться в своей ревности. Если вы смотрите свысока на Израиль и евреев, питаете духовное высокомерие и думаете про себя, что Церковь лучше, чем Израиль, или она сместила Израиль, хорошо подумайте, дабы Всевышний не разрушил церковь за церковью, общину за общиной - ибо Он сказал, что у Него есть день мщения, чтобы свершить возмездие за Израиль.

Ибо день мщения у Господа, год возмездия за Сион.

— Исаия 34:8

Пожалуйста, помните, что суд всегда начинается с дома Божия.

Ибо время начаться суду с дома Божия, если же прежде с нас начнется, то какой конец непокоряющимся Евангелию Божию?

— 1 Петра 4:17

Вот благая весть: Еврей умер за тебя, и его зовут Йешуа. Однако, если люди будут настаивать на преуменьшении значения Его родной семьи, известного народа Израиля, с которым у Него есть вечный завет, Он может превратиться в врага.

> Ибо так говорит Адонай-Саваоф (Господь Воинств): для славы Он послал Меня к народам, грабившим вас (Израиль, Мой народ), ибо касающийся вас касается зеницы ока Его.
>
> — Захария 2:12

Ключ Авраама

> Я благословлю благословляющих тебя, и злословящих тебя прокляну, и благословятся в тебе все племена земные.
>
> — Бытие 12:3

Израиль не "старший брат", а мать народов. Наши отношения с матерью отличаются от наших отношений с братом.

Я познакомлю вас с ключом Авраама: *Божественный ключ, который может открыть или закрыть врата благословения и спасения для людей, семей и целых народов.* Этот Ключ, данный Аврааму, Исааку и Иакову, появляется не единожды в Священном Писании.

Израиль - единственный народ, с которым Бог Вселенной заключил завет действующий до сих пор. Все благословения язычникам приходят через народ Израиля, первоначальных потомков Авраама, Исаака и Иакова, с которыми Бог заключил завет.

Единственный завет Бога заключен только с Авраамом, его потомками и всеми, кто:

- Присоединяются к Израилю через еврейского Мессию
- Благословляют Израиль

> Вот наступают дни, говорит АДОНАЙ, когда Я заключу с домом Израиля и с домом Иуды новый завет...; Но вот завет, который Я заключу с домом Израилевым после тех дней, говорит ГОСПОДЬ, вложу закон Мой во внутренность их и на сердцах их напишу его, и буду им Богом, а они будут Моим народом.
>
> — Иеремия 31:31,33

Этот стих относится к Новому Завету. Язычники присоединяются к этому завету через Кровь Йешуа, еврейского Мессии. Бог не обязан благословлять какой-либо народ, если этот народ не привит к Израилю и не благословит Израиль. Это единственные условия благословения народов. Добры ли они к Израилю или нет? Ходят ли они путями Бога Израилева, данными Израилю, или нет?

Это является *ключом* к спасению и благословению народов. Этот ключ был утерян на протяжении почти 1700 лет, но сейчас он находится в процессе восстановления. Когда он будет полностью восстановлен, за этим последует спасение народов, и только тогда мы предложим Отцу множество *народов овец!*

"Я благословлю благословляющих тебя, и злословящих тебя прокляну, и благословятся в тебе (Авраам) все племена земные," (Бытие 12:3). Теперь давайте изучим этот стих на иврите:

Словом благословения является *браха*. Слово *браха* образованное от слова *лебарех* означает, "провозглашать кому-либо слово жизни, добра, милости, здоровья, успеха и благополучия." В этом благословении есть много замечательных и позитивных событий и возможностей, которые принесут большую радость, счастье, целостность, процветание, величие, изобилие, плодородие и исполнение. (Второзаконие 28:1-14)!

Однако это слово происходит от слова *берех*, что на иврите означает "колено". Так что позвольте мне перефразировать вам этот стих:

"Я (Бог Израилев) преклоню Мое царственное колено, чтобы приободрить и поддержать тех, кто преклоняет колени, и смиряет себя, чтобы почтить, говорить хорошо о народе Израилевом, защищать и делать добро Моему народу Израилевому" (Бытие 12:3а).

ЯХВЕ Саваоф, Господь Воинств, Бог Вселенной, Создатель небес и земли обязал Себя, Своим непоколебимым и неизменным словом преклонить Свое царственное колено, чтобы благословлять, благоволить и возвышать тех, кто смиряет себя, и преклоняет свои колени, чтобы превозносить и прославлять Израиль! Однако, если они этого не сделают, Он в равной степени обязуется проклясть их.

"И злословящих тебя прокляну..."

— Бытие 12:3б

В этом стихе на иврите используются два термина для слова проклятие, один из них - *клала*, а другой - *меэра*. *Клала* происходит от слова кал, что означает "легкий" (противоположный тяжелому). Это проклятие относится к тем, кто легкомысленно относится к Израилю и евреям, не почитает и не уважает их как Его избранных. Бог использует то же слово для тех, кто проклинает своего отца или мать:

> Кто злословит отца своего или свою мать, того должно предать смерти.
>
> — Исход 21:17

Те, кто не уважают своих родителей, умрут! Относиться к родителям легкомысленно, насмехаться над ними, не слушать их наставления или неуважительно относиться к ним, все это приносит в жизнь зло. Бог сравнивает Израиль с родителем, а точнее матерью, матерью народов. Он призывает народы почитать ее как мать. Бог повелевает нам чтить своих родителей даже в их несовершенстве: от этого зависит наша жизнь!

> **Почитай отца твоего и матерь твою, как повелел тебе Адонай, чтобы продлились дни твои, и чтобы хорошо тебе было на той земле, которую Адонай, Бог твой, даёт тебе.**
>
> — **Второзаконие 5:16**

Если мы не будем смиренны, дабы почтить своих родителей даже в их несовершенстве, это не пойдет нам на пользу. Когда мы относимся к ним легкомысленно *(кал-клала),* происходит проклятие или разрушение, то есть *меэра*, Всевышний считает Израиль матерью народов. Она принесла человечеству Библию, Мессию и Евангелие. Без Израиля не было бы спасения ни для одного народа, точно так же, как без вашей естественной биологической матери вы не могли бы родиться. Одного этого достаточно, чтобы заставить вас уважать и быть благодарными за свою мать, даже в ее несовершенстве. Она дала вам жизнь! Израиль дала жизнь всем народам. Мессия - еврей, а спасение – от иудеев.

> Вы не знаете, чему кланяетесь, а мы знаем, чему кланяемся, ибо спасение – от иудеев.
>
> — От Иоанна 4:22

Меэра означает "объявить словесный указ об уничтожении кого-либо". За ним следует множество злых событий, которые принесут мучение, бедствие, горе, болезни, замешательство, потери, лишения, банкротства, одиночество, раздор, отвержение, тщетность, ужас, саморазрушение и полное истребление. (Второзаконие 28:14-68)

Обратите внимание, что в обоих случаях (благословение и проклятие) Бог связывает их с изданием указа или произнесением слова. С самого начала все создано Элохимом, издающим указ и говорящим Его Слово:

> В начале сотворил Элохим небо и землю. Земля же была безвидна и пуста, и тьма над бездною, и Дух Элохима носился над водою. И сказал Элохим: да будет свет. И стал свет.
>
> — **Бытие 1:1–3 (SYN + коррекция имени с иврита)**

Мои дорогие, Израиль - навеки избранный народ Божий, и никакая Церковь не может подменить ее или сместить мать народов. Из Израиля пришли Библия, Мессия, Евангелие и еврейские апостолы для народов. Иногда она может спотыкаться и падать, она может какое-то время пребывать в неверии, но Бог Израилев восстанавливает ее, чтобы она стала главным народом овец, за которой последуют все другие народы.

> Слушайте слово Адоная, народы, и возвестите островам отдаленным и скажите: "Кто рассеял Израиля, Тот и соберёт его, и будет охранять его, как пастырь стадо своё";
>
> — Иеремия 31:10

> Ликуй и веселись, дщерь Сиона! Ибо вот, Я приду и поселюсь посреди тебя, говорит Господь. И прибегнут к Господу многие народы в тот день, и будут Моим народом; и Я поселюсь посреди тебя, и узнаешь, что Господь Саваоф послал Меня к тебе. <u>Тогда Господь возьмет во владение Иуду, Свой удел на святой земле, и снова изберёт Иерусалим.</u> Да молчит всякая плоть пред лицом Господа! Ибо Он поднимается от святого жилища Своего.
>
> — Захария 2:10–13

Ложь о том, что Церковь подменила Израиль, помешала христианским народам стать народами овец, которые присоединятся к Богу Израилевому, почитая Израиль как мать народов, а не подменяя ее. Суд Его находится сейчас у врат каждого народа, основанного на христианстве. Личное и всенародное покаяние является обязательным, если мы хотим увидеть возрождение и глобальное спасение. Подлинно верующий в Мессию будет любить и уважать Израиль, избранный народ и братьев Самого Йешуа, который является евреем. Когда мы восстановим Его еврейскую личность, антисемитизм будет пережитком прошлого, и невеста Мессии восстанет во всей своей славе.

Для тех христиан, которые не примут это безотлагательную весть, единственное, чего они должны искать — это суда.

> **Приступите, народы, слушайте и внимайте, племена! Да слышит земля и всё, что наполняет её, вселенная и всё, рождающееся в ней! Ибо гнев Адоная на все народы, и ярость Его на все воинство их. Он предал их заклятию, отдал их на заклание. Ибо день мщения у Адоная, год возмездия за Сион.**
>
> — Исаия 34:1,2,8

Я молюсь о том, чтобы многие покаялись и стали защитниками Израиля в эти последние времена, которые полны опасностей.

В следующих вратах мы обсудим возвращение к слову Божиему, подобному тому, что было в первом веке. Для дальнейшего чтения рекомендую свои книги: "*Народы овец*" и "*Ключ Авраама*".*

Молитва покаяния за враждебное отношение к Израилю

Отец Небесный, я прошу у Тебя прощения за укрывательство лжи о том, что Церковь подменила или сместила Израиль. Теперь я понимаю, что была неправа, и что эта ложь коренится в обмане и ревности. Я полностью отвергаю теологию замещения и доктрину, которая говорит, что Церковь подменяет Израиль. Спасибо за избавление от всех проклятий, которые падают на тех, кто легкомысленно относится к Израилю, высокомерно настроен по отношению к ней или причиняет ей или её репутации вред. Пожалуйста,

---

* Народы овец: www.kad-esh.org/shop/sheep-nations/ | Ключ Авраама: www.kad-esh.org/shop/the-key-of-abraham-2/

научи меня, как почитать Израиль как мать народов и как возместить грехи, совершенные против него христианами из-за ужасного обмана теологии замещения.

Во имя Йешуа. Аминь!

ВОСЬМЫЕ ВРАТА

ВОЗВРАЩЕНИЕ К СЛОВУ БОЖИЮ

Голова номер 3: Анти-Тора

> Вот наступают дни, говорит Яхве, когда Я заключу с домом Израиля и с домом Иуды новый завет…; не такой завет, какой Я заключил с отцами их…; Но вот завет, который Я заключу с домом Израилевым после тех дней, говорит Яхве, вложу закон Мой во внутренность их и на сердцах их напишу его, и буду им Богом, а они будут Моим народом.
>
> — ИЕРЕМИЯ 31:31–33

Голова анти-Торы демонического начальства теологии замещения анти-МЕСИТОЕСа удерживает Церковь в "духовном египетском рабстве" из-за её языческого смешения и беззакония. Бог дает Новый Завет дому Израиля и дому Иуды, а не язычникам. Ни у одного народа нет Ветхого Завета, поэтому ни у одного язычника нет и Нового Завета. Нет Нового Завета, кроме как у дома Израиля и дома Иудеи, и точка.

Евангелие пришло с Сиона, Мессия - еврей, а Бог дает обещание Спасителя только народу Израиля. Язычники присоединяются через кровь еврейского Мессии. Они также становятся привитыми к израильскому обществу, не подменяя Израиль, но присоединяясь к Израилю как сосуд Божий, чтобы принести спасение и искупление язычникам. Этот сосуд нужно чтить вечно, несмотря на все недостатки.

принести спасение и искупление язычникам. Этот сосуд нужно чтить вечно, несмотря на все недостатки.

Без Израиля не было бы ни Мессии, ни христиан. Новый Завет гласит, что та же самая Тора (законы Божии) данная народу Израиля, теперь будет записана в сердцах и умах верующих в Мессию. Нигде не сказано, что с Тора нарушена. Это один из самых больших и самых опасных обманов теологии замещения, и этот обман заставляет Церковь болеть нечестивой языческой ложью и беззаконием.

Израиль - мать народов, на протяжении 1700 лет теология замещения учила большую часть Церкви ненавидеть, отвергать или относиться с подозрением ко всему еврейскому. Эта ненависть к истокам нашего духовного рождения привела к тому, что Церковь осталась сиротой. Это приводит к ненависти к самому себе из-за кризиса самоидентификации.

Дети, которые ненавидят своих родителей или стыдятся их, страдают расстройствами личности и даже шизофренией. Они изо всех сил стараются отмежеваться от своей изначальной личности и покончить с разобщенными личностными качествами. Когда христиане не признают еврейских корней, важности Торы, шаббата, библейских праздников и чести Израиля, они страдают от ненависти к себе. Постоянное чувство вины и осуждения, отсутствие внутреннего *шалома*, что на иврите означает "благополучие" и "мир", приводит к тому, что я называю *духовной шизофренией*. Отделение от нашего происхождения требует огромного количества эмоциональной и духовной энергии, что вызывает множество умственных, духовных и физических заболеваний.

Через Израиль язычники получили все свое духовное наследие: Священное Писание, Спасителя и мессианское Евангелие. Мы не можем наслаждаться наследием, в то же время ненавидя его происхождение и тех, кто нам его дал. Когда мы выказываем уважение к тем, кто оставляет наследие (легаторам*), мы также можем извлечь выгоду из наследия, которое они оставляют.

> **Если начаток свят, то и целое; и если корень свят, то и ветви. Если же некоторые из ветвей отломились, а ты, дикая маслина, привился на место их и стал общником корня и сока маслины, то не превозносись перед ветвями. Если же превозносишься, то вспомни, что не ты корень держишь, но корень тебя.**
>
> — Римлянам 11:16–18

Корень того, кто мы есть, как в природном, так и в духовном смыслах, поддерживает и дает нам твердость характера. Если же мы отвергнем корень, то у нас не будет поддержки и мы будем преклонены без победы. Это страдание в чистом виде! В этих вратах мы научимся любить еврейские корни христианства через Израиль, который получил все заповеди Отца и догматы веры. Мы научимся с любовью и честью принимать корни веры, чтобы исцелиться от сиротства и духовной шизофрении. Ключ Авраама

---

* *Легатор* – человек, оставляющий завещание или наследие.

(как упоминалось в предыдущих вратах) ведет нас к *тшуве* - возвращению и покаянию для восстановления. Именно *тшува* является ответом на все наши несчастья.

> **И смирится народ Мой, который именуется именем Моим, и будут молиться, и взыщут лица Моего, и обратятся от худых путей своих, то Я услышу с неба и прощу грехи их и исцелю землю их.**
>
> — 2-я Паралипоменон 7:14

Когда церковная доктрина основывается на теологии замещения, преобладающее и наиболее обманчивое учение основывается на том, что предусматривает Никейский собор: " Поэтому мы не должны иметь ничего общего с евреями, ибо Спаситель (подменивший личность) наш показал нам путь другой " (другое Евангелие, несущее анафему – Галатам 1:8). А поскольку у нас нет ничего общего с евреями, то Тора, наставления Бога и Его заповеди "нарушены". Проповедники провозглашают это духовной мантрой почти с каждого пюпитра.

Ложь о том, что "закон нарушен"

Попробуйте сказать об этом своему губернатору или президенту, и вас арестуют.

Бог дает Новый Завет дому Израиля и дому Иуды, а через них и язычникам. Главный признак Нового Завета - то, что Тора, законы ЯХВЕ записаны в умах и сердцах верующих. Однако с четвертого века Константин подменил Тору в Церкви римскими законами и традициями, и это влияет на нас и по сей день. В момент, когда теология замещения стала доктриной Церкви, она изменила все, чтобы включить в учение все, что было римским (например, римские языческие праздники), и исключив из него все, что было еврейским, иудейским или из Ветхого Завета. Пора вернуться на пути древние и обрести покой или *шаббат* для своей души.

> **Так говорит Господь: становитесь на путях ваших, и рассмотрите, и расспросите о путях древних, где путь добрый, и идите по нему, и найдете покой душам вашим. Но они сказали: "не пойдем".**
>
> — Иеремия 6:16

Я молюсь о том, чтобы вы нашли пути древние и прошли ими и, наконец, обрели *покой*. Другое слово обозначающее покой это *шаббат*, священный день, отделенный и благословенный со времен сотворения.

> **И совершил Бог к седьмому дню дела Свои, которые Он делал, и почил в день седьмый от всех дел Своих, которые делал. И благословил Бог седьмой день, и освятил его, ибо в оный почил от всех дел Своих, которые Бог творил и созидал.**
>
> — Бытие 2:2–3

Мы соприкасаемся с Торой двумя способами. Один из них — это первые пять книг Библии (которые также называются Пятикнижием или Книгами Моисея). Второй способ, это отношение ко всем наставлениям Элохима, Бога-Творца в праведности. Тора — это не обязательно иудаизм или иудейская религия: Тора — это слово Божие. В книге Левит часто повторяется:

И воззвал Адонай к Моисею, и сказал ему из скинии собрания, говоря...
Сказал Адонай Моисею, говоря...
Сказал Адонай Моисею, говоря...
И сказал Адонай Моисею, говоря...
Сказал Адонай Моисею, говоря...

— Левит 1:1; 4:1; 5:14,20; 6:1

Вы поняли, к чему я. Говорит Бог, и слово записывает то, что Он говорит. Об этом можно прочесть в первых пяти книгах Библии (называемых Торой), начиная с Книги Бытия когда Элохим Творец "сказал, и да будет так,", ЯХВЕ Адонай "сказал, и да будет так". Истинно сказал Бог Израилев, и да будет так.

И сказал Бог: да будет свет. И стал свет.

— Бытие 1:3

И сказал Бог: да будет твердь посреди воды, и да отделяет она воду от воды. И создал Бог твердь, и отделил воду, которая под твердью, от воды, которая над твердью. И стало так.

— Бытие 1:6–7

И сказал Бог: да соберётся вода, которая под небом, в одно место, и да явится суша. И стало так.

— Бытие 1:9

> И сказал Бог: сотворим человека по образу Нашему и по подобию Нашему, и да владычествуют они над рыбами морскими, и над птицами небесными, и над скотом, и над всею землею, и над всеми гадами, пресмыкающимися по земле. И сотворил Бог человека по образу Своему, по образу Божию сотворил его; мужчину и женщину сотворил их.
>
> — Бытие 1:26–27

Будьте внимательны, когда вы читаете Его слово, и замечаете каждый раз, когда в нем говорится, что Он говорил или "сказал". Вместо того чтобы слышать в ушах интерпретацию теологии замещения, обратите внимание на то, что Всевышний сказал Израилю, матери народов, и позвольте Духу Святому наставлять вас во время чтения. Его высказывания в Ветхом Завете (единственное Священное Писание, которое было у первых верующих до четвертого века и Никейского собора) коренным образом изменят вашу веру и ваше поведение, и вы восстановите свою духовную личность. Все мы можем стать такими же могущественными и прославленными, как и верующие в первом веке, если позволим Его слову, данному Израилю, сформировать наше учение, а не словам Константина и тем, кого ошибочно называют "отцами церкви".

Истинными отцами церкви являются 12 колен Израилевых и 12 еврейских апостолов Агнца. Это 24 старца из книги Откровения, а не в писаниях Константина, Августина, Златоуста или Мартина Лютера. Он сказал 12-и еврейским апостолам:

> Йешуа же сказал им: истинно говорю вам, что вы, последовавшие за Мною, – в пакибытии, когда сядет Сын Человеческий на престоле славы Своей, сядете и вы на двенадцати престолах судить двенадцать колен Израилевых.
>
> — От Матфея 19:28

Не христианские отцы церкви будут судить 12 колен Израилевых, как это сделала теология замещения: осуждая Израиль и еврейский народ, называя их убийцами Христа, заслуживающих смерти. Только 12 еврейских апостолов, избранных Йешуа, еврейским Мессией, будут судить и править 12 коленами Израилевыми.

> Не отцы христианской церкви будут судить 12 колен Израиля, как это делала теология замещения: осуждали Израиль и еврейский народ, обвиняли их в убийствах Христа, заслуживающих смерти. Это 12 еврейских апостолов, избранных Иешуа, еврейским Мессией, который будет судить и править 12 коленами Израиля. И поют новую песнь, говоря: достоин Ты взять книгу и снять с неё печати, ибо Ты был заклан, и Кровию Своею искупил нас Богу из всякого колена и языка, и народа, и племени...
>
> — Откровение Иоанна 5:8–9

В 21-й главе Откровения, повествующей о Новом Иерусалиме, мы полностью осознаем личность 24-х старцев. Это библейские отцы всех людей Нового Завета.

> И вознёс меня в духе на великую и высокую гору, и показал мне великий город, святой Иерусалим, который нисходил с неба от Бога. Он имеет славу Божию. Светило

его подобно драгоценнейшему камню, как бы камню яспису кристалловидному. Он имеет большую и высокую стену, имеет двенадцать ворот и на них двенадцать Ангелов; на воротах написаны имена двенадцати колен сынов Израилевых: с востока трое ворот, с севера трое ворот, с юга трое ворот, с запада трое ворот. Стена города имеет двенадцать оснований, и на них имена двенадцати Апостолов Агнца.

— Откровение Иоанна 21:10–14

Вот оно, полное священническое отцовство для верующих в Мессию, как евреев, так и язычников — это 12 колен Израилевых и 12 еврейских апостолов Агнца, возглавляемые львом от колена Иудина, еврейским Мессией, единственным, кто достоин открыть книги суда.

И я много плакал о том, что никого не нашлось достойного раскрыть и читать сию книгу, и даже посмотреть в неё. И один из старцев сказал мне: не плачь; вот, лев от колена Иудина, корень Давидов, победил, и может раскрыть сию книгу и снять семь печатей её.

— Откровение Иоанна 5:4–5

Как еврейский Спаситель вместе со Своими израильскими, еврейскими старейшинами общества будет судить Церковь, которая разведена с Торой Его, ненавидит, игнорирует или бесчестит Его еврейский народ и заполняет собой место Израиля. Какова будет судьба тех, кто возвеличивал христианских отцов церкви и теологов, которые являлись антисемитами и учили Церковь ненавидеть евреев?

Те же самые отцы церкви и теологи почитаются, и их заблуждения включены в каждое церковное учение, особенно в то, что гласит: "Закон или Тора нарушен, мы христиане, а не евреи; поэтому мы соблюдаем Воскресенье, Пасху (праздник Иштар), Рождество и Хэллоуин, день всех святых, а не шаббат, Песах, Шавуот, Йом-Кипур и Суккот." (См. Левит 23, Он называет их "праздники Мои")

<u>Как бы лев от колена Иудина осудил Церковь, которая получила свое языческое римское наследие, ненавидящее Его еврейство. Вместо Церкви, которая приняла привилегированное израильское наследие (расширенное великой благодатью на язычников) через еврейского Мессию и Его еврейских апостолов?</u>

Тора, учение, наставление.

Удали от меня путь лжи, по милости Твоей даруй мне закон Свой.

— Псалтирь 118:29

Тора на иврите означает "учение или наставление". Наставления ЯХВЕ – не являются "рекомендациями". В своем Слове Он говорит нам, что любит, и что ненавидит, и Он очень ясно об этом говорит. Однако множество христиан различных вероисповеданий игнорируют Его наставления. Большинство проповедников постоянно проповедуют против заповедей Божьих или опошляют их.

Это стало такой чумой, что во многих церквях свирепствуют грех и беззаконие. В церковных зданиях совершаются и допускаются так много мерзостей, которые Он должен придать суду. Он закрывает двери многих церквей. Пока я пишу это сообщение, двери всех церквей в Америке и во многих других странах закрыты из-за коронавируса. Правительство США не разрешает проводить собрания более десяти человек. Бог стучится в дверь, чтобы увидеть, есть ли по крайней мере десять праведных в каждой церковной семье - десять, которые по-прежнему будут славить Его и соблюдать Его заповеди, с церковными зданиями или без них.

ЯХВЕ сказал Аврааму, что Он не разрушит Содом и Гоморру, если будет хотя бы десять праведников.

> **Авраам сказал: вот, я решился говорить Владыке: может быть, найдется там десять? Он сказал: не истреблю ради десяти.**
>
> — **Бытие 18:32**

Бог дает всем нам огромную возможность превратить наши дома в алтарь молитвы и поклонения, чтобы мы могли найти покой, шаббат для наших душ. Он стучится в наши двери, чтобы вернуться к изначальным основам веры и к тому же Евангелию, которое проповедовали еврейские апостолы - Евангелию, которое призывает верующих к святости и послушанию Его заповедям, к шаббатному покою, библейским праздникам и святому поклонению.

Никакой Пасхи (праздника Иштар)

> **Пойди, народ мой, войди в покои твои и запри за собой двери твои, укройся на мгновение, доколе не пройдет гнев; ибо вот, Адонай выходит из жилища Своего наказать обитателей земли за их беззаконие, и земля откроет поглощенную ею кровь и уже не скроет убитых своих.**
>
> — Исаия 26:20–21

Из-за строгой изоляции из-за COVID-19, никакая из церквей не смогла праздновать Пасху; весной 2020 года не будет никаких пышных зрелищ, даже на Святой Земле. В течение многих лет шофар (труба) трубил, призывая Церковь отказаться от теологии замещения и языческих римских праздников и перейти к соблюдению библейских праздников.

Пасха (праздник Иштар) — это не праздник воскресения Мессии, и имя, и дата взяты от вавилонско-римской богини плодородия по имени Иштар. Иштар была частью пантеона* поклонения солнцу Вавилона, Греции и Рима. Они поклонялись ей через оргии, в которых женщины занимались сексом со священниками храма Иштар. После этого они рождали детей, зачатых в этих оргиях. На следующий год, когда младенцам исполнится три месяца, богине нужно было принести в жертву десятину, или часть "жатвы" младенцев, чтобы умолять ее о большей плодовитости и большем количестве младенцев.

---

* Пантеон (от греческого πάνθεον pantheon, буквально – (храм) группа богов, принадлежащих к какой-то одной религии или мифологии, также храм или святое здание, посвященное всем богам какой-либо религии. (Oxford Languages)

<u>Затем куриные яйца окунали в кровь убитых младенцев, и они показывали окрашенные кровью яйца, чтобы все видели, сколько младенцев было принесено в жертву богине</u>. Из этого поклонения возникла пасхальная традиция крашеных яиц, включая шоколадные яйца и кроликов, которые не имеют ничего общего с воскресением еврейского Мессии Йешуа. Кролики были символом плодородия и безнравственности со времен Вавилона. Даже порнографические журналы, такие как Playboy используют кролика в качестве логотипа. Молодые девушки надевающие кроличьи ушки и хвостики подают напитки в клубах, символизируя поклонение Иштар, богине плодородия и безнравственности.

Как мы можем соотносить праздник Воскресения еврейского Мессии с именем богини Иштар (Пасха) и включать в наши праздники языческие римские традиции? Это и есть наследие теологии замещения, которое мы больше не можем игнорировать. Наш Бог стучится в наши сердца, церкви и общины, чтобы мы совершили тшуву, покаяние, вернулись к Евангелию, пришедшему с Сиона, и были восстановленными, и вернулись к еврейскому Мессии, а не к римскому Христу. Константин учредил Пасху (праздник Иштар), и запретил праздновать Песах, считающийся еврейским праздником. Однако Песах и первые плоды олицетворены кровным заветом, смертью, погребением и воскресением Йешуа.

Йешуа праздновал Песах, а не Пасху (праздник Иштар) со своими учениками, когда произошло следующее,

Ибо я от Самого Господа принял то, что и вам передал, что Господь Йешуа, в ту ночь, в которую предан был, взял

мацу* и, возблагодарив, преломил и сказал: "приимите, ядите, сие есть Тело Моё, за вас ломимое; сие творите в Моё воспоминание". акже и чашу после вечери, и сказал: "сия чаша есть новый завет в Моей Крови; сие творите, когда только будете пить, в Моё воспоминание" бо всякий раз, когда вы едите хлеб сей и пьете чашу сию, смерть ГОСПОДНЮ возвещаете, доколе Он придёт.

— 1 Коринфянам 11:23–26

Константин взял Пасху, языческий римский праздник Иштар, и одел ее в "христианские одежды". Однако он сохранил дату и языческие традиции в неприкосновенности.

Никейский Собор

Из письма Императора (Константина) всем, кто не присутствовал на соборе. (Евсевий Кесарийский, Жизнь Константина, Книга III, главы 18-20)

На том же Соборе было исследование касательно святейшего дня Пасхи, и общим мнением признано за благо: всем и везде праздновать ее в один и тот же день, ибо что может быть прекраснее и благолепнее, когда праздник, дарующий нам надежду бессмертия, неизменно совершается всеми по одному чину и известным образом? Прежде всего показалось неприличным праздновать тот святейший праздник по обыкновению иудеев, которые, осквернив свои руки беззаконным поступком, как нечистые, справедливо наказаны душевной слепотой. Отвергнув их обыкновение, гораздо лучше

---

* Маца: лепёшки из теста, не прошедшего сбраживание, разрешённого к употреблению в течение еврейского праздника Песах

будет тем же истинным порядком, который мы соблюдали с самого первого дня страстей до настоящего времени, образ этого празднования продолжить и на будущие века.

<u>Пусть не будет у нас ничего общего с враждебной толпой иудейской, потому что нам указан Спасителем другой путь, перед нами лежит поприще, сообразное и соответствующее священнейшей нашей Вере. Вступая на него едино-мысленно, возлюбленные братья, отделимся от того постыдного общества, ибо по истине странно бахвальство иудеев, будто, независимо от их постановления, мы не можем соблюдать этого.</u> (Источник: библиотека Руслана Хазарзара)

Это разделение обошлось нам очень дорого и привело к убийству миллионов евреев во имя Иисуса Христа и его последователей. Оно также привело к духовной смерти миллионов христиан, которые оскорбляли Духа Святого, продолжая языческое наследие поклоняющегося солнцу императора Константина с помощью Воскресенья, Пасхи (праздника Иштар), Рождества и Хэллоуина - поклонения всем святым.

Рождество или Суккот?

Мессия был рожден не 25 декабря, в день зимнего колдовского солнцестояния. Скорее, в этот день происходил языческий праздник Сатурналии, праздник поклонения Богу-солнцу и вечнозеленым деревьям. Йешуа родился (по мнению многих современных теологов) во время праздника Суккот, праздника Кущей, когда всем народам велено прийти в Иерусалим во время Его тысячелетнего правления, после того как Бог изольет Свой гнев на народы, приходивших против Израиля.

> **Затем все остальные из всех народов, приходивших против Иерусалима, будут приходить из года в год для поклонения Царю, Адонаю-Саваофу, и для празднования праздника кущей. И будет: если какое из племен земных не пойдёт в Иерусалим для поклонения Царю, Адонаю-Саваофу, то не будет дождя у них.**
>
> — Захария 14:16–17

"Подходящий способ поклонения", отделяющий христиан от всего еврейского, который поддерживал Константин и отцы церкви из язычников четвертого века, был смертоносным и кровавым во всех отношениях. Большинство погромов в Европе сотворенных Церковью против евреев имели место либо на Рождество, либо на Пасху (праздник Иштар).

Вот несколько примеров из исторических записей:

Старые еврейские религиозные тексты предписывали всем евреям оставаться дома в канун Рождества, потому что христиане могли напасть на них или даже убить. Однако, с исторической точки зрения, гораздо больше актов насилия против евреев было совершено во время Пасхи (праздника Иштар), когда христиане отмечают день смерти Иисуса, чем во время Рождества, когда он предположительно родился.

Погромы вспыхивали и через сорок дней после Пасхи (праздника Иштар), в тот день, когда Иисус вознесся на небеса, как верят христиане. Весной обычно было больше нападений на евреев, чем в декабре, так как погода была теплее, а земля не была покрыта снегом. (Gottesman / Готтесман)

Термин погром стал часто использоваться примерно в 1881 году, после убийства царя Александра II вспыхнуло антисемитское насилие. Анти-еврейские группы утверждали, что правительство одобрило преследования евреев. Первое насилие произошло в Елисаветграде, Украина, а затем распространилось на 30 других городов, включая Киев.

Во время Рождества того же года в подконтрольной России Варшаве (Польша) произошла вспышка насилия, в результате которой погибли двое евреев. Вину за смерти 29-и человек, произошедших из-за паники при пожаре в церкви, ложно возложили на еврейских карманных воров.

Смертоносные вспышки насилия против евреев продолжались до 1884 года в Беларуси, Литве, Ростове и Екатеринославе. В Нижнем Новгороде произошел последний российский погром того периода, в результате которого погибли девять евреев. (Редакторы History.com)

17 апреля 1389 г. был первым днем двухдневного нападения на еврейскую общину Праги ее христианскими соседями. Пражский погром 1389 года, как его стали называть, привел к гибели примерно 900 евреев, хотя в некоторых исторических хрониках, описывающих эти события, приводятся цифры намного выше.

Как и многие средневековые расправы над евреями в Европе, пражский погром 1389 года произошел во время католической Страстной недели, во время празднования Пасхи (праздника Иштар). Искрой, вызвавшей нападение, было, как это часто бывало, обвинение в "осквернении гостии" (когда якобы "кощунственные евреи" физически злоупотребляют евхаристической гостией, которая, согласно христианской традиции, превращается в тело Христа, когда прихожанин причащается). (Haaretz.com)

Таким образом, в Страстную пятницу средневековые христиане получали весть о том, что евреи, жившие среди них, были врагами христиан, убивших своего Спасителя, и им было необходимо либо обратиться в христианство, либо столкнуться с божественным наказанием. Такие выражения о евреях в средневековой литургии Страстной пятницы часто переходили в физическое насилие по отношению к местным еврейским общинам.

Забивание еврейских домов камнями было вполне обычным явлением. Часто этими нападениями руководило духовенство. Дэвид Ниренберг (David Nirenberg), исследователь средневековых отношений между евреями и христанами, утверждает, что это насилие воспроизводило жестокость страданий и смерти Иисуса.

Другой исследователь этой истории, Лестер Литтл (Lester Little), утверждает, что нападение на еврейскую общину должно было стать местью за смерть Иисуса и ритуальным актом, укрепляющим разделяющую грань между евреями и христианами. (Joslyn-Siemiatkoski / Джослин-Семяткоский)

Песах и первые плоды

> **Истина же в том, что Мессия действительно воскрес из мёртвых, словно первый плод из умерших**
>
> — 1 Коринфянам 15:20

YЙешуа умер не в Страстную пятницу, а в Песах, который выпал на среду. Он был в могиле три дня и три ночи, как Он Сам пророчествовал, упоминая знамение Ионы.

> **Ибо как Иона был во чреве кита три дня и три ночи, так и Сын Человеческий будет в сердце земли три дня и три ночи.**
>
> — От Матфея 12:40

Правильное время воскресения еврейского Мессии - не во время обрядов плодородия Иштар, а во время библейского праздника первых плодов и опресноков (мацы), следующих за Песахом.

> **Удалите старый хамец (закваску/грех), чтобы вы могли стать новым замесом теста, ведь, в действительности, в вас нет квасного. Ибо наш пасхальный агнец, Мессия, был принесён в жертву.**
>
> — 1 Коринфянам 5:7

Иешуа не наш "агнец Иштар"; Он наш "пасхальный агнец". Он воскрес из мертвых во время праздника первых плодов, а Мессия – и есть первый плод Воскресения. Когда ЯХВЕ дал Моисею наставления о Песахе для Израиля, Он сказал приносить

Ему приношение первых плодов в первый день недели после шаббата, приходящегося на Песах и праздник мацы (опресноков).

> **И сказал Господь Моисею, говоря: объяви сынам Израилевым и скажи им: когда придёте в землю, которую Я даю вам, и будете жать на ней жатву, то принесите первый сноп жатвы вашей к священнику; он вознесет этот сноп пред Господом, чтобы вам приобрести благоволение; на другой день праздника вознесет его священник;**
>
> — Левит 23:9–11

Библейский день начинается вечером, а не утром с восходом солнца; поэтому первый день недели начинается с заката "после шаббата" или с седьмого дня покоя.

> **И был вечер, и было утро: день один.**
>
> — Бытие 1:5б

Йешуа воскресает из мертвых после трех дней и трех ночей в могиле.

<u>Он воскресает, когда солнце садится в шаббат, что официально делает его первым</u> днем недели, день вознесения первых плодов в жертву ЯХВЕ. Когда солнце садится в седьмой день (шаббат), Сын Божий воскресает из мертвых. Он проводит три шаббата, дней покоя в могиле. Согласно Торе, первый день праздника Песах/мацы — это шаббат, день покоя и священного собрания.

Согласно еврейской традиции, это продолжается в течение двух дней в огражденных стеной городах, чтобы все евреи в эмиграции в разных часовых поясах могли наверстать остальных. Затем наступил седьмой день, это был третий шаббат. Как закончился еженедельный шаббат, Господин шаббата, Йешуа, воскрес из мертвых.

> Так как Сын Человеческий – Господин шаббата!
>
> — От Матфея 12:8

Традиция "восхода солнца" пришла из Рима, где поклоняются как Богу-солнцу, так и Пасхе/ празднику Иштар; однако солнце склонилось перед Сыном Яхве (Бога), который воскресает, когда солнце садится. Вот почему Мириам (Мария) пришла к гробнице в первый день, когда было еще темно, а Йешуа не было в гробнице, потому что Он воскрес в субботу вечером.

> В первый же день недели Мария Магдалина приходит ко гробу рано, когда было ещё темно, и видит, что камень отвален от гроба.
>
> — От Иоанна 20:1

Шаббат и COVID-19

> Помни шаббат (день субботний), чтобы святить его; шесть дней работай и делай всякие дела твои, а день седьмой – суббота Адонаю, Богу твоему не делай в оный никакого дела ни ты, ни сын твой, ни дочь твоя, ни раб твой, ни рабыня твоя, ни скот твой, ни пришелец, который в жилищах твоих; ибо в шесть дней создал Адонай ебо

и землю, море и все, что в них, а в день седьмой почил; посему благословил Адонай шаббат и освятил его.

— Исход 20:8–11

Большая часть мира работает семь дней в неделю, постоянно нарушая четвертую заповедь. Поскольку Израиль представляет собой смесь светских, консервативных и религиозных людей, шаббат не соблюдается во многих частях Израиля, например в Тель-Авиве. В Иерусалиме в шаббат (седьмой день покоя) закрыты в основном магазины, и не работает общественный транспорт. Впервые в истории современного Израиля весной 2020 года вся страна должна была соблюдать шаббат в принудительной изоляции, который ввели из-за коронавируса. Это чувство непередаваемо. Все другие народы, в которых так же ввели принудительную изоляцию, наблюдали за этим. Поскольку большинство предприятий, школ и церквей были закрыты, люди оставались в шаббат в своих домах. В Америке суббота - самый загруженный день, когда магазины открыты дольше. Однако во время COVID-19 почти все человечество было вынуждено отдыхать и соблюдать шаббат!

Большинство служителей проповедовали своей общинам, что шаббат не для христиан, что в Его святой день можно делать все, что угодно, но это напоминает о теологии замещения.

На самом деле, первые верующие в Мессию, евреи и язычники, первоначально собирались в шаббат в синагогах. Они соблюдали шаббат вплоть до 364 года нашей эры, когда Лаодикийский собор запретил эту практику, потому что они сказали, что это "еврейское".

Канон 29: Не подобает христианам иудействовать и в субботу праздновать, но делать им в сей день, а день воскресный преимущественно праздновать, если могут, как христианам. Если же обрящутся иудействующие, то да будут анафема от Христа. (Azbyka.ru)

"После этого Я возвращусь и отстрою заново разрушенный шатёр Давида. Я подниму его из развалин И восстановлю его, чтобы всё остальное человечество стало искать Господа, то есть все язычники, призванные Моим именем", — говорит Адонай, совершающий это. Всё это было известно с давних пор. Поэтому я полагаю, что нам не следует создавать препятствий для язычников, которые обращаются к Богу. Лучше написать им письмо, предписывающее им воздерживаться от всего осквернённого идолами, от блуда, от удавленного и от крови. <u>Так как с давних пор в любом городе есть люди, проповедующие Моисея, и его слова читаются в синагогах во время каждого шаббата.</u>

— Деяния 15:16–21

Апостолы ожидали, что верующие из язычников, которые обращаются к Богу, пойдут в синагоги, чтобы услышать Тору, данную Моисею. Тогда Дух Святой обличит их в грехе и запишет заповеди Божьи, Тору, в их сердцах. Евреи и язычники поклонялись вместе, будучи единой оливой, с одним и тем же еврейским Мессией и Евангелием. Это была доконстантиновская эпоха.

Я уже рассказывала, как император Византии Константин и отцы церкви из язычников учредили в четвертом веке другое Евангелие и другую систему поклонения с римским Христом, языческими римскими праздниками и традициями. Однако соблюдение святости шаббата - одна из десяти заповедей, которые я называю *небесной конституцией*. Народ Израиля был получателем этой небесной конституции, но цель заключалась в том, чтобы поделиться ее божественными принципами со всеми народами.

> И сыновей иноплеменников, присоединившихся к Адонаю, чтобы служить Ему и любить имя Адоная, быть рабами Его, всех, хранящих шаббат от осквернения её и твёрдо держащихся завета Моего, Я приведу на святую гору Мою и обрадую их в Моем доме молитвы; всесожжения их и жертвы их будут благоприятны на жертвеннике Моем, ибо дом Мой назовется домом молитвы для всех народов.
>
> — Исаия 56:6-7

Нигде в Священном Писании не говорится, что Творец заменил седьмой день или что Он вместо него благословил воскресенье. Он никогда не заменял Свой день святой! Однако Константин, будучи солнцепоклонником, назначил день солнца (Sun Day, воскресеенье) для поклонения Богу солнца в христианстве, которое он учредил. Первоначально многие верующие выступили против этого шага, зная истину за 300 лет до Никейского Собора. Не смотря на это, Константин, поддерживаемый отцами церкви из язычников, правил с железной хваткой и поэтому шаббат был запрещен, а вместо него было введено воскресное богослужение. Такое положение дел продолжается и по сей день, но Бог Библии призывает все человечество к покою и поклонению Ему в Его святой день, а не в день солнца, назначенным солнцепоклонником Константином. По существу, истинное поклонение шаббату будет преобладать на протяжении тысячелетнего правления Мессии Йешуа из Иерусалима.

> И от Новолуния к Новолунию, от шаббата к шаббату все люди будут приходить и поклоняться Мне, – говорит Адонай.
>
> — Исаия 66:23

Я считаю, что мы можем поклоняться ЯХВЕ каждый день недели, и все же отделять шаббат как священный день покоя и поклонения, установленный при творении и длящийся вечно, как это делала первая Церковь. Йешуа не говорил, "Я Господин Воскресенья", но провозглашал: "Я Господин шаббата!" (от Матфея 12:8). Он призывает нас вернуться от поклонения солнцу к святому библейскому поклонению.

> Так как Сын Человеческий – Господин шаббата!
>
> — От Матфея 12:8

Песах, праздник Иштар и COVID-19

Во время пандемии COVID-19 люди находились в принудительной изоляции. Все церкви и большинство предприятий были закрыты с марта по апрель 2020 года. Не было возможности проводить пасхальные (иштарские) службы и зрелища, так как для этих служб нужно церковное здание и множество прихожан. Правительство разрешило собрания максимум до десяти человек. Тем не менее, празднования Песаха продолжались как обычно, поскольку они происходят в домах.

Как и все израильские библейские праздники, Песах и праздник опресноков отмечаются в первую очередь дома, в кругу семьи. Еврейские семьи смогли праздновать Песах и во время принудительной изоляции введенной из-за COVID-19. И снова Бог Израилев обратил внимание людей на возврат к изначальным основам Евангелия и переносу алтаря поклонения из церковных зданий в дома.

Бог устроил первую библейскую принудительную изоляцию, чтобы защитить Свой народ от чумы, посланной против Египта. Затем он приказал людям есть принесенных в жертву ягнят и вечно праздновать Песах в семьях своих.

> **И созвал Моисей всех старейшин Израилевых и сказал им: выберите и возьмите себе агнцев по семействам вашим и заколите пасху. И возьмите пучок иссопа, и обмочите в кровь, которая в сосуде, и помажьте перекладину и оба косяка дверей кровью, которая в сосуде; а <u>вы никто не выходите за двери дома своего до утра</u>. И пойдет Адонай поражать Египет, и увидит кровь на перекладине и на обоих косяках, и пройдет Адонай мимо дверей, и не попустит губителю войти в домы ваши для поражения. Храните сие, как закон для себя и для сынов своих навеки.**
>
> — Исход 12:21–24

Римляне распяли Йешуа во время Песаха, и Он стал пасхальным агнцем.

Вам же не следует хвалиться (грехом и безнравственностью). Разве вы не знаете поговорку: "Немного закваски может заквасить целый замес теста"? Удалите старый хамец (закваску), чтобы вы могли стать новым замесом теста, ведь, в действительности, в вас нет квасного. Ибо наш пасхальный агнец, Мессия, был принесён в жертву. Потому давайте праздновать Седер (Песах, а не праздник Иштар) не с оставшимся хамецом, хамецом нечестия и зла, но с мацой чистоты и истины.

— 1 Коринфянам 5:6-8

Время избавиться от старой закваски

Удалите старый хамец (закваску), чтобы вы могли стать новым замесом теста, ведь, в действительности, в вас нет квасного. Ибо наш пасхальный агнец, Мессия, был принесён в жертву.

— 1 Коринфянам 5:7

На иврите Тора означает "наставления Бога в праведности". Хоть Тора и используется для описания различных еврейских книг, таких как Талмуд и Гемара*, в своем первоначальном контексте она соотносится с Пятикнижием Моисеевым, заповедями, которые ЯХВЕ дал народу Израиля. Сегодня законы жертвоприношения не являются актуальными для нас, поскольку Йешуа, еврейский Мессия и пасхальный агнец является высшей жертвой. Однако нравственные и социальные законы, и даже принципы поклонения

---

* Талмуд - это еврейский гражданский и церемониальный закон и предание, из которых состоят Мишна и Гемара. Мишна - первое крупное письменное собрание еврейских устных традиций, а Гемара – свод раввинских дискуссий и анализов текста Мишны.

живы-здоровы, поэтому они должны быть записаны в наших сердцах и умах. Это знак Нового Завета, данного народу Израиля, и знак того, чем еврейские апостолы 1-го века поделились с язычниками.

> "Вот, наступают дни, говорит Адонай, когда Я заключу с домом Израиля и с домом Иуды новый завет, не такой завет, какой Я заключил с отцами их в тот день, когда взял их за руку, чтобы вывести их из земли Египетской; тот завет Мой они нарушили, хотя Я оставался в союзе с ними, говорит Адонай. Но вот завет, который Я заключу с домом Израилевым после тех дней, говорит Адонай: вложу закон Мой во внутренность их и на сердцах их напишу его, и буду им Богом, а они будут Моим народом. И уже не будут учить друг друга, брат брата, и говорить: "познайте Адоная", ибо все сами будут знать Меня, от малого до большого, говорит Господь, потому что Я прощу беззакония их и грехов их уже не воспомяну более.
>
> — Иеремия 31:31–34

Масштабность обмана велика, что касается законов и стандартов Всевышнего. Проповедуется "евангелие дешевой благодати". Теперь люди знакомы с мотивирующими ораторами и пасторами, льстящих их слуху, эти же люди закрывают глаза на грех и беззаконие в своих церквях. Это вызвало ситуацию исхода славы (икхабод на иврите), как упоминается в книге 1 Царств, когда первосвященник Илий не смог обуздать своих сыновей.

> И сказал Адонай Самуилу: вот, Я сделаю дело в Израиле, о котором кто услышит, у того зазвенит в обоих ушах; в тот день Я исполню над Илием все то, что Я говорил о

доме его; Я начну и окончу; Я объявил ему, <u>что Я накажу дом его навеки за ту вину, что он знал, как сыновья его нечествуют, и не обуздывал их</u>; и посему клянусь дому Илия, что вина дома Илиева не загладится ни жертвами, ни приношениями хлебными вовек.

— 1-я Книга Царств 3:11–14

Пасторы не обуздали свою паству; они боятся потерять "овец своих", а с ними и свои десятины. Однако наш Отец больше не может смотреть на это сквозь пальцы, поскольку овец Его держат в постоянном состоянии "духовного Египта", будучи рабами греха, безнравственности, жадности и идолопоклонства.

Самый большой обман проистекает из того факта, что Церковь разведена со львом от колена Иудина и Его путями, потому что она подменила Его личность на романизированного, языческого Христа, который подмигивает греху. Она далека от Евангелия сошедшего с Сиона, которое было подменено западным, гуманистическим, поддельным Евангелием.

Евангелием без покаяния, святости, праведности и послушания.

Однако даже если мы, или даже ангел с небес, провозгласил бы вам так называемую "Добрую Весть", отличную от Доброй Вести, провозглашенной нами, да будет под вечным проклятием! Мы уже говорили прежде, и я повторю вновь: если кто-либо провозглашает "Добрую Весть", противоположную той, что вы приняли, пусть он навечно будет под проклятием! Неужели можно подумать, что я пытался заслужить одобрение у людей? Нет, я ищу одобрения у Бога! Или же я пытаюсь угождать людям?

Если бы мы по-прежнему поступали так, я не был бы слугой Мессии.

— Галатам 1:8–10

Две тысячи лет назад Мессия Йешуа предупреждал нас именно об этом, в Евангелии от Матфея.

Не думайте, что Я пришёл нарушить закон (Тору) или пророков: не нарушить пришёл Я, но исполнить. Ибо истинно говорю вам: доколе не прейдет небо и земля, ни одна иота или ни одна черта не прейдет из закона, пока не исполнится все. Итак, кто нарушит одну из заповедей сих малейших и научит так людей, тот малейшим наречется в Царстве Небесном, а кто сотворит и научит, тот великим наречется в Царстве Небесном. Ибо, говорю вам, если праведность ваша не превзойдет праведности книжников и фарисеев, то вы не войдете в Царство Небесное.

— От Матфея 5:17–20

Проповедники в большинстве церквей повторяют следующую мантру: "Законы нарушены, и вам больше не нужно соблюдать законы Божии, ибо теперь вы под благодатью." Каждое воскресенье они дают бесчисленным обманутым прихожанам плацебо, чтобы они чувствовали себя хорошо, не требуя ни раскаяния, ни изменения образа жизни. Мы обречем целое поколение в ад, если срочно не изменим наше учение!

Йешуа сказал в Евангелии от Матфея 5, "Не думайте, что Я пришёл нарушить закон (Тору) (законы и заповеди Моего Отца) и все, чему учили (еврейские) пророки и о чем пророчествовали. Я пришёл не отменить, но дополнить до совершенства; Итак, всякий, кто не послушается наименьшей из этих заповедей и научит других поступать так же, будет назван наименьшим в Царстве Небес. А всякий, кто исполняет их и учит тому же, будет назван великим в Царстве Небес. Ибо говорю вам, что если ваша праведность не превзойдёт праведность книжников и фарисеев, вы никоим образом не войдёте в Царство Небес!"

Сегодняшние церкви очень далеки от этого, их учение говорит: закон нарушен. Как мы можем рассчитывать на победу в нашем хождении, если мы не подчиняемся словам нашего еврейского Мессии? Он провозгласил, что стандарт святости и праведности в Новом Завете для нас намного выше, чем в Ветхом Завете. Он не говорил о законах жертвоприношения, потому что Он сам станет высшей жертвой за грехи. Однако Он определённо имел в виду, что наши моральные, социальные и поклоннические стандарты должны быть выше, чем у фарисеев, которые в Его дни были руководителями Израиля, соблюдающими Тору.

Обратите внимание на продолжение Его предупреждения в этой части от Матфея 5, поскольку в нем излагается принцип этих более высоких стандартов.

> Вы слышали, что нашим отцам было сказано: "Не убивай, и что всякий убивающий будет осуждён. А я говорю вам, что всякий, таящий злобу на своего брата, будет осуждён; всякий, называющий своего брата "Рака" (по-арамейски "бесполезный") будет судим синедрионом, всякий, говорящий: "Глупец!", навлекает на себя наказание огнём геенны (ада)!
>
> — От Матфея 5:21–22

Бог рассматривает проклятие или ненависть к нашим братьям и сестрам как убийство. Осуждается не только акт убийства, но и слова и сердца в нечестивом гневе и ненависти. Господи, помилуй! Многие ли из нас по незнанию стали убийцами?

Йешуа продолжает толковать Тору, Его заповеди и заповеди нашего Отца:

> Вы слышали, что сказано древним: "не прелюбодействуй". А Я говорю вам, что всякий, кто смотрит на женщину с вожделением, уже прелюбодействовал с нею в сердце своём.
>
> — От Матфея 5:27–28

Согласно Новому Завету, грех прелюбодеяния — это не только прелюбодеяние с другим супругом или с мужчиной или женщиной, с которыми человек не состоит в законном браке, но даже вожделение в сердце без физического совершения этого акта считается прелюбодеянием. Миллионы христианских мужчин, которые копаются в порнографии в Интернете, совершают вопиющее прелюбодеяние, вожделея глазами своими за чужими женщинами в сердцах и умах их. Йешуа очень ясно дал понять, что делать в таких обстоятельствах, и его учение не имеет ничего общего с потакающими своим желаниям, зыбкими и толерантными проповедями, которые проповедуются сегодня.

Вот, что Он сказал:

> Если твой правый глаз заставляет тебя грешить, вырви его и брось от себя! Лучше потерять тебе один член тела, чем всему телу быть брошенному в геенну (ад). И если твоя правая рука заставляет тебя грешить, отсеки её и брось от

себя! Лучше тебе потерять один член тела, чем всему телу быть брошенному в геенну (ад).

— От Матфея 5:29–30

Он сказал, что нам нужно быть радикальными и полностью посвященными в искоренении греха и извращений из нашей жизни! Эти зыбкие, толерантные послания, которые вводят людей в беззаконие, являются большим оскорблением великого Пастыря овец Его. Он собирается изгнать тех пастырей, которые держат свои стада в рабстве беззаконного Евангелия, основанного на теологии замещения и ненависти к Торе, законам Божьим.

Посему, пастыри, выслушайте слово Адоная: Живу Я! Говорит Адонай; за то, что овцы Мои оставлены были на расхищение и без пастыря сделались овцы Мои пищею всякого зверя полевого, и пастыри Мои не искали овец Моих, и пасли пастыри самих себя, а овец Моих не пасли, – за то, пастыри, выслушайте слово Адоная. Так говорит Адонай Элохим : вот, Я – на пастырей, и взыщу овец Моих от руки их, и не дам им более пасти овец, и не будут более пастыри пасти самих себя, и исторгну овец Моих из челюстей их, и не будут они пищею их.

— Иезекииль 34:7-10

В этот поздний час не время "играть в церковь". Пора покаяться и вернуться к путям древним, данным народу Израиля и проповедуемым еврейскими апостолами две тысячи лет назад. Уверяю вас, что ни один из этих еврейских апостолов не потерпел бы церквей, полных греха, аморальности, гомосексуализма, абортов, пьянства, зависимости, бунтарства и жадности. Они были бы полностью потрясены, увидев сегодняшнюю Церковь и то, как заглушаются истинные пророческие голоса в пользу тех, кто льстит слуху стада Яхве.

> Неужели вы не знаете, что у неправедных нет доли в Божьем Царстве? Не заблуждайтесь, ни те люди, которые вступают в половую жизнь до брака, ни те, кто поклоняется идолам, нарушает супружескую верность, имеют активные или пассивные гомосексуальные связи, ни воры, ни алчные люди, ни пьяницы, ни сквернословы, ни разбойники, – никто из этих не будет иметь долю в Божьем Царстве. Некоторые из вас поступали так раньше. Но вы очистились, отделились для Бога, стали считаться праведными властью Господа Мессии Йешуа и Руаха (Духа) Бога вашего.
>
> — 1 Коринфянам 6:9–11

Законы Божьи вечны

> Тогда что же, скажем: "Давайте грешить и дальше, чтобы увеличилась благодать?". Да запретят небеса! Как можем мы, умершие для греха, всё ещё жить в нём? Разве вы не знаете, что те из нас, которые погружены в Мессию Йешуа, погружены в его смерть? Через погружение в его смерть мы были погребены с ним, чтобы подобно тому, как через славу Отца был воскрешён Мессия, и мы также смогли иметь новую жизнь.
>
> — Римлянам 6:1–4

Обратите внимание на то, что Новый (или Обновленный) Завет заключен не с язычниками, а с домом Иуды и домом Израиля. Язычники имеют доступ к Новому Завету через еврейского Мессию, когда они *присоединяются* к своим еврейским братьям в Новом Завете. Языческая Церковь не существует как таковая. Церковь всецело привита к Израилю. Не существует 'отдельной языческой Церкви' и 'отдельной еврейской Церкви'. Существует только *одна* Экклесия (Церковь) и она привита к оливковому дереву (прочтите Римлянам 11 и Откровение Иоанна 21). Церкви необходимо вернуться к своей первоначальной личности!

И хотя каждый народ имеет особую личность и призвание, основной смысл и основные законы должны быть одинаковыми: тот же Бог, то же слово и Тора, тот же Дух, та же верность народу Израиля.

Так почему же Церковь празднует другие праздники, отличные от записанных в Библии? Это происходит из-за теологии замещения, которая убрала все еврейское из Церкви, которая приняла вместо этого римские языческие праздники, как бы маскируя их святыми.

Это и есть подмена личности!

Дорогие, вы можете нарядить свинью в ягненка, но она все равно будет пахнуть свиньей. Бог Израилев уже много лет стучится в двери церквей, убеждая их отказаться от романизированных праздников с их языческими традициями. Однако эти проповедники стараются больше угодить стаду, чем пастырю стада, Йешуа. Даже многие служители, проповедующие о еврейских корнях веры и Израиле, пошли на компромисс с истиной, чтобы не потерять своих партнеров и последователей. Многие старались не обидеть других христиан, но старались ли они не оскорбить Бога Израилева?

Он и является тем, кто сказал не учитесь путям язычников и не служите, как служили народы сии богам своим. Он лично велел не украшать деревья в знак поклонения. И все же миллионы христиан приносят рождественские елки домой, а пасторы ставят их на видное место в своих церквях и "прикрепляют их гвоздями". Рождественская елка — это языческая традиция праздника Сатурналии, предшествовавшего Рождеству, и он является праздником идолопоклонства и поклонения солнцу. Почему мы должны быть уверены в том, что это нравится еврейскому Мессии?

> Слушайте слово, которое Адонай говорит вам, дом Израилев. Так говорит Адонай: : не учитесь путям язычников и не страшитесь знамений небесных, которых язычники страшатся. Ибо уставы народов – пустота: вырубают дерево в лесу, обделывают его руками плотника при помощи топора, покрывают серебром и золотом, прикрепляют гвоздями и молотом, чтобы не шаталось.
>
> — Иеремия 10:1–4

Так много "политкорректности" там, где правда была скомпрометирована. Проповедники продолжают угождать людям, обучая людей традициям, которые оскорбляют Всевышнего и побуждают Духа Святого отступить из наших церквей. В Интернете полно информации об этом. Многие проповедовали и написали много книг о важности покаяния за празднование христианских праздников, уходящих корнями в язычество. ЯХВЕ многие годы призывал Церковь принять святое поклонение, отвергая романизированное христианство с его языческими праздниками, возвращаясь к библейским праздникам, которые Он дал народу Израиля, чтобы они разделили их со всем человечеством.

Пока мы приодеваем Церковь в наряды римско-христианских праздников, ее личность останется подмененной, еврейская личность Мессии останется скрытой от масс. Поэтому и антисемитизм продолжит свирепствовать во многих христианских кругах. Бог есть дух, и поклоняющиеся Ему должны поклоняться в духе и истине. (от Иоанна 4:24).

Рождество, Пасха (праздник Иштар), Хэллоуин (день всех святых) и воскресное поклонение — это наследство Рима и Вавилона и не имеет ничего общего с еврейским Мессией Йешуа.

Сатана установил все это как часть демонического плана через императора Византии Константина, и отцов церкви четвертого века, чтобы навсегда отделить Церковь от Израиля. Поступая так, сатана хотел отделить Церковь от еврейского Мессии, введя поддельного романизированного Иисуса Христа, с римскими языческими праздниками и с законами, противоречащими библейским законам из Торы.

Все это является величайшей подменой личности в истории! Ценой этому является отсутствие искупления миллионов людей, отнятая у целых народов возможность стать народами овец до тех пор, пока невеста Мессии не будет восстановлена в своей личности как привитая невеста еврейского жениха. Йешуа не осмелился бы отмечать римские праздники вопреки заповедям Своего Отца, не говоря уже о том, чтобы выставлять деревья или называть праздники именем чужих богов, таких как Иштар/Пасха с языческими традициями.

Настало время восстановить библейские праздники (святые дни) в Церкви во всем мире, без компромиссов с различными языческими проявлениями, которые многие поддерживают, такие как установка рождественских елок рядом с ханукальными менорами или совместное празднование Пасхи (праздника Иштар) и Песаха. Бог Израилев не разделяет поклонение с богами Рима. Есть только два пути - Бог Израилев и его поклонение или Рим. Нет никаких компромиссов.

Он сказал быть либо горячим, либо холодным. Он совершенно не переносит различность. Я знаю, что это неполиткорректно, и что это может вызвать у многих недовольство, но в библейском смысле это правильно. И как сказал мой отец Илия тысячи лет назад,

> Илия вышел к народу и сказал: – Сколько еще вы будете пытаться усидеть на двух стульях? Если Адонай – это Бог, идите за Ним, а если Баал, то идите за ним.
>
> — 3-я Книга Царств 18:21

Все христианские праздники заимствованы из Рима, из солнцепоклонничества, которое является поклонением Баалу. Как и в древнем Израиле, их наставники сбивали людей с толку. Вместо того, чтобы наставники учили их истине, они держали их в рабстве различных видов поклонения, "немного еврейского, немного языческого", только чтобы удовлетворить массы, но они сильно оскорбляли Бога Израилева. Он послал Своего пророка Илию противостоять этому компромиссу, и Он совершает это снова, с помощью Духа Илии. Он призывает нас, наконец, принять решение, останемся ли мы римскими христианами, привитыми к рождественской елке, или станем невестой завета, привитой к оливковому дереву в нашем поклонении.

> Если же некоторые из ветвей отломились, а ты, дикая маслина, привился среди них и стал причастником корня и сока маслины, то не превозносись перед ветвями. Если же превозносишься, то вспомни, что не ты корень держишь, но корень тебя.
>
> — Римлянам 11:17-18

Многие ли в Евангелической церкви действительно осознают, что их богослужение является католическим и что они все еще связаны духовной пуповиной с Римско-католической церковью? Понимают ли они, что именно римское христианство является источником Пасхи (праздника Иштар), Рождества, Хэллоуина (дня всех святых) и воскресного поклонения? И что они не праздновались в таком виде вплоть до четвертого века - 300 лет верующие в еврейского Мессию праздновали шаббат и библейские праздники и называли еврейского Мессию Его именем, Йешуа. Настало время снять римские одеяния в виде языческих праздников и надеть библейские. Восстановление святого поклонения восстановит личность невесты Мессии и личность еврейского Мессии. Это возбудит в еврейском народе ревность принять Его обратно.

"Снимите личность свиньи с Моего народа"

> Ибо Адонай с огнём и мечом Своим произведёт суд над всякою плотью, и много будет пораженных Адонаем. Те, которые освящают и очищают себя в рощах, один

за другим, едят свиное мясо и мерзость и мышей, – все погибнут, говорит Адонай.

— Исаия 66:16–17

Пандемия COVID-19 весной 2020 года вызвала осознание того, что нечистые животные приносят ужасные чумы (чума коронавируса, как сообщается, началась на рынке животных в городе Ухань, Китай, где продают много нечистых животных и мерзости в качестве еды для людей). В этом месте, COVID-19 произошел от летучей мыши, которая представляет собой мышь с крыльями. ЯХВЕ в Своем слове говорит, что произведет суд над всякою плотью, за употребление в пищу нечистых животных. В Исаии 66 Бог упомянул поросят, свиней, мерзость и мышей. В 11 главе Левита Он дает более длинный список и называет нечистых животных скверными. Например, Бог называет моллюсков и сомов "мерзостью".

А все те, у которых нет перьев и чешуи (в морях ли, или реках, из всех, плавающих в водах, и из всего, живущего в водах), скверны для вас; они должны быть скверны для вас: мяса их не ешьте и трупов их гнушайтесь; все животные, у которых нет перьев и чешуи, в воде, скверны для вас.

— Левит 11:10–12

Евреи, принявшие христианство не по своей воле или добровольно, должны были на протяжении веков показывать, что они "настоящие христиане" и что они "действительно спасены", поедая свинину и нечистых животных. Когда я, будучи еврейкой, отдала свою жизнь Йешуа, первыми указаниями, которые дали мне некоторые христиане были:

- Ты свободна от закона Божьего
- Ты можешь есть столько свинины, сколько тебе угодно

Это сбивало с толку: до этого я была грешницей, нарушившей заповеди Яхве (Божьи), а теперь спасение означает, что я могу оставаться беззаконницей? Это также сбивает с толку многих других, когда они слышат эти странные указания. До этого я была вегетарианкой и не наслаждалась мясом, не говоря уже о свинине. Однако эти благонамеренные христиане хотели увидеть, как я нарушаю диетические законы Бога Живаго, чтобы убедить их в том, что я действительно спасена. Многие верующие евреи расскажут вам ту же историю.

Это коренится в теологии замещения и носит антисемитский характер. Самыми антисемитскими народами в Европе на протяжении веков являлись христианские народы, у которых свинина является основным продуктом питания. Более того, в некоторых из этих стран трудно найти другое мясо - свинина самая дешевая и самая доступная. Такими странами являются Испания, Португалия, Германия, Польша и другие.

Употребление в пищу поросят, свиней или мяса свинины и ее производных называется "скверностью" и связано с идолопоклонством и поклонением смерти. Поэтому неудивительно, что романизированное христианство сделало свинину основным продуктом питания на всех языческих римско-христианских пирах и церковных праздниках.

к народу, который постоянно оскорбляет Меня в лицо, приносит жертвы в рощах и сожигает фимиам на черепках,

сидит в гробах и ночует в пещерах; ест свиное мясо, и мерзкое варево в сосудах у него;

— Исаия 65:3-4

Поскольку Йешуа не приходил нарушить Тору или пророков, Он так де не нарушил и диетические законы (от Матфея 5:17-21). Ной знал о чистых и нечистых животных еще до того, как Бог передал Тору. Он взял в ковчег по семь пар чистых животных и по две пары нечистых животных.

И всякого скота чистого возьми по семи, мужеского пола и женского, а из скота нечистого по два, мужеского пола и женского;

— Бытие 7:2

Элохим создал чистых животных для жертвоприношений и еды, а нечистых - для экологических целей, таких как переработки отбросов для очистки земли. Большинство христиан часто болеют из-за нечистой пищи, и это также влияет на их духовную жизнь.

Говорят, что в начале 20 века великого апостола веры по имени Смит Вигглсворт (Smith Wigglesworth) попросили благословить жареную свинью на столе, "прочитав молитву". Люди хорошо знали его за его прямоту, и единственной книгой, которую он когда-либо читал, была Библия. Он знал слово Божье от и до. Он знал, что свиньи - нечистые животные, и что Бог назвал их "скверными", поэтому он молился так:

"Дорогой Бог, если ты можешь благословить то, что проклял, благослови эту свинью во имя Иисуса. Аминь." (Робертс Лиардон/Roberts Liardon)

Звучит смешно, но это не шутка; нечистые животные навлекают проклятие на наши тела и наше хождение перед Богом. Бог вселенной сказал, что Он произведет суд над всеми, кто ест нечистое. Я надеюсь, что Бог не обнаружит тебя в их рядах. Коронавирус привлек внимание мира.

Христианский мир неверно истолковал многие Священные Писания Нового Завета через доктрины теологии замещения. Пожалуйста, поймите, что Йешуа - слово, ставшее плотью; таким образом, Он - Тора, ставшая плотью, то есть слово Его Отца. Он пришел не противиться заповедям Своего Отца, но довести их полную интерпретацию.

Христиане, которые нарушают диетические законы, оскверняют храм Духа Святого, которым являются их тела. Как и в святом храме в Иерусалиме, прихожане не могли приносить свиней или нечистых животных на алтарь, таким образом поедание нечистых животных оскверняет нас и делает нас больными.

Видение Петра в 10 главе Деяний не говорило о разрешении или запрете на поедание чистых и нечистых животных. Речь шла о значительном изменении, касающемся спасения язычников. До этого, евреи называли язычников "нечистыми", потому что они были вне завета и поклонялись идолам. Теперь же Йешуа призывал Своего еврейского апостола обратиться к язычникам и больше не называть их нечистыми. Когда он пришел к Корнилию, римскому сотнику в Кесарии, где собралась вся его семья и друзья, Петр истолковал полученное видение.

> И сказал им: вы знаете, что Иудею возбранено сообщаться или сближаться с иноплеменником; но мне Бог открыл, чтобы я не почитал ни одного человека скверным или нечистым.
>
> — Деяния 10:28

Как ЯХВЕ показал ему это? Через исступление в видении, которое было неправильно истолковано, смотря на него с точки зрения теологии замещения.

> И почувствовал он голод, и хотел есть. Между тем, как приготовляли, он пришёл в исступление и видит отверстое небо и сходящий к нему некоторый сосуд, как бы большое полотно, привязанное за четыре угла и опускаемое на землю; в нём находились всякие четвероногие земные, звери, пресмыкающиеся и птицы небесные. И был глас к нему: встань, Петр, заколи и ешь. Но Петр сказал: нет, Господи, я никогда не ел ничего скверного или нечистого.
>
> — Деяния 10:10–14

Петр не стал вкушать от этого, он никогда не видел, чтобы Йешуа ел нечистых животных. Йешуа не разрешал нарушать диетические законы Своего Отца, но Он заставлял Петра понять, что спасение теперь даровано и язычникам, которых раньше называли нечистыми.

Таким же образом будут неверно истолкованы многие другие отрывки из Священных Писаний, например, как этот:

> **Ибо всякое творение Божие хорошо, и ничто не предосудительно, если принимается с благодарением, потому что освящается словом Божиим и молитвою.**
>
> — 1 Тимофею 4:4–5

Во времена Тимофея единственным доступным словом Божьим был Танах, Ветхий Завет или Священные Писания, включая Тору. Новый Завет не был канонизирован вплоть до Никейского Собора в четвером веке. До тех пор то, что мы называем Новым Заветом, состояло из повторений Евангелий и апостольских писем, касающихся проблем в церквях. Это никогда не должно было заменить Священное Писание, данное народу Израиля.

Он сказал, что наша пища освящена двумя вещами:

- Словом Божьим, то есть Торой
- Молитвой

Одна только молитва не может освятить вашу пищу. Послушание Его слову, Его Торе в сочетании с молитвой и благодарностью освящает её. Тора никогда не освящает нечистых животных, и суд последних дней уже происходит (посредством COVID-19, который возможно произошел от летучей мыши, проданной на рынке нечистого мяса в Ухане, Китай).

Вот что говорится в конце книги о входе в Новый Иерусалим.

> **И не войдет в него ничто нечистое и никто преданный мерзости и лжи, а только те, которые написаны у Агнца в книге жизни.**
>
> — Откровение Иоанна 21:27

Чтобы понять, что нечисто, а что предано мерзости в глазах ЯХВЕ (Бога), вам нужно обратиться к Торе и дать Духу Святому записать это в вашем сердце. Великое пробуждение и возрождение стучится в двери. Вы слышите? А что будет с теми, кто отказывается слышать? Они иссякнут, и слава пройдет мимо них. Роза умрет.

Пророческое приглашение для вас

> И пойдут многие народы и скажут: придите, и взойдем на гору ГОСПОДНЮ, в дом Бога Иаковлева, и научит Он нас Своим путям, и будем ходить по стезям Его; ибо от Сиона выйдет закон, и слово Яхве – из Иерусалима.
>
> — Исаия 2:3

Ни святости, ни силы, ни славы!

Вы воздыхаете?

> И сказал ему ЯХВЕ: пройди посреди города, посреди Иерусалима, и на челах людей скорбящих, воздыхающих о всех мерзостях, совершающихся среди него, сделай знак.
>
> — Иезекииль 9:4

В последний раз я присутствовала на собрании возрождения в Лейкленде, штат Флорида, в 2008 году. Евангелистом, который наставлял это возрождение, был Тодд Бентли (Todd Bentley). Пробуждение прекратилось после августа 2008 года, когда евангелист покинул свое место в *Ignited Church* в Лейкленде. Причиной внезапного прекращения стали семейные проблемы между Тоддом и его женой, которые в итоге привели к их разводу.

Этот развод произошел из-за неправильных отношений с другой женщиной, на которой он в итоге женился.

Журнал Charisma Magazine освещал этот вопрос; вот цитата от 15 октября 2009 г.:

> В то время, наставники того, что сейчас известно под именем Transform International, более не связанного с Т. Бентли, выражали беспокойство по поводу отношений евангелиста с Джессой, а также по поводу употребления им алкоголя, которое, по словам высокопоставленного члена совета директоров, "перешло черту". (Gaines)

Мои дорогие, Тодд Бентли делал все возможное, чтобы быть сосудом Духа Святого, чтобы принести возрождение в США и во весь мир. На его собрания приезжали люди из разных стран, еженедельно их посещало около 30 000 человек. По оценкам служения Т. Бентли, более 140 000 людей посетило его собрания из более чем 40 стран и 1,2 миллиона человек посмотрели их через Интернет. К 30 июня более 400 000 человек из более чем 100 стран побывали на собрании, поскольку телеканал God TV транслировал его собрания каждую ночь.

Как правило, я смотрю на *духовные* плоды, производимые на таких мероприятиях, и не слежу за самими проявлениями духа. Дух Святой использовал нас, чтобы разжечь пламя возрождения во многих народах, и на нашу долю выпали проявления духа. Однако после того, как случаются серьезные духовные проявления, мне нравится вкушать *плоды*. Если плод хорош, это и есть доказательство истинного возрождения! Это становится понятным, если в районе снижается уровень преступности или количество разводов. Следует ли за этим движением больше святости, праведности и страха перед ЯХВЕ?

Проявления духа появляются и исчезают, но мы никогда не должны судить их раньше времени. Некоторые люди с гордостью выступают против проявлений Духа Святого, и это угашает пламя Духа! Другие же поклоняются проявлениям, но уделяют очень мало внимания слову Божьему и ученичеству, которое ведет к праведному образу жизни. Поэтому возникают избыточные проявления, которые являются демоническими, а не от Бога. Я хотела бы поделиться об этом из нашего личного опыта служения.

Господь послал нас в 1990 году в США, работать миссионерами в организации *"Молодежь с миссией"* (Youth With A Mission/YWAM) в *Коне, Гавайи. Затем он послал нас в библейскую школу Христос для народов* в Далласе, штат Техас. Во время нашего присутствия в библейской школе я написала серию книг и назвала одну из них, *"Сатана, ОТПУСТИ народ мой!"* (Satan, Let My People GO!)

В этой книге рассказывается, как Церковь в Америке была равнодушной и наполненной нераскаянным грехом. Это был призыв к покаянию, радикальному послушанию и праведности. Это был Божественный призыв вернуться к изначальному Евангелию, проповедуемому всеми еврейскими апостолами в первом веке! Один известный пастор, прочитавший мою книгу, сказал, что она "религиозная" и что христиане ходят под благодатью, а не под законом. Он настоятельно призывал меня признать, что мы все находимся "в процессе" и такие грехи, как аморальность, идолопоклонство и прелюбодеяние, не являются большой проблемой, поскольку люди несовершенны, и что Иисус понимает и прощает.

Тогда я была относительно новой верующей, получив спасение во время празднования Йом-Кипура в 1988 году. Мне едва исполнилось два года в Йешуа. И у меня хватило "наглости" написать книгу, призывающую Церковь к покаянию, разоблачающую смертельный компромисс с грехом в большей части Американской Церкви, который я сама испытала.

Желание увидеть, как другие ходят в святости, также сошло на меня в Израиле до моей поездки в США и моего брака с раввином Барухом Бирманом в 1990 году. Дух Святой падал на меня со словом наставления или словом упрека на тех, кто притворялся благочестивым, но имел скрытые грехи. Каждый раз, когда я служила, будучи исполненной любви Отца и пламени Руаха (Духа), люди приходили к покаянию. Я была заново рожденной верующей, воздыхающей над печальным состоянием тела Мессии!

Никто не проповедовал мне Евангелие! Йешуа пришел спасти меня Сам, как он спас апостола Павла. (Вы можете прочитать мою книгу, „ДА!", в которой описывается очень серьезное свидетельство моего спасения, переведенную на многие языки.). Моему новому рождению предшествовало твердое осознание греха и отчаянное стремление к чистоте! Когда Йешуа воззвал ко мне у вод Кинерета (Галилейского моря), меня уже не нужно было убеждать, что я нарушила заповеди ЯХВЕ и что я заслуживала умереть. Поскольку никто не проповедовал мне Евангелие, мое понимание было таковым: *Мы должны ненавидеть наши грехи и стремиться к чистоте и прощению Богом святым, которого мы оскорбили своим восстанием против Его путей и заповедей.*

Я могла найти множество оправданий моим ужасным грехам из-за моих "смягчающих обстоятельств". Однако, когда страх ЯХВЕ приходит в нашу жизнь, нет никаких оправданий аморальности, идолопоклонству и бунтарству. В этом контексте я испытала Его удивительную благодать и вскоре испытала наполнение Духом Святым и пламенем, которые превратили меня в ту женщину ЯХВЕ, которой я являюсь сегодня. Была ли я сразу "идеальной"? Конечно, нет, и я все еще со страхом и трепетом работаю над своим спасением. Тем не менее все известные грехи, такие как блуд, прелюбодеяние, идолопоклонство, курение сигарет и ругань, исчезли из моей жизни на следующий день после того, как я сказала Йешуа "да"! Его святость не позволила этой нечистоте оставаться во мне.

> **Также неуместна непристойная брань, пустые разговоры и грубость; напротив, вы всегда должны благодарить. Так как вы можете быть уверены в том, что ни один безнравственный, нечистый или алчный человек – то есть ни один идолопоклонник – не будет иметь доли в Царстве Мессии и Бога. Пусть никто не вводит вас в заблуждение пустыми словами; так как именно из-за подобного поведения Божий суд приходит на тех, кто не повинуется Ему.**
>
> — Ефесянам 5:4–6

Хоть я и полностью понимаю, что Он достигает нас, где бы мы ни находились, разными и изобретательными путями, <u>Евангелие без покаяния за нарушение заповедей ЯХВЕ, и освобождение от страха перед ЯХВЕ – не Евангелие!</u> "Евангелие", которое оставляет людей в их грехах и прощает их и даже оправдывает их во имя "благодати", является обманом!

Йешуа даровал прощение женщине, уличенную в прелюбодеянии, в противовес всем ее обвинителям, которые хотели забить ее камнями до смерти, однако Его слова к ней были:

Йешуа сказал ей: и Я не осуждаю тебя; иди и впредь не греши.

— От Иоанна 8:11

У него были похожие слова и для парализованного, которого он исцелил возле Храма:

Позже Йешуа нашёл его во дворе Храма и сказал: "Видишь, ты здоров! Теперь не греши, иначе с тобой может произойти худшее!"

— От Иоанна 5:14*

Пасторы, наставники, святые: пришло время *воздыхания* и *покаяния* за все мерзости, которые совершаются в христианских церквях и мессианских синагогах! Мы не можем больше быть апатичными! Воздыхания и покаяния должны начаться, поскольку суд стучится в ворота Его Храма, тело Мессии во всем мире. Вскоре Он пошлет Своих ангелов *отметить* тех, кто *воздыхает* из-за безнравственности и идолопоклонства, отделяя нас от тех, кто не воздыхает, но называет это "Евангелием благодати". В слове ЯХВЕ (Божьем) я видела, что Евангелие называют по-разному, но я не видела ни одного отрывка из Священного Писания, в котором

---

* https://bible.by/ent/43/5/

говорится о "Евангелии дешевой благодати". Я видела Евангелие Царства Божьего, Евангелие мира (или, скорее, шалома) и вечное Евангелие. Однако нигде в Священном Писании не упоминается "Евангелие дешевой благодати". Слово *благодать* всегда означает *покаяние*, оставление греха, непослушания и бунтарства, и следующее за этим *прощение*. Благодать *бесплатна,* но она никогда не бывает дешевой и никогда не оправдывает грех! Его истинное Евангелие благодати ведет к *покаянию*.

Или пренебрегаешь богатство благости, кротости и долготерпения Божия, не разумея, что благость Божия ведет тебя к покаянию [то есть к изменению своего внутреннего я, своего старого образа мышления –поиска Его цели для своей жизниНо, по упорству твоему и нераскаянному сердцу, ты сам себе [нарочно] собираешь гнев на день гнева и откровения праведного суда от Бога, Который ВОЗДАСТ КАЖДОМУ ПО ДЕЛАМ ЕГО [справедливо, как и заслуживают его дела]:

— Римлянам 2:4–6

Цель *благодати* - привести нас *к покаянию*, что на иврите является означает *тшува!*

Тогда что же, скажем: "Давайте грешить и дальше, чтобы увеличилась благодать?". Да запретят небеса! Как можем мы, умершие для греха, всё ещё жить в нём? Разве вы не знаете, что те из нас, которые погружены в Мессию Йешуа, погружены в его смерть?

— Римлянам 6:1–3

Слово *тшува* на иврите означает четыре вещи:
- Ответ
- Возвращение
- Покаяние
- Восстановление

Ибо из греха извлекается смерть, а вечная жизнь приобретается как безвозмездный дар Божий, в единстве с Мессией Йешуа, нашим Господом.

— Римлянам 6:23

Евангелие, "сошедшее с Сиона" — это Евангелие Царства Божьего, истинное Евангелие благодати. Оно призывает нас вернуться к Творцу, к покаянию за нарушение Его заповедей. Это ведет к восстановлению, которое в слове изображается как Евангелие шалома: примирения, исцеления, благополучия и целостности (что в большинстве Библий переводится просто как "мир").

Это и есть вечное Евангелие, и другого нет! И это Евангелие сопровождается знамениями и чудесами, многими серьезными проявлениями духа, которые завершаются *плодом*, плодом *тшува* (покаяния). Это Евангелие, которое может изменить и преобразовать наши общества, наши школы, наших детей и поколения в благочестивые общества и в народы овец!

И увидел я другого Ангела, летящего посередине неба, который имел вечное Евангелие, чтобы благовествовать живущим на земле, и всякому племени, и колену, и языку, и народу; и говорил он громким голосом: <u>убойтесь Бога и воздайте Ему славу, ибо наступил час суда Его, и</u>

поклонитесь Сотворившему небо, и землю, и море, и источники вод. И другой Ангел следовал за ним, говоря: пал, пал Вавилон, город великий, потому что он яростным вином блуда своего напоил все народы.

— Откровение Иоанна 14:6–8

Бог отметит тех из нас, кто находится в страдании и воздыхает, знаком ЯХВЕ, а те, кто потворствует греху, будут нести другой знак, который приведет к вечной погибели. Мы воздыхаем, что бы ЯХВЕ пролил праведность на наших детей, церкви, синагоги, города и народы, и мы умоляем Его послать возрождение! Истинное пробуждение рождается из воздыхания и отчаянного стремления к чистоте.

Блаженны чистые сердцем, ибо они Бога узрят.

— От Матфея 5:8

Духа не угашайте.

— 1 Фессалоникийцам 5:19

Жизненно важная молитва о покаянии

Отец Небесный, прости меня за ношение каких-либо других знаков, кроме Твоих, и за любую ненависть или зависть к Твоему еврейскому народу и Твоим заповедям. Я прошу Тебя отметить меня как святую для Тебя, *кадош ле ЯХВЕ* (что на иврите означает "святой для ЯХВЕ"), поскольку я решаю покаяться и полностью отвергнуть голову анти-Торы демонического начальства Анти-МЕСИТОЕСа. Пожалуйста, приди со Своим Духом Святым и пламенем и запиши Свои наставления и заповеди в моем сердце и разуме. Я отказываюсь есть всех нечистых животных, как упомянуто в Левите 11, и от всякой аморальности и римских языческих праздников, унаследованных от романизированного христианства. Настоящим я вновь посвящаю свою жизнь в духе, душе и теле, чтобы быть сосудом святого пламени и чести, чтобы привести многих к праведности во имя Йешуа. Аминь.

Для дальнейшего чтения рекомендую мою книгу *"Grafted In"* *(Привитые к оливе).**

---

* www.kad-esh.org/shop/grafted-in/

ДЕВЯТЫЕ ВРАТА

ВЫСОКОМЕРИЕ И АНТИСЕМИТИЗМ

Голова номер четыре: анти-еврейская

Итак, видишь благость и строгость Божию: строгость к отпадшим, а благость к тебе, если пребудешь в благости Божией; иначе и ты будешь отсечен.

— РИМЛЯНАМ 11:22

Четвертая голова чудовищного демонического начальства анти-МЕСИТОЕСа является анти-еврейской. Эта голова является результатом дел, сотворенных тремя другими головами:

- Анти-Мессия
- Анти-Израиль
- Анти-Тора

Ненависть к евреям ошибочно называют антисемитизмом. Мы создали это слово от имени Шем (Сим), второго сына Ноя, от которого произошел еврейский народ. Однако арабы также являются потомками Шема (Сима), как и китайцы. Тем не менее, антисемитизм — это ненависть только к евреям. Лучше было бы назвать это "ненавистью к евреям". Гитлер не стремился истребить всех арабов или всех китайцев, но он, несомненно, намеревался истребить всех евреев. На самом деле, многие выдающиеся арабские деятели, такие как Хадж Амин аль-Хусейни, великий муфтий Иерусалима в 1930-х годах, были особенными друзьями Гитлера и стремились истребить евреев в Израиле. Мы расскажем больше об этой личности в одиннадцатых воротах.

Антисемитизм или ненависть к евреям присущи не только христианскому миру. В действительности, она очень распространена среди мусульман и других нерелигиозных групп, а в наши дни особенно среди гуманистических интеллектуалов. Однако преследования евреев на религиозной почве были строгой прерогативой христианства с четвертого века до наших дней. Антисемитизм и ненависть к евреям стали церковной доктриной благодаря теологии замещения. На протяжении веков проповедники выражали ненависть к евреям во многих из своих самых страстных проповедей. Они обвиняли евреев в том, что они убийцы Бога, Христоубийцы, в том, что они - проклятая раса, змеиное отродье и тому подобное. Религиозная риторика ненависти отмирает не легко.

Мы должны понимать, что те тысячи и миллионы проповедей, проповеданных на протяжении веков, которые либо откровенно состояли из ненавистных и уничижительных высказываний, либо подразумевали их в адрес евреев, сформировали сегодняшнее христианство. Даже если некоторые религиозные круги обрели просветление, слишком многие другие христианские круги остаются во тьме.

Глубоко в сердцах многих христиан есть семя скрытого антисемитизма, готовое ко всходу при определенных обстоятельствах. Это семя ежедневно питается теологией замещения, которое исповедуется в большинстве церквей. И католическая, и протестантская, и евангелическая церкви смешиваются. И харизматические, и пророческие тоже. Несомненно, в 21 веке стало больше света, и сегодня многие замечательные христиане делают все возможное, чтобы защищать Израиль и еврейский народ, но, к сожалению, они по-прежнему в меньшинстве.

Мы с мужем имели честь служить более чем в 50 нациях и во многих конфессиях. Мы столкнулись с чудовищем теологии замещения в церквях разных конфессий.

Мы перечислим несколько примеров этого.

Эта древняя ненависть коренится в зависти

Мы видим, что первым, кто начинает страстно ненавидеть Израиль, является сам сатана. Он знает, что само существование Израиля доказывает, что Бог Библии истинен. Если Израиль исчезнет, исчезнет и любой след веры в непоколебимого, верного Всемогущего Бога - тогда сатана сможет безраздельно править, что было его целью с тех пор, как он восстал против ЯХВЕ.

Падение Люцифера/сатаны

> Как упал ты с неба, денница, сын зари! Разбился о землю, попиравший народы. А говорил в сердце своём: "взойду на небо, выше звезд Божиих вознесу престол мой и сяду на горе в сонме богов, на краю севера; взойду на высоты

облачные, буду подобен Элиону* ". Но ты низвержен ¨в Шеол, в глубины преисподней.

— Исаия 14:12–15 (SYN + коррекция имен)

Этот древний змей, который когда-то был самым важным ангелом на небе, был сброшен на землю на пути в преисподнюю из-за *зависти*. Зависть является первопричиной большинства убийств, начиная с Каина, который убил праведного Авеля в четвертой главе Бытия. Люцифер, что означает "утренняя звезда", жаждал места, занимаемого звездами Бога, он хотел быть выше звезд Бога. Итак, кто же эти звезды Бога?

И сказал: Мною клянусь, говорит Адонай, что, так как ты сделал сие дело, и не пожалел сына твоего, единственного твоего, то Я благословляя благословлю тебя и умножая умножу семя твоё, как <u>звезды небесные</u> и как песок на берегу моря; и овладеет семя твоё городами врагов своих; и благословятся в семени твоем все народы земли за то, что ты послушался гласа Моего.

— Бытие 22:16–18

После того, как Авраам послушался гласа Всевышнего и принес в жертву своего единственного сына Исаака, Он дал Аврааму обетование, "... умножая умножу семя твоё, как звезды небесные...". Они и являются звездами Бога, потомки Авраама, и сатана завидует.

---

* Элион – "Всевышний" на иврите

** Шеол – "Ад" на иврите

Однако это обетование распространяется через Исаака и Иакова на всех потомков Израиля.

Вспомни Авраама, Исаака и Израиля, рабов Твоих, которым клялся Ты Собою, говоря: "умножая умножу семя ваше, как звезды небесные, и всю землю сию, о которой Я сказал, дам семени вашему, и будут владеть вечно".

— Исход 32:13

Здесь мы видим обетование "... умножу семя ваше, как звезды небесные...", включая и Ханаан, землю обетованную. Мы продолжим развивать эту тему в одиннадцатых вратах.

Чтобы точно убедиться, что звезды Бога — это народ Израиля, следующее место из писания очень показательно. В нем Моисей обращается ко всему народу Израиля в пустыне после почти сорока лет скитаний.

Адонай, Бог ваш, размножил вас, и вот, вы ныне многочисленны, как звезды небесные;

— Второзаконие 1:10

Люцифер хотел быть Мессией, он хотел возвыситься над звездами Бога, над избранным народом Израиля и узурпировать место Царя царей и Господа господствующих, главенствующего еврея — Йешуа, сына Давида.

С тех пор как Элохим отверг Люцифера и изгнал его, его основным планом стало уничтожение Израиля, еврейского народа, естественных потомков Авраама, Исаака и Иакова. Это его главный план из всех демонических планов. Он ослеплен и разъярен от зависти и будет использовать любые средства и любую систему, чтобы осуществить это уничтожение.

Он понял, что христианина из язычников можно извратить с помощью зависти. Поэтому он использовал восточно-римского солнцепоклонника, "ненастоящий христианина Константина", вместе со скомпрометированными епископами четвертого века, чтобы разработать свой отвратительный демонический план. Сатана осуществит этот план через христианскую подменяющую систему, которая внушит всем своим последователям ненависть к евреям. Священство будет поощрять людей унижать и преследовать евреев - их девизом будет:

"Христоубийцы."

Призыв состоял в том, чтобы отделиться от отвратительной компании христоубийц, имея в виду весь еврейский народ. В глубине большинства христианских сердец до сих пор звучат эти слова: "Евреи отвергли Христа; евреи упрямые и бунтарные; евреи убили Христа; они находятся под проклятием; они заслуживают смерти".

Никейский Собор

> Выдержка из письма императора (Константина) всем, кто отсутствовал на соборе. (Евсевий, Жизнь Константина, III 18-20).

> Когда возник вопрос о священном празднике Пасхи (праздник Иштар), все считали, что было бы удобно, чтобы все вели празднование в один день, что бы могло быть прекраснее и желаннее, чем увидеть этот праздник, благодаря которому мы получаем надежду на бессмертие, отмечаемое всеми

единодушно и единым образом? Особенно недостойным было объявлено в такое время, время святейшего из празднеств, следовать обычаям (расчетам) евреев, которые запачкали свои руки самым страшным из преступлений, и чьи умы были ослеплены. Отказываясь от их обычая, мы передаем нашим потомкам правомерный принцип празднования Пасхи (праздник Иштар), который мы наблюдали со времени исхода Спасителя согласно дню недели.

Поэтому мы не должны иметь ничего общего с евреями, ибо Спаситель наш показал нам путь другой, наше поклонение следует в более правомерном и удобном русле (порядок следования дней недели): И поэтому, единодушно принимая этот принцип, мы желаем, дорогие братья, отделить себя от отвратительного общества евреев.

Эти слова Константина являются основой христианского антисемитизма, который на протяжении веков вызвал страдания и убийства многих миллионов евреев. Они настолько раздули пламя ненависти к евреям, что ужасные акты, такие как похищение еврейских детей, чтобы воспитать их как христиан; Крестовые Походы; Испанская и другие инквизиции продолжались до конца 19 века. Эти слова спровоцировали разрушительные погромы в России и Восточной Европе; Нацистский Шоа (Холокост) в 20-м веке, и BDS* в 21-м веке, акция подстрекаемая мусульманскими/палестинскими факторами, но так же получающая поддержку

---

* BDS = Boycott, Divestment and Sanctions (с англ. "Бойкот, изоляция и санкции") = глобальная политическая кампания и общественное движение, призывающее к экономическому и политическому давлению на Израиль с целью прекращения им действий, описываемых организаторами кампании как нарушения международного права. (участники Википедии)

и от многих "благонамеренных" христианских организаций. Антисемитизм очень явен в ООН и особенно в ВСЦ. (Всемирный Совет Церквей).

Хотела бы я сказать вам, что все это ушло в прошлое и не влияет на христианство и христиан сегодня, но я бы солгала вам. Эта статья очень поучительна:

Из газеты Jerusalem Post

14 января 2019 г.

ВСЦ называет себя самой большой организованной группой церквей и заявляет, что стремится представлять 350 церквей-членов в 110 странах и 500 миллионов христиан по всему миру. На их веб-сайте написано, что цель группы - христианское единство.

Тем не менее, один из способов достижения этого – антиизраильская пропаганда, которая временами имеет явный антисемитский подтекст, как это было определено Международным альянсом в память о Холокосте. Это определение было принято Евросоюзом, который вместе с некоторыми из его стран-членов предоставляет финансирование программе EAPPI* (Программа экуменического сопровождения в Палестине и Израиле).

Руководство ВСЦ и волонтеры EAPPI неоднократно сравнивали действия Израиля с действиями нацистской Германии на своих пропагандистских сессиях. Например,

* Программа экуменического сопровождения в Палестине и Израиле (WCC-EAPPI) была создана в 2002 году Всемирным советом церквей на основании письма и призыва наставников местных церквей о создании международного присутствия в стране.

генеральный секретарь ВСЦ, доктор Олав Фиске Твейт, сказал: "Я слышал об оккупации моей страны в течение пяти лет Второй мировой войны со слов моих родителей. Теперь я вижу и слышу истории о 50-летней оккупации".

В 2017 году обозреватель преподобный Гордон Тимберс (Gordon Timbers) из Пресвитерианской церкви Канады выступил с докладом. Когда один из присутствующих спросил, видят ли "евреи, которые приходят посмотреть ... модели газовых камер", сходства между ними и Западным берегом, Тимберс ответил, что "есть сходства", включая использование документов, удостоверяющих личность.

Южноафриканский активист EAPPI Итани Расаланавхо (Itani Rasalanavho) заявил во время мероприятия "Неделя апартеида" в своей стране, что "пришло время говорить, что жертвы Холокоста теперь стали виновниками".

В своем докладе преподобная Джоан Фишер (Joan Fisher), активистка EAPPI, цитирует одного палестинского священнослужителя, который сказал: "Мы сочувствуем страданиям наших еврейских братьев и сестер во время Холокоста, но нельзя бороться с одной несправедливостью, создавая другую".

Рабочее определение антисемитизма IHRA* (Международного альянса в память о Холокосте) гласит, что "сравнение современной политики Израиля с политикой нацистов" является примером антисемитизма.

---

* Международный альянс в память о Холокосте (IHRA) до января 2013 года был известен как Целевая группа по международному сотрудничеству в области просвещения, памяти и исследования Холокоста (или ITF).

ВСЦ поддерживает бойкот и изоляцию поселений, однако активисты EAPPI призвали бойкотировать весь Израиль.

Публикация EAPPI "Вера под оккупацией" ("Faith Under Occupation") от 2012 года призывала к "санкциям и приостановке помощи США Израилю", "оспариванию позиций Израиля в местных и международных судах" и "экономическим бойкотам".

Национальный координатор EAPPI в Южной Африке Дуду Махлангу-Масанго (Dudu Mahlangu-Masango) подписала письмо тогдашнему президенту Джейкобу Зуме (Jacob Zuma) с призывом "к нашему правительству и гражданскому обществу инициировать широкомасштабный бойкот, изоляцию и санкции в отношении Израиля" в 2012 году. Она повторила этот призыв в 2018 году в телеинтервью с призывом к "тотальным санкциям" в отношении Израиля.

Организация также стремится бороться с христианским сионизмом. На мероприятии ВСЦ 2015 года сионизм был назван "ересью" в соответствии с христианской теологией, современный Израиль по их мнению не имел никакого отношения к древним израильтянам, а израильское общество было отмечено как "полное расизма и привилегий светлокожих". Их руководство также сравнило Израиль с режимом апартеида в Южной Африке.

В мае 2016 года активистка EAPPI Ханна Гриффитс (Hannah Griffits) выступила в Лондоне с докладом, в котором обвинила "еврейское лобби" в поддержке американских христиан-евангелистов и заявила, что Израиль подкладывает ножи рядом с телами палестинцев, которые были застрелены после попытки заколоть израильтян.

Активисты EAPPI также распространяли ложь об Израиле, например, один активист в Великобритании, который сказал, что Израиль проводит политику сокращения арабского населения, отправляя арабских граждан на Западный берег или в Сектор Газа. Другие продемонстрировали незнание конфликта, например, волонтер EAPPI в Канаде, который сказал, что израильтянам не разрешено находиться

в зоне А* не из-за опасности, а "чтобы израильтяне не видели, что происходит".

Местные еврейские общины обнаружили, что добровольцы EAPPI разжигают антисемитизм.

Президент Совета депутатов британских евреев Вивиан Уайнман (Vivian Wineman) в 2012 году заявила: "Члены еврейских общин по всей стране подвергались преследованиям и оскорблениям на собраниях EAPPI", а организация заявила, что EAPPI "помогла создать атмосферу враждебности по отношению к Израилю внутри Англиканской церкви. " (Газета The Jerusalem Post)

Сатана завидует Израилю и особенно Иуде (колену Иудину). Из Иуды, из еврейского народа, придет Лев от колена Иудина, еврейский Мессия, Йешуа, который будет править всем

---

* Западный берег был разделен на три части: А, В и С - и был частью Соглашения в Осло, которые Израиль и ООП подписали в 1993 и 1995 годах. По состоянию на сентябрь 2019 года зона А составляет 18% территории Западного берега и в основном контролируется палестинскими властями, включая внутреннюю безопасность.

человечеством. Сатана хотел уничтожить Израиль до первого пришествия Мессии, и теперь он пытается сделать это до Его второго пришествия, которое установит Его тысячелетнее правление в столице Израиля Иерусалиме. Лукавый все еще использует христианство в качестве своего главного сосуда для финансирования врагов Израиля. Мы расскажем об этом в одиннадцатых воротах.

Теперь мы понимаем, что главная цель сатаны - убить или уничтожить каждого еврея на планете из-за *зависти*. Его цель - остановить возвращение Мессии, ибо не будет еврейского народа, готового приветствовать Его. Йешуа сказал, что вернется только тогда, когда еврейский народ будет приветствовать Его. Если не останется евреев, не будет и приветственной вечеринки!

> **Ибо Я говорю вам (еврейскому народу), с этого времени вы Меня больше не увидите, пока не скажете: Барух ха-ба б'Шем Адонай. Благословен приходящий во имя Господа!**
>
> — От Матфея 23:39

Без евреев на месте, сатана будет безраздельно властвовать на этой земле навсегда. Это его план, а ниже приведен генеральный план Бога Израилева:

Зачем мятутся народы, и племена замышляют тщетное? Восстают цари земли, и князья совещаются вместе против Адоная и против Помазанника Его. "Расторгнем узы их, и свергнем с себя оковы их". Живущий на небесах посмеется, Адонай поругается им. Тогда скажет им во гневе Своём и яростью Своею приведет их в смятение: "Я помазал Царя Моего над Сионом, святою горою Моею;"

— Псалтирь 2:1–6

Как сатана частично осуществлял свой развращенный план уничтожения евреев на протяжении многих лет, объясняется следующей тактикой, записанной в Священном Писании.

Убийство сыновей в Египте

Иосиф, сын Иакова, проданный в рабство из-за зависти своих братьев, в конце концов, великодушным жестом прощения, спас свой народ от голода в Ханаане, открыв пред ними врата Египта. Он стал самым важным человеком в Египте после фараона, царя Египта, из-за своей непорочности перед Богом и своего пророческого дара. Люди Иосифа, сыновья Израиля, поселились в плодородной местности под названием Гошен (Гесем), где они успешно пасли свои стада и где их численность приумножилась. Однако, когда Иосиф умер, в Египте возник новый царь, который не знал Иосифа и не одобрял Израиль и его народ. Он начал порабощать и изнурять их, кульминацией чего стала попытка геноцида целого народа, пытаясь убить всех израильских новорожденных сыновей. В Исходе мы можем прочесть:

> И восстал в Египте новый царь, который не знал Иосифа, и сказал народу своему: вот, народ Бней-Исраэль (сынов Израилевых) многочислен и сильнее нас; перехитрим же его, чтобы он не размножался; иначе, когда случится война, соединится и он с нашими неприятелями, и вооружится против нас, и выйдет из земли нашей.

И поставили над ним начальников работ, чтобы изнуряли его тяжкими работами. И он построил фараону Пифом и Раамсес, города для запасов. Но чем более изнуряли его, тем более он умножался и тем более возрастал, так что опасались Бней-Исраэль (сынов Израилевых). И потому Египтяне с жестокостью принуждали сынов Израилевых к работам и делали жизнь их горькою от тяжкой работы над глиною и кирпичами и от всякой работы полевой, от всякой работы, к которой принуждали их с жестокостью. Царь Египетский повелел повивальным бабкам Евреянок, из коих одной имя Шифра, а другой Фуа, и сказал: когда вы будете повивать у Евреянок, то наблюдайте при родах: <u>если будет сын, то умерщвляйте его</u>, а если дочь, то пусть живёт. Но повивальные бабки боялись Бога и не делали так, как говорил им царь Египетский, и оставляли детей в живых.

— Исход 1:8–17

Это предыстория восстания Моисея, освободителя Израиля, ведущая ко всей истории Песаха. Если бы фараон преуспел в своем ужасном плане, он бы убил Моисея при рождении. Кроме того, на горе Синай никогда не была бы дана Тора (закон), не существовало бы колена Иудина, ни дома Давида, и Мессия Йешуа - еврейского Спасителя из дома Давида - никогда бы не родился. Израиль не сформировался бы в народ, который мы знаем сегодня.

Однако у Элохима, Бога Израилева, были две женщины, которые спасли Израиль от геноцида, и фактически все человечество, потому что мы уже знаем, что без Израиля весь план спасения для народов был бы разрушен. Не было бы ни Мессии, ни спасения, и где бы вы были? В этом и есть суть: если евреям причиняют вред и евреев убивают, страдает весь мир. Благополучие всего человечества зависит от благополучия Израиля и еврейского народа.

> **Я благословлю благословляющих тебя, и злословящих тебя прокляну, и благословятся в тебе все племена земные.**
>
> — Бытие 12:3

Это было, есть и будет ключом Авраама к благополучию всего человечества. И сатана это знает. Он знает, что, если он сможет использовать кого-нибудь, чтобы навредить евреям, эта потеря будет дорого обходиться всему миру, всему человечеству, которое он ненавидит.

В каждой истории спасения народа Израиля мы видим, что у ЯХВЕ есть Свои герои. Он использует людей, которые противостоят злым властям, будь то церковь, правительство или и то, и другое, которые преследуют Его избранный народ. В вышеприведенном отрывке акушерки были простыми женщинами, которые боялись Бога больше, чем страшного царя Египта. Они оставили нам непоколебимое наследие и пример для подражания. Бог Израилев вознаградил их за их отважную позицию, которая спасла народ, и через Израиль спасла весь мир от уничтожения.

> **За сие Бог делал добро повивальным бабкам, а народ умножался и весьма усиливался. И так как повивальные бабки боялись Бога, то Он устроял домы их.**
>
> — Исход 1:20–21

Мы все должны последовать их примеру в грядущие дни.

Амалек в пустыне

Амалек был внуком Исава, старшего брата-близнеца Иакова. Исав всегда злился и завидовал Иакову, так как Бог продолжал благословение Авраама и Исаака через Иакова, который стал первенцем по Божьему избранию. Исав хотел убить Иакова, но не сделал этого при жизни; однако его внук Амалек продолжил наследие ненависти и зависти своего деда. Амалек поставил перед собой задачу полностью уничтожить Израиль. Его тактика была подлой и извращенной. Он прибегал к нападению на ослабевших, немощных, больных и усталых, беременных женщин и их детей. Гитлер подражал этой тактике, и большинству христианских и мусульманских антисемитов, которые разделяют тактику Амалека.

> И сделал Йешуа, как сказал ему Моисей, и пошёл сразиться с Амаликитянами; а Моисей и Аарон и Хур взошли на вершину холма. И когда Моисей поднимал руки свои, одолевал Израиль, а когда опускал руки свои, одолевал Амалик; но руки Моисеевы отяжелели, и тогда взяли камень и подложили под него, и он сел на нём, Аарон же и Хур поддерживали руки его, один с одной, а другой с другой стороны. И были руки его подняты до захождения солнца. И низложил Йешуа Амалика и народ его острием меча.
> И СКАЗАЛ Адонай Моисею: напиши сие для памяти в книгу и внуши Йешуа, что Я совершенно изглажу память Амаликитян из поднебесной. И устроил Моисей жертвенник и нарёк ему имя: ЯХВЕ-Нисси. Ибо, сказал он, рука на престоле Адоная: брань у Адоная против Амалика из рода в род.
>
> — Исход 17:10–16

Битва против Амалека — это битва ЯХВЕ. Он сражается с Амалеком из поколения в поколение. Личная месть Бога против этой ужасной ненависти и зависти к Его избранному народу заключается в том, что Он изгладит память об Амалеке из поднебесной. Все схожие с Амалеком, ненавидящие еврейский народ, находятся под тем же судом, что и Амалек. Весь мир находится в опасности наихудшего гнева, когда-либо изливавшегося из-за антисемитизма, который слово Божье называет "возмездием за Сион".

> Приступите, народы, слушайте и внимайте, племена! да слышит земля и всё, что наполняет её, вселенная и всё, рождающееся в ней! Ибо гнев Адоная на все народы, и ярость Его на все воинство их. Он предал их заклятию, отдал их на заклание. И убитые их будут разбросаны, и от трупов их поднимется смрад, и горы размокнут от крови их…
> Ибо упился меч Мой на небесах: вот, для суда нисходит он на Едом и на народ, преданный Мною заклятию. Ибо день мщения у Адоная, год возмездия за Сион.
>
> — Исаия 34:1-3,5,8

Каждый, кто питает антисемитизм, ненависть и зависть к еврейскому народу, имеет в себе семя Амалека. Сам Бог Израилев сражается за Свой народ против Амалека, но Ему нужны воины, подобные Йешуа, заступники, подобные Моисею, и государственные деятели, подобные Аарону и Хуру, которые будут сотрудничать с Ним в этой битве не на жизнь, а на смерть. Вы ответите на Его призыв? И если вы не ответите, но останетесь сторонним наблюдателем (сейчас, когда уровень антисемитизма возрос до размеров, невиданных с тех пор, как Гитлер был у власти), что Он подумает о вас? Замалчивание преступления делает человека соучастником в этом преступлении, и Всевышний судит сторонних наблюдателей.

> Спасай взятых на смерть, и неужели откажешься от обреченных на убиение? Скажешь ли: "вот, мы не знали этого"? А Испытующий сердца разве не знает? Наблюдающий над душею твоею знает это, и воздаст человеку по делам его.
>
> — Притчи 24:11–12

Нейтралитет не является вариантом для тех, кто имеет дело с ненавистью к евреям и антисемитизмом.

> Помни, как поступил с тобою Амалек на пути, когда вы шли из Египта: ак он встретил тебя на пути, и побил сзади тебя всех ослабевших, когда ты устал и утомился, и не побоялся он Бога; итак, когда Адонай, Бог твой, успокоит тебя от всех врагов твоих со всех сторон, на земле, которую Господь, Бог твой, даёт тебе в удел, чтоб овладеть ею, изгладь память Амалика из поднебесной; не забудь.
>
> — Второзаконие 25:17–19

Валаам и Валак

Валаам был языческим "колдуном-пророком", или, скорее, прорицателем, поскольку он не ходил как часть единственного народа Бога, народа Израиля. У него была власть, которую уважали моавитяне, опасавшиеся народа Израиля и стремились к его уничтожению.

> И видел Валак, сын Сепфоров, все, что сделали Бней-Исраэль (сыны Израилевы) Аморреям; и весьма боялись Моавитяне народа сего, потому что он был многочислен; и устрашились Моавитяне Бней-Исраэль (сынов Израилевых). И сказали Моавитяне старейшинам Мадиамским: этот народ поедает теперь все вокруг нас, как вол поедает траву полевую. Валак же, сын Сепфоров, был царём Моавитян в то время. И послал он послов к Валааму, сыну Веорову, в Пефор, который на реке Евфрате, в земле сынов народа его, чтобы позвать его и сказать: вот, народ вышел из Египта и покрыл лицо земли, и живёт он подле меня; итак, приди, прокляни мне народ сей, ибо он сильнее меня: может быть, я тогда буду в состоянии поразить его и выгнать его из земли; я знаю, что кого ты благословишь, тот благословен, и кого ты проклянешь, тот проклят.
> И пошли старейшины Моавитские и старейшины Мадиамские, с подарками в руках за волхвование, и пришли к Валааму, и пересказали ему слова Валаковы.
>
> — Числа 22:2–7

Как гласит легенда, Валаам сказал этим посланникам остаться на ночь, пока он не услышит от Бога. На что Элохим Израилев ответил следующее:

И сказал Бог Валааму: не ходи с ними, не проклинай народа сего, ибо он благословен.

—Числа 22:12

Итак, Валаам послушно послал весть вождю моавитян Валаку, Сыну Сепфора: "Никакого дела не будет - Бог не позволяет мне делать это". Однако царь не сдавался и отправил других посланников, предлагающих Валааму больше денег, серебра и золота, чтобы он использовал свои силы для проклятия Израиля. Валаам, который не очень-то и знал ЯХВЕ, не знал, что Бог Израилев не изменяет Своего мнения, ибо Он не человек, чтобы Он нарушил Свое слово. Если Он сказал: "Нет!", то Он имел в виду *нет*. Итак, Валаам пытался убедить Бога отпустить его, и казалось, что Бог согласился с ним. Однако по дороге Валаама ждал сюрприз. Его ослица стала его пророком!

Валаам встал поутру, оседлал ослицу свою и пошёл с князьями Моавитскими. И воспылал гнев Божий за то, что он пошёл, и стал Ангел Адоная на дороге, чтобы воспрепятствовать ему. Он ехал на ослице своей, и с ним двое слуг его, И увидела ослица Ангела Адоная, стоящего на дороге с обнаженным мечом в руке, и своротила ослица с дороги, и пошла на поле; а Валаам стал бить ослицу, чтобы возвратить её на дорогу.

И стал Ангел Адоная на узкой дороге, между виноградниками, где с одной стороны стена и с другой стороны стена. Ослица, увидев Ангела Адоная, прижалась к стене и прижала ногу Валаамову к стене; и он опять стал бить её.

Ангел Адоная опять перешёл и стал в тесном месте, где некуда своротить, ни направо, ни налево. Ослица, увидев

Ангела Адоная, легла под Валаамом. И воспылал гнев Валаама, и стал он бить ослицу палкою.

И отверз Адонай уста ослицы, и она сказала Валааму: что я тебе сделала, что ты бьешь меня вот уже третий раз? Валаам сказал ослице: за то, что ты поругалась надо мною; если бы у меня в руке был меч, то я теперь же убил бы тебя. Ослица же сказала Валааму: не я ли твоя ослица, на которой ты ездил с начала до сего дня? имела ли я привычку так поступать с тобою? Он сказал: нет.

И открыл Адонай глаза Валааму, и увидел он Ангела Адоная, стоящего на дороге с обнажённым мечом в руке, и преклонился, и пал на лицо своё.

И сказал ему Ангел Адоная: за что ты бил ослицу твою вот уже три раза? Я вышел, чтобы воспрепятствовать тебе, потому что путь твой не прав предо Мною; и ослица, видев Меня, своротила от Меня вот уже три раза; если бы она не своротила от Меня, то Я убил бы тебя, а её оставил бы живою.

—Числа 22:21–33

Любой, кто вознамерится проклясть Израиль, причинить зло еврейскому народу, будь то из жадности или из политических побуждений, обнаружит, что Сам Бог Израилев станет их противником. В конечном итоге, Валаам усвоил урок и вместо того, чтобы проклинать Израиль, он благословлял их под помазанием Духа Божьего одним из самых прекрасных слов в Библии.

Валаам увидел, что Адонаю угодно благословлять Израиля, и не пошёл, как прежде, для волхвования, но обратился лицом своим к пустыне. И взглянул Валаам, и увидел Израиля, стоящего по коленам своим, и был на нём Руах Элохима (Дух Божий). И произнёс он притчу свою, и сказал:

"Говорит Валаам, сын Веоров, говорит муж с открытым оком, говорит слышащий слова Божии, который видит видения Всемогущего; падает, но открыты глаза его: как прекрасны шатры твои, Иаков, жилища твои, Израиль! Расстилаются они, как долины, как сады при реке, как алойные дерева, насажденные Адонаем, как кедры при водах; польется вода из ведр его, и семя его будет как великие воды, превзойдет Агага царь его, и возвысится царство его. Бог вывел его из Египта, быстрота единорога у него, пожирает народы, враждебные ему, раздробляет кости их и стрелами своими разит врага.

Преклонился, лежит как лев и как львица, кто поднимет его? Благословляющий тебя благословен, и проклинающий тебя проклят!

И воспламенился гнев Валака на Валаама, и всплеснул он руками своими, и сказал Валак Валааму: я призвал тебя проклясть врагов моих, а ты благословляешь их вот уже третий раз; итак, беги в своё место; я хотел почтить тебя, но вот, Адонай лишает тебя чести.

— Числа 24:1–11

Позже история окрасится кое-какими трудностями, так как Валаам не полностью усвоил урок. Он использовал свои дары, чтобы сообщить мадианитянам, как привести Израиль к гибели через сексуальную безнравственность, используя привлекательных женщин, чтобы искушать князей Израиля. Сатана пытается всеми возможными способами уничтожить избранный народ. (Числа 25).

После того как Гитлер и нацистский режим начали уничтожать всех евреев, Гитлер сказал, что он следовал инструкциям величайшего антисемита и реформатора Церкви, Мартина Лютера, который описал детали, использованные в Окончательном решении еврейского вопроса, которому следовал Гитлер (MacCulloch; Goldhagen). И все же из пепла Шоа (нацистского Холокоста) восстал народ еврейский, чтобы возродиться на своей собственной земле после почти 2000 лет изгнания. Бог Израилев превратил самое ужасное, гибельное проклятие в благословение восстановления для всего Израиля, исполнив стремление всех евреев на протяжении двадцати веков изгнания вернуться на свою древнюю родину. И Его генеральный план продолжается.

Аман в Персии

После того, как еврейский народ был сослан в Вавилон (за царством которого последовала империя персов и мидян), дух Амалека снова столкнул их с угрозой быть уничтоженными. Я могла бы назвать это *второй главой Амалека*, поскольку автора этого ужасного геноцидного плана звали Аман Агагитянин, который был потомком Амалека. Это доказывает, что ЯХВЕ ведет битву из поколения в поколение через естественных потомков Амалека, или тех, кто имеет дух Амалека. Этот дух является демоническим начальством, и духом, которым руководит анти-еврейская голова Анти-МЕСИТОЕСа.

> После сего возвеличил царь Ахашверош Амана, сына Амадафа, Вугеянина, и вознёс его, и поставил седалище его выше всех князей, которые у него; и все, служащие при царе, которые были у царских ворот, кланялись и падали ниц пред Аманом, ибо так приказал царь. А Мардохей не кланялся и не падал ниц.

> И говорили служащие при царе, которые у царских ворот, Мардохею: зачем ты преступаешь повеление царское? И как они говорили ему каждый день, а он не слушал их, то они донесли Аману, чтобы посмотреть, устоит ли в слове своём Мардохей, ибо он сообщил им, что он Иудеянин.
>
> И когда увидел Аман, что Мардохей не кланяется и не падает ниц пред ним, то исполнился гнева Аман. И показалось ему ничтожным наложить руку на одного Мардохея; но так как сказали ему, из какого народа Мардохей, то задумал Аман истребить всех Иудеев, которые были во всём царстве Ахашвероша, как народ Мардохеев.
>
> — Есфирь 3:1–6

В то время в Персии было два еврея, которые стали героями этой истории: один из них был Мардохей, а другой - его приемная дочь Хадасса, дочь Авихаила. Она была одной из сирот, сосланных в Вавилон. На самом деле Хадасса приходилась Мардохею двоюродной сестрой. Хадасса была избрана, чтобы стать женой Ахашвероша, персидского царя, который не знал, что она еврейка. Она была известна под своим языческим именем Есфирь, так как скрывала свою еврейскую принадлежность.

Когда Аман рассердился из-за того, что Мардохей не "поклонился ему", зная, что он еврей, он почувствовал отвращение. Он унаследовал эту зависть и ненависть к евреям из чрева своей матери, перешедшие от его предка Амалека, внука Исава. Он приступил к разработке "окончательного решения" для всех евреев в Персии, и он убедил царя, что это пойдет на пользу его царству.

Царь безоговорочно доверял Аману как своему верному советнику и согласился с его планом, не зная, что его собственная жена, царица Есфирь, была еврейкой.

Когда Мардохей услышал об ужасном плане, он скорбел у ворот дворца, одетый в рубище и пепел – традиционные признаки еврейской скорби. Он также послал гонцов просить свою племянницу и приемную дочь Есфирь умолять царя о спасении евреев. Его племянница, царица, не хотела рисковать своей жизнью ради своего народа; она боялась, что царь убьет ее за то, что она посмеет обратиться к нему без приглашения. Затем Мардохей отправил еще одно письмо со словами, которые звучат сквозь века до сегодняшнего дня,

> **И сказал Мардохей в ответ Есфири: не думай, что ты одна спасешься в доме царском из всех Иудеев. Если ты промолчишь в это время, то свобода и избавление придёт для Иудеев из другого места, а ты и дом отца твоего погибнете. И кто знает, не для такого ли времени ты и достигла достоинства царского?**
>
> — Есфирь 4:13–14

Это и есть ключ к нашему пониманию: у Элохима есть безупречный план, согласно которому еврейский народ должен не только сохраниться, но и восстановиться. Он всегда будет откуда-то приносить им избавление, однако Он стучится в дверь каждого из нас, ожидая, что мы примем меры, чтобы спасти Его евреев от многовекового плана сатаны по их уничтожению. Любой, кто скажет: "Нет, это слишком рискованно" или "Мне комфортно в ситуации, в которой я нахожусь, зачем мне подвергать свою жизнь опасности, чтобы спасти некоторых евреев?" получит следующий ответ от Всевышнего:

Если ты промолчишь в это время, то свобода и избавление придёт для Иудеев из другого места, а ты и дом отца твоего погибнете.

— Есфирь 4:14а

Какую бы должность мы не занимали, высокую или низкую, в любом случае мы можем что-то сделать для спасения евреев. Мне вспоминается история Оскара Шиндлера, нацистского бизнесмена и предпринимателя. Он спас столько евреев, сколько смог, используя свою фабрику по производству кастрюль и сковородок. Он выкупил у своих нацистских коллег множество евреев, которым было уготовано истребление в лагере смерти в Освенциме. Он говорил им, что они нужны ему для его фабрики, и давал начальникам лагеря списки имен, платив Третьему рейху приличные деньги за каждого еврея. У них не было никаких причин сомневаться в его мотивах, поскольку он был нацистом.

Однако этот нацист был другим, у него была совесть. Он, должно быть, боялся Бога. Он выкупил около тысячи евреев, и под конец нацистского Шоа (Холокоста) евреи, попавшие на его фабрику, были живы. Тем не менее он был убит горем, когда понял, что у него все еще осталась дорогая машина и бриллиантовое кольцо, с помощью которого он мог бы выкупить еще больше евреев. Он и так уже отдал все свое имущество на выкуп этой тысячи евреев. Сегодня Оскара Шиндлера чествуют в израильском Яд Вашем, мемориале Шоа (Холокоста) в Иерусалиме, как одного из праведников мира. Там есть дерево, посвященное его имени, и его похоронили на официальном христианском кладбище на горе Сион в Иерусалиме в знак чести.

Царица Есфирь, наконец, пришла в себя и отправилась поститься и молиться. После этого она обратилась к царю, своему мужу, с великой мудростью и благосклонностью, и разоблачила Амана, а царь приказал повесить его на виселице вместе с десятью его сыновьями! Вместо геноцида евреи теперь могут защищать себя, и считается, что многие из язычников стали евреями, уповав на Бога Израилева. Произошло великое возрождение, за которым последовало историческое празднование Пурима, дней радости, которые нам предписано Писанием отмечать каждый год.

> И описал Мардохей эти происшествия и послал письма ко всем Иудеям, которые в областях царя Ахашвероша, к близким и к дальним, о том, чтобы они установили каждогодно празднование у себя четырнадцатого дня месяца Адара и пятнадцатого дня его, как таких дней, в которые Иудеи сделались покойны от врагов своих, и как такого месяца, в который превратилась у них печаль в радость, и сетование – в день праздничный, – чтобы сделали их днями пиршества и веселья, посылая подарки друг другу и подаяния бедным.
> И приняли Иудеи то, что уже сами начали делать, и о чём Мардохей написал к ним, как Аман, сын Амадафа, Вугеянин, враг всех Иудеев, думал погубить Иудеев и бросал пур, жребий, об истреблении и погублении их, и как Есфирь дошла до царя, и как царь приказал новым письмом, чтобы злой замысел Амана, который он задумал на Иудеев, обратился на голову его, и чтобы повесили его и сыновей его на дереве. Потому и назвали эти дни Пурим, от имени: пур. Поэтому, согласно со всеми словами сего

письма и с тем, что сами видели и до чего доходило у них, постановили Иудеи и приняли на себя и на детей своих и на всех, присоединяющихся к ним, неотменно, чтобы праздновать эти два дня, по предписанному о них и в своё для них время, каждый год; и чтобы дни эти были памятны и празднуемы во все роды в каждом племени, в каждой области и в каждом городе; и чтобы дни эти Пурим не отменялись у Иудеев, и память о них не исчезла у детей их. Написала также царица Есфирь, дочь Абихаила, и Мардохей Иудеянин, со всею настойчивостью, чтобы исполняли это новое письмо о Пуриме; и послали письма ко всем Иудеям в сто двадцать семь областей царства Ахашверошева со словами мира и правды, чтобы они твёрдо наблюдали эти дни Пурим в своё время, какое уставил о них Мардохей Иудеянин и царица Есфирь, и как они сами назначали их для себя и для детей своих в дни пощения и воплей. Так повеление Есфири подтвердило это слово о Пуриме, и оно вписано в книгу.

— Есфирь 9:20–32

Будет ли в эти последние времена Церковь, подобная Есфирь? Это и является целью этой книги, чтобы вы, читатель, будь то еврей или язычник, черный или белый, мужчина или женщина, молодой или старый, присоединились к такому обществу, как Есфирь и Мардохей, и еще раз избавили еврейский народ перед возвращением Мессии. Поступив так, вы спасете себя и свой дом.

Я благословлю благословляющих тебя, и злословящих тебя прокляну, и благословятся в тебе все племена земные.

— Бытие 12:3

Определяющая молитва призыва на службу

Да, Отец Небесный, я присоединяюсь к Твоей армии последнего времени и являюсь частью этой Церкви Есфирь, чтобы разрушить все амаликитские планы злого антисемитизма по уничтожению государства Израиль и Твоего еврейского народа. Я отказываюсь от своей зоны комфорта и любого равнодушия в моей жизни, и я отправляюсь на службу как Твой солдат последнего времени, чтобы бороться и победить всю ненависть против Твоего еврейского народа, который также является моим народом из-за крови Йешуа. Спасибо за Твою мудрость и за то, что наделил меня силой для выполнения этой задачи во имя Йешуа, Аминь.

ДЕСЯТЫЕ ВРАТА

НЕОПРЕДЕЛЕННОСТЬ ЛИЧНОСТИ И АНТИСЕМИТИЗМ

> За притеснение брата твоего, Иакова, покроет тебя стыд, и ты истреблен будешь навсегда. В тот день, когда ты стоял напротив, в тот день, когда чужие уводили войско его в плен и иноплеменники вошли в ворота его и бросали жребий о Иерусалиме, ты был как один из них. Не следовало бы тебе злорадно смотреть на день брата твоего, на день отчуждения его; не следовало бы радоваться о сынах Иуды в день гибели их и расширять рот в день бедствия. Не следовало бы тебе входить в ворота народа Моего в день несчастья его и даже смотреть на злополучие его в день погибели его, ни касаться имущества его в день бедствия его, ни стоять на перекрестках для убивания бежавших его, ни выдавать уцелевших из него в день бедствия. Ибо близок день Адоная на все народы: как ты поступал, так поступлено будет и с тобою; воздаяние твоё обратится на голову твою.
>
> — ОАВДИЙ 1:10–15

Хоть и антисемитизм присущ не только христианству, это самая давняя черта христианской Церкви начиная с четвертого века.

Несмотря на то, что мусульманский антисемитизм (или, скорее, анти-сионизм) очень распространен и сегодня, на протяжении всей истории гораздо больше евреев подвергалось преследованиям и убийствам именно во имя Христа, чем во имя Мухаммеда.

Зарождение религиозного антисемитизма

Вор выдал себя за Спасителя и Мессию, заменив сущность того, кем Он является - евреем, который умер за вас!

Это сама суть Никейского Собора, резюмированная в следующем заявлении Константина:

"Мы не должны иметь ничего общего с евреями"

Не иметь ничего общего с евреями отрицает важность Божьего завета с Израилем, который мог быть исполнен только с помощью еврейского Мессии, рожденного от колена Иудина и дома Давида.

> Ибо младенец родился нам – Сын дан нам; владычество на раменах Его, и нарекут имя Ему: Чудный, Советник, Бог крепкий, Отец вечности, Князь мира. Умножению владычества Его и шалома нет предела на престоле Давида и в царстве его, чтобы Ему утвердить его и укрепить его судом и правдою отныне и до века. Ревность Адоная-Саваофа соделает это.
>
> — Исаия 9:6–7

Как Он может быть евреем из дома Давидова, но при этом у нас нет ничего общего с евреями? Это вызывает немедленную, ужасную неопределенность относительно личности Спасителя. Чтобы хоть как-то унять эту неопределенность, обязательно, чтобы разум перестроил свое представление о Спасителе на образ римского Христа. Любое умственное или духовное согласие с еврейством Мессии, еврейством Евангелия затем должно быть подменено, чтобы удовлетворить повеление императора Константина. Этому указу должны были следовать все согласившиеся епископы и церковные наставники, а в конечном итоге и массы верных христиан. Этот указ должен был быть теперь вплетен во всю христианскую теологию на протяжении веков, в каждую проповедь и каждый приспособленный языческий римский праздник. Со времен Константина всё в христианстве должно было соответствовать этому утверждению,

> Мы не должны иметь ничего общего с евреями, ибо Спаситель наш показал нам путь другой. (Фордхэмский университет)

"Ничего общего, ибо Спаситель (который не имеет ничего общего с евреем) показал нам путь другой" (путь, не имеющий ничего общего с евреями, еврейской идентичностью Мессии, Евангелием, данным еврейским апостолам, Торой и священными праздниками, данными народу Израиля). Ничего общего.

Христианский римский Спаситель теперь является настоящим Мессией, теперь он настоящий Спаситель, Его имя - Иисус Христос, и теперь мы забудем изначальное имя, данное Небесным Отцом еврейскому Мессии при рождении. И что еще хуже, Его имя завета, Его имя при рождении, Йешуа, будет *запрещено*, поскольку Его истинная сущность - в Его святом имени!

Следующие отрывки из Писания являются отсылками, которые устанавливают факт того, что истинному верующему в Мессию, получившему спасение, невозможно иметь "ничего" общего с евреями.

- Йешуа - Спаситель евреев, ибо спасение – от Иудеев. (от Иоанна 4:22)
- Йешуа - лев Иуды, и Он лев от колена Иудина, который будет судить мир. (Откровение 5:5)
- Йешуа слово, ставшее плотью — Он воплощение Торы (от Иоанна 1:14)
- Йешуа, Царь Иудейский — Он еврейский Мессия (от Матфея 27:37)

Неопределенность личности и цепная реакция

Опасность подмены личности Йешуа спасителем, созданным нами самими, заключается в том, что это приводит людей, называющих себя христианами, в ужасную неопределенность. Это открывает дверь опасным, пагубным обманам, включая принятие ценностей, которые кажутся не связанными друг с другом, таких как возможность смены пола и вещей, связанных с ЛГБТ. В ведущих вероисповеданиях есть священники-лесбиянки и гомосексуалы, к их числу относятся лютеранская, методистская, пресвитерианская и некоторые баптистские церкви. Как только неопределенность личности Спасителя укоренилась в христианстве, она привело к неисчислимому количеству грехов, преступлений, убийств и других бед.

> Или не знаете, что неправедные Царства Божия не наследуют? Не обманывайтесь: ни блудники, ни идолослужители, ни прелюбодеи, ни малакии, ни мужеложники ни воры, ни лихоимцы, ни пьяницы, ни злоречивые, ни хищники – Царства Божия не наследуют.
>
> — 1 Коринфянам 6:9-10

Йешуа умер за всех грешников, но как только мы повинуемся Ему, мы должны оставить то, что Он называет неправедным и грешным, и Он дает нам силу сделать это Своим Духом Святым.

Еще одним результатом этой подмены личности является преобладающая тенденция смешивать франкмасонство с христианством. Такая практика естественным образом вытекает из синкретизма*, или всеохватности, теологии замещения начиная с четвертого века, которая адаптировала языческие праздники для удовлетворения масс. Праздник Сатурналии стал Рождеством; праздник богини плодородия Иштар (или богини щедрости) – Пасха, была адаптирована (чтобы заменить Песах и Праздник первых плодов) во время воскресения Мессии; и день солнца (на русском: воскресенье, Константинов день поклонения солнцу) заменил священный шаббат седьмого дня. Такое отношение делает другие религиозные течения, такие как франкмасонство, приемлемой формой мировоззрения для многих христиан и выдающихся лидеров. Если все язычество можно "сделать святым", то технически они могут облачить и франкмасонство в приемлемые "христианские одежды" - и это действительно имеет место.

Франкмасонство стало священной коровой, к которой почти никто не хочет прикасаться. Тем не менее это тайное общество, поклоняющееся Люциферу, которое скрывается за добрыми делами и благотворительностью. Те, кто находится в более высоких слоях общества, знают об этом, в то время как те, кто находится в более низких слоях, проходят через процесс, называемый

---

* Синкретизм: соединение разнородных вероучительных и культовых положений или сочетание разнородных философских начал в одной системе без их объединения.

"лягушкой в кипятке*", иммунизирующий их от обмана, поскольку температура увеличивается постепенно.

> **Возможна ли гармония между Мессией и Блияалем? Что общего у верующего с неверующим? Возможно ли согласие между храмом Божьим и идолами? Ведь мы храм живого Бога – как сказал Бог.**
>
> — 2 Коринфянам 6:15–16

Теология замещения продолжает иметь множество цепных реакций и по сей день.

Изменение личности Мессии вызывает ужасную неопределенность у верующего. *Вавилон* на иврите означает неопределенность или замешательство. Эта неопределенность приводит нас к современной Вавилонской башне с множеством существующих вероисповеданий, каждая из которых утверждает, что владеет истиной.

> **Посему дано ему имя: Вавилон, ибо там смешал Адонай язык всей земли, и оттуда рассеял их Господь по всей земле.**
>
> — Бытие 11:9

Этот дух неопределенности поражает верующих, особенно молодых, которые видят непоследовательность и лицемерие, но являются приученными к подчинению. Неопределенность может вызвать ужасную тревожность и даже серьезные психологические проблемы.

---

* Говорят, что если положить лягушку в кастрюлю с теплой водой и постепенно нагревать эту воду, то лягушка останется в воде, пока не сварится живьем.

Лев от колена Иудина

> И один из старцев сказал мне: не плачь; вот, лев от колена Иудина, корень Давидов, победил, и может раскрыть сию книгу и снять семь печатей её.
>
> — Откровение 5:5

Когда мы искренне стремимся познать Его, мы выясним для себя, что Он - еврей. Слово, обозначающее знание (прим. ред. человека) на иврите, - йада, то же самое слово, что и "супружеская близость". *Йада* (близость) приведет людей к обнаружению обрезания Йешуа. Это фундаментальное открытие, хотя и тревожное. Представьте себе женщину, помолвленную с мужчиной, которая после замужества обнаруживает, что он не тот, кем представлялся? Она говорит: "Я думала, что ты языческий христианин, а теперь мне придется мириться с тем фактом, что мой муж - еврей? И поскольку я едина с тобой, весь еврейский и израильский нарратив поставил меня в затруднительное положение, включая повсеместную дискриминацию и ненависть к евреям." Это именно то, что происходит, когда язычник понимает, что Иисус - еврей, и что его имя - Йешуа.

Эта женщина, которая стояла в стороне от проблем Израиля и даже мирилась с жестокими и унизительными шутками в адрес евреев, теперь понимает, что люди в ее собственной семье (другие христиане, которые изъявляли свою любовь к её мужу как к римскому христианину), теперь ненавидят Его, после того как они узнают, что Он - еврей. Они ненавидят Его корни, Его семью, Его обычаи, Его Тору, Его шаббат, Его праздники и традиции, и да, даже

Его имя. Они полностью отвергают Его настоящее имя, и, отвергая Его имя, Йешуа, они также отвергают Его еврейскую личность.

Затем разверзнется великая пропасть, пропасть между теми, кто действительно познает Его и будет готов вступить в брак с Ним, евреем, и между теми, кто будет упорствовать в поклонении выдумке своего собственного воображения - римскому Христу с языческим именем, языческим праздникам и языческим обычаям.

Стремление к близким, личным отношениям с Мессией приведет к обнаружению Его еврейства. Тот факт, что Его обрезание, наряду со следами гвоздей от распятия, не были забыты, станет известен. Ответ на эту неоспоримую истину определит вечность для миллионов.

Еврей умер за вас, и единственный, кто достоин открыть книгу суда — это еврей. И если так случится, то как Он будет судить тех христиан, которые ненавидят, презирают или бесчестят евреев? Разве они не Его презирают?

Почему так необходимо срочно восстановить его еврейское имя?

Вот некоторые важные обстоятельства, которые необходимо учитывать:

- Миллионы евреев и других народов, покоренных христианством, таких как американские индейцы из первых народов, были убиты во имя Иисуса Христа.
- Настоящее имя завета Мессии Йешуа никогда не использовалось для убийства. На иврите Йешуа означает "спасение", "исцеление" и "избавление".
- Иисус Христос - это не перевод Его имени - это транслитерация, которая создана чтобы удовлетворить

римские толпы, которые идентифицировали себя с именем, которое звучало как их бог солнца, Зевс (Йе-Зус).

Чтобы в знак уважения к имени, данному Йешуа, преклонилось всякое колено, на небесах, на земле и под землёй, и всякий язык признал, что Мессия Йешуа – Господь, во славу Бога Отца.

— Филиппийцам 2:10

Имя человека - его визитная карточка. Когда происходит подмена личности, имя человека крадется и злоупотребляется. Кто-то другой выдает себя за этого человека и сеет хаос. Когда имя Йешуа было изменено на римское Иисус Христос, это скрыло Его еврейскую личность. Это был анти-еврейский акт, и благодаря этому было легче преследовать и убивать евреев под этим романизированным именем, не обращая внимания на Его еврейскую личность. Следующая правдивая история проиллюстрирует это.

Во время одной из наших поездок в Польшу и лагеря смерти мы посетили еврейский мемориал в городе Краков, примерно в часе езды от лагерей смерти в Освенциме.

Нацистский режим убил всех евреев Кракова в Польше. Однако, вопреки тому, чему современное польское правительство хочет, чтобы мы верили, между нацистами и польским христианским населением было много содействия по своей воле, а не только из-за страха. Многие поляки были вопиющими антисемитами. Большая часть Польши была и остается католической, что укореняет ненависть к евреям во всей системе христианства (см. цитаты отцов церкви в начале этой книги). Некоторые поляки также помогали евреям, и даже некоторые монахини в конвентах* прятали их. Всегда есть достойные люди, которые отказываются поддаваться обману злых доктрин.

Мы посещали мемориал всем евреям из Кракова, которые были истреблены в Освенциме. К моему разочарованию (хотя и неудивительно), я увидела свастики и свежие анти-еврейские граффити, нарисованные на этом священном и болезненном мемориале. Я указала на это своей группе, и мы помолились. На мемориальную оградку прислонились три юные польские девушки на велосипедах, возрастом от 14 до 16 лет. Одна из них курила, и она насмешливо и неуважительно показала на нас пальцем, крича *жид*, что является уничижительным термином, обозначающим "еврей" на польском языке.

Я перестала молиться и разговаривать с нашей группой и подошла к девушке, которая насмехалась. Я строго обратилась к ней, "Знаешь ли ты, что Иисус Христос, которому ты поклоняешься является евреем? Если ты ненавидишь евреев, значит ты ненавидите и Его!" Испугавшись, она выбросила сигарету и обратила на меня внимание. Затем я спросила у нее, "Ты когда-нибудь видела хоть одного еврея? Ты знакома с какими-нибудь евреями?" Она отвечала, "Нет, никогда." Тогда я задала ей каверзный вопрос, "И как это ты ненавидишь евреев, которых ты даже не знаешь?"

Затем я попросила ее сопроводить меня и группу в одну из последних оставшихся синагог в еврейском квартале Кракова, и она последовала за мной. В синагоге я познакомила ее с Йешуа,

---

* Конвент: община священников или религиозных людей; или здание, используемое сообществом, особенно в католической, лютеранской и англиканской вероисповеданиях.

еврейским Мессией. Когда она плакала в покаянии, я накрыла ее молитвенной шалью талит и отсекла дух теологии замещения, анти-МЕСИТОЕСа и всякую ненависть к евреям. Она была славно рождена заново и исполнена Духом, и я готова поспорить, что она никогда больше не возненавидит евреев.

Эти анти-еврейские обманы и лживые доктрины, скрывающиеся в христианстве, убивают не только евреев, но и многих христиан, которые укрывают их в своих сердцах.

Если бы теология замещения не изменила имя Йешуа, игнорировать его еврейство было бы невозможно. Вот почему христианский мир убил так много евреев во имя Иисуса Христа, но никого никогда не убивали во имя Йешуа! Восстановление Его имени станет одним из важных факторов снижения антисемитизма в мире.

Обман о том, что "евреи убили Христа"

Этот обман привел к убийству большего числа евреев, чем любой другой. Ниже приводится подлинная история моей семьи.

У моей матери были кузены близнецы, которых она очень любила. Когда близнецам было около трех лет, все они отправились на летние каникулы на побережье Чили. Близнецы навещали соседских девочек и играли с ними на протяжении многих часов. Когда их мама пришла забрать их, к своему ужасу она нашла их растерянными и в слезах, и она забрала их домой. Трехлетние близнецы кричали, "Мама, мы никого не убивали, мы никого не убивали," плакали и плакали они не переставая. Когда они успокоились достаточно, чтобы ответить более разумно, один из близнецов признался, "Наша подруга, дочь соседей, сказала нам, что мы убили Бога, потому что мы евреи, а евреи убили Бога."

Эта история ни в коем случае не исключение. Бесчисленное количество евреев подверглись издевательствам и были убиты по обвинению в том, что "вы, евреи, убили Иисуса Христа, поэтому вы заслуживаете смерти."

Еврейское богоубийство — это убеждение некоторых христиан, согласно которому еврейский народ в целом несет ответственность за смерть Иисуса. Разъяренные толпы использовали антисемитское оскорбление "Христоубийца" для подстрекательства к насилию против евреев и способствовали многовековым погромам, убийствам евреев во время крестовых походов, испанской инквизиции и Холокоста.

В катехизисе, подготовленном Тридентским собором, католическая Церковь подтвердила, что ответственность за смерть Иисуса несет общность грешного человечества, а не только евреи. В обсуждениях Второго Ватиканского Собора (1962–1965) Римско-католическая церковь при Папе Павле VI отвергла веру в коллективную вину евреев за распятие Иисуса. Он провозгласил, что обвинение не может быть выдвинуто "ни против всех евреев без различия, тогда еще живших, ни против евреев сегодняшнего дня". (Участники Википедии)

Хоть и взгляд на это был изменен Ватиканом, можно представить, что до 1962 или 1965 года почти каждый ребенок, воспитанный на принципах христианства, узнал бы, что евреи убили Христа и что они должны быть коллективно наказаны.

Вот моя личная история.

Мне было шесть лет, я училась в британской школе в Сантьяго, Чили. Мы были малочисленными евреями в классе среди многих христиан. Каждый раз, когда проводился урок религии, они разрешали нам, евреям, уйти и поиграть во дворе по просьбе наших родителей, которые платили огромную сумму, чтобы мы оставались в этой элитной частной школе. Поскольку я была очень любознательной девочкой, я оставалась на уроках религии, где узнала об Иисусе Христе и о том, что мы, евреи, виновны в убийстве.

Я любила рисовать, поэтому, пока учитель говорил, я делала рисунки, иллюстрирующие его уроки. На одной из моих картинок был костер с большим пламенем и всеми евреями, горящими в нем. Однажды моя мама нашла мои религиозные тетради и обнаружила мой шокирующий рисунок. С полным отвращением и не без оснований она пожаловалась в школу, а затем забрала меня и отправила в еврейскую школу, чтобы вместо этого я получала еврейское образование. Это произошло в 1965 году, но и сейчас, в 21 веке, мы продолжаем пожинать плоды этой сокрушительной лжи. Чтобы перевоспитать неправильно воспитанных, нужно много лет. Гитлер заявлял: "Чем чудовищнее солжешь, тем быстрее тебе поверят" (Участники Википедии). И это действительно было так.

Чтобы прояснить, те, кто убили Мессию, были не "евреями", а бандой, нанятой первосвященником-отступником того времени. Многие тысячи евреев следовали за Йешуа по всему Израилю, и даже среди священников произошло великое возрождение. Это последование и возрождение происходило и до и после Его распятия.

Все первые апостолы, истинные отцы церкви - евреи. Ни один из них не "стал христианином", не изменил своего еврейства или религии. Они повиновались только своему еврейскому Мессии, а не стали христианами или служителями романизированного Христа.

Только евреи ждали, что Мессия, помазанный Царь, спасет их. Те евреи, которые признали Йешуа, последовали за еврейским Царем, который сказал, "Царство Моё не от мира сего" (от

Иоанна 18:36). Они соблюдали шаббат, отмечали библейские праздники и соблюдали Тору. Они не имели ничего общего с римскими языческими праздниками или традициями. Вот почему после того, как Константин вместе с епископами из язычников четвертого века подписал развод с евреями, названный Никейский собором, никто больше не мог найти евреев в церкви. Верующие евреи покинули эту отступническую церковь и ушли в подполье, поскольку их жизнь постоянно находилась в опасности из-за ненависти со стороны руководителей христианской Церкви и простых людей, которые были обучены церковной доктрине. Преследования евреев за то, что они якобы являются "убийцами Христа", продолжаются в разной степени и во многих странах по сей день.

Йешуа, еврейский Мессия, не был убит. Он был добровольной жертвой, и только добровольная жертва может искупить грех как евреев, так и язычников.

> **Потому любит Меня Отец, что Я отдаю жизнь Мою, чтобы опять принять её. Никто не отнимает её у Меня, но Я Сам отдаю её. Имею власть отдать её и власть имею опять принять её. Сию заповедь получил Я от Отца Моего.**
>
> — От Иоанна 10:17–18

И, чтобы сделать это еще более ясным, те, кто издевались, мучили и распинали Его с удовольствием, были римлянами, а не евреями - и тем не менее никто не преследовал римлян или итальянцев за это. Только римляне имели власть пытать, убивать и распинать. Вы можете представить, чтобы кто-то пришел в Ватикан с плакатом в руках, говорящим: "Вы, римляне, убили Христа?"

Итак, почему они сделали это с евреями?

Затем Пилат взял Йешуа и велел высечь его. Солдаты (римляне) сплели из колючих веток венок и надели ему на голову, одели его в пурпурную мантию, и подходили к нему, повторяя: "Приветствуем тебя, Царь Иудейский!", и били его по лицу.

— От Иоанна 19:1-3

Эта ненависть против Царя Иудейского, еврейского Мессии (и против Его народа, евреев) до сих пор передается всему миру через романизированное христианство и романизированного Иисуса Христа.

Христианский антисемитизм в 21 веке

Как описывает епископальный служитель Уильям Николлс (William Nicholls) следующее:

"Само присутствие еврейского народа в мире ... ставит под вопрос христианскую веру... и причиняет глубинную и гложущую тревогу".

С самого начала христианство называло себя "наследником" Божьего Завета, "Новым Израилем". Аврелий Августин, возможно, самый "умеренный" из отцов церкви, рассуждал, основываясь на библейском представлении "евреев" как убийц Христа, что убийство Иисуса является причиной того, что Бог передал свое благоволение от еврея язычнику. Такое рассуждение актуально и сегодня. Тот же Второй Ватиканский собор 1965 года, который произвел на свет Nostre Aetate*, "освобождение" современных евреев от вины за смерть Иисуса, которое также подтвердило, что "Церковь — это новый народ Божий". И тридцать пять лет спустя, в заключительном отчете Специальной ассамблеи Синода епископов Ватикана для Ближнего Востока 2010 года было сказано,

"Мы, христиане, не можем говорить о "Земле Обетованной" как об исключительном праве привилегированного еврейского народа. Это обещание было аннулировано Христом ... В Царстве Божьем ... нет больше избранного народа." (Газета The Jerusalem Post)

Во время написания этой книги Папа Франциск связался со всеми мировыми наставниками, чтобы они объединились под всемирным знаменем воссоздания глобального образовательного пакта. Он выбрал историческую дату рождения государства Израиль (14 мая 2020 г.) для этого тревожного, но не удивительного, вводящего в заблуждение события. Однако из-за пандемии коронавируса 2020 года Папе пришлось изменить дату. Совпадение ли это? Или у этого есть анти-израильский посыл, скрытый в выборе даты, снова узурпируя место Израиля католической церковью, во главе которой находится Папа? Может быть, Бог послал COVID-19, *чтобы сорвать это безбожное собрание в годовщину Израиля?*

Наибольшую тревогу вызывает количество евангелических наставников, которые согласились и присоединились к Папе, чтобы продвигать его нарратив Нового мирового порядка. Как могут

---

* Nostra Aetate — декларация Второго Ватиканского собора Католической церкви об отношении Церкви к нехристианским религиям.

они таким заниматься, разве что теология замещения, включая антисемитизм, все еще жива и здорова во многих евангелических рядах? Те же отцы церкви, которые писали самые ужасные вещи против евреев, до сих пор почитаются, и их верованиям преподают в большинстве евангелических семинарий.

На самом деле, я помню, как посещала библейскую школу в Далласе в 1990 году, где подлинная церковная история о христианской ненависти и антисемитизме никогда не преподавалась, хотя это самая распространенная часть христианской истории с 325 года нашей эры до наших дней. Однако нас учили якобы чудесным вещам об императоре Константине, о том, как он утвердил христианство в качестве религии Римской империи, и каким героем он был из-за этого. С тех пор эта ложь повторяется и повторяется в евангелических, пятидесятнических, харизматических и других кругах, библейских школах, средних школах и богословских семинариях. Антисемитские теологии остаются частью христианства 21 века.

Ниже приведен недавняя публикация в блоге из газеты Jerusalem Post.

Как юдофобия передается из поколения в поколение? Наиболее очевидно, что передача происходит напрямую при контакте с первоисточниками, христианскими библейскими ссылками на "евреев" как на "убийц Иисуса". Поскольку согласно переписи 2011 года восемьдесят процентов жителей США являются христианами, можно с уверенностью предположить, что большинство из них хоть как-то соприкасалось с библейским анти-иудаизмом. Антисемитизм как предубеждение представляет собой общие убеждения, подпитываемые историческими стереотипами оправдывающие изоляцию, согласно которым евреи представляют собой угрозу. Вспоминая опрос американских христиан Ропер центра изучения общественного мнения от 1939 года, который показал, что,

"53% считали, что "евреи другие, и их следует ограничивать", и 10% считали, что евреев следует депортировать."

Этот опрос, проведенный вскоре после "Хрустальной ночи", показывает, как "умеренный", так и "экстремистский" антисемитизм достаточно постоянны на протяжении периода до 2011 года! Под "следует ограничивать" (умеренно) понималось "концентрационные лагеря". Как ограничивать евреев ("умеренная" позиция)? Модель, предложенная Германией, а вскоре и Америкой в отношении американцев японского происхождения, включала в себя концентрационные лагеря. Что касается "экстремистского" требования о "депортации", какое место депортации они могли иметь в виду?

В 2012 году в речи перед Палатой представителей республиканец Дон Манзулло (Don Manzullo) словесно напал на своего коллегу из Вирджинии и лидера большинства Палате представителей, еврея Эрика Кантора (Eric Cantor), сказав: "Г-н Кантор, соблюдающий еврей, не будет 'спасен'". Кантор уклонился от прямой конфронтации, но в интервью в апреле 2012 года сослался на "темную сторону" Америки, которая "не всегда понимала все правильно с точки зрения расовых вопросов, религиозных вопросов и т. д.". Более того, взгляды Манзулло на евреев и их спасение довольно распространены среди многих американцев, которые гордо называют Соединенные Штаты "христианской страной".

В 2007 году Джерри Фалуэлл (Jerry Falwell), известный как один из ведущих американских евангелистов, заявил, что, "Господь Всемогущий не слышит молитв еврея." (Газета The Jerusalem Post)

Обратите внимание, как светский антисемитизм подпитывается религиозным антисемитизмом.

Однако анти-еврейские предрассудки не ограничиваются религиозными проявлениями. Они также присутствуют и в качестве светских проявлений. Есть множество примеров того, как в СМИ появлялись антисемитские эпитеты (ярлыки) со стороны американских политиков и культурных деятелей. "Рузвельт", на которого давил Генри Моргентау (Henry Morgenthau), чтобы он согласился хотя бы на символическую бомбежку Освенцима, напомнил его Министру финансов, еврею: "Вы знаете, это протестантская страна", и что евреев здесь "терпят".

В июле 2013 года председатель правления небольшого городка во Флориде Шерил Сандерс объявила на заседании правления, что они "не должны сидеть тут и еврейничать из-за чьей-то зарплаты". Слово "еврейничать" *(прим. Ред. Еврейничать – торговаться, выбивать более высокую оплату)* ссылается на средневековый стереотип про евреев как ростовщиков. К несчастью для председателя, ее слова были подхвачены СМИ. Удивленная и оскорбленная национальным вниманием, Сандерс настаивала: "Я не антисемитка, и у меня не было злого умысла по отношению к кому-либо". Она описала слово "еврейничать" как обычно используемое в повседневной речи и что никто не должен воспринимать то, что она им воспользовалась, за антисемитизм.

Такие "проявления" в поп-культуре являются примерами того, насколько глубоко антисемитизм укоренился в психике западного общества. Это настолько "распространено и принято", что даже некоторым евреям комфортно в присутствии этих проявлений, они принимают их как невинную и нормальную часть американской жизни. (Газета The Jerusalem Post)

Связь между Гитлером и Лютером

В 1923 году Гитлер восхвалял Лютера и называл его величайшим немецким гением, который "видел еврея таким, каким мы его начинаем видеть сегодня". В дни после Хрустальной ночи епископ Тюрингии с радостью написал, что Лютер, родившийся 10 ноября 1483 года, не мог и мечтать о более замечательном подарке на день рождения. (Академическое издательство VU University Press)

Здесь Адольф Гитлер заявляет, что он "борется за дело ГОСПОДНЕ".

"Я считаю, что сегодня я действую в соответствии с изъявлением Всемогущего Творца. Отгоняя евреев, я борюсь за дело ГОСПОДНЕ." — Адольф Гитлер, Речь в Рейхстаг, 1936 г. (Клайн; Бёрли и Випперманн).

Ниже приведены отрывки из печально известной книги Мартина Лютера, которые Гитлер использовал в своей не менее злобной книге *Mein Kampf*:

> Однако такое отношение длилось недолго. Разочарованный стойкостью евреев и дезинформированный о еврейских обычаях, Лютер в последние годы своей жизни отказался от своей ранней открытости по отношению к еврейскому народу и стал писать анти-еврейские тирады. "О евреях и их лжи" (1543 г.) - явно антисемитский документ. Он писал:

> Итак, дорогой христианин, берегись евреев ... ты можешь видеть, как гнев Божий обрек их на дьявола, который лишил их не только правильного понимания Писания, но и обычного человеческого разума, благопристойности и здравого смысла ... Таким образом, увидев настоящего еврея, ты можешь с чистой совестью перекреститься и смело сказать ему: "А вот и воплощение дьявола идет". (Лютер, О евреях и их лжи, Работы Лютера)

Никогда еще эта ненависть не была столь очевидной, чем при подъеме нацизма. Те, кто имели сходство с Гитлером и те, кто повлиял на него, возродили анти-еврейские дискурсы Лютера. Как ни странно, в ноябре 1938 года, всего через две недели после Хрустальной ночи, Мартин Засс (Martin Sasse), епископ Евангелической церкви Тюрингии, опубликовал брошюру под названием *Мартин Лютер и евреи: покончить с ними!* Засс написал следующее:.

> 10 ноября, в день рождения Лютера, синагоги горят ... В этот момент мы должны услышать голос германского пророка

шестнадцатого века, который по незнанию сначала был другом евреев, но который руководствуясь своей совестью, опытом и реальностью, стал величайшим антисемитом своего времени, тем, кто предостерегал свой народ от евреев. (Маранз; Засс)

Гитлер продолжал убеждать всю Германию в том, что сказал их любимый немецкий христианский реформатор. И с энтузиазмом большинство протестантских и католических христиан, принадлежащих к нацистской партии, истребили шесть миллионов евреев или пассивно стояли в стороне, когда те совершали преступление.

Если вы хотите найти козла отпущения, на плечи которого мы можем возложить несчастья, которые Германия навлекла на мир — я все больше и больше убеждаюсь, что худший злой гений этой страны — это не Гитлер, Бисмарк или Фридрих II Великий, а Мартин Лютер. (Газета TIME.com)

Вот окончательное решение еврейского вопроса согласно Мартину Лютеру.

После разглагольствования и изречения бреда о евреях он дал совет своим собратьям-христианам. Этот совет представляет собой план из восьми пунктов по борьбе с евреями. Этот план чаще всего упоминается, когда ученые пытаются связать Лютера с Гитлером.

Во-первых, Лютер сказал христианам "их синагоги должны быть подожжены, а все, что не сгорело, должно быть покрыто или сравнено с землей, чтобы никто никогда не смог увидеть ни золы, ни камня." Этот совет был осуществлен нацистами во время антисемитского погрома, известного как Хрустальная ночь.

Во-вторых, он говорил, что "их дома также должны быть разрушены и уничтожены."

В-третьих, он сообщил, что "они должны быть лишены своих молитвенников и талмудов, в которых преподаются их идолопоклонство, ложь, ругательства и богохульство."

В-четвертых, он заявил, что "раввинам нужно запретить учить под страхом потери конечностей или жизни."

В-пятых, он призвал к тому, что "безопасное передвижение по местным шоссе между городами должно быть полностью отменено."

В-шестых, он написал, что "нужно запретить им ростовщичество, и забрать у них все наличные деньги, а также серебро и золото, и отложить все это". Действуя по этому совету во времена Третьего рейха, нацисты часто крали деньги и ценности у евреев, особенно после того, как их отправляли в концентрационные лагеря.

В-седьмых, он рекомендовал "дать в руки молодым, сильным евреям и еврейкам топор, мотыгу, лопату, прялку и веретено, и пусть они зарабатывают хлеб в поте своего лица". Нацисты также последовали этому совету, когда они создали концентрационные лагеря, где евреев заставляли выполнять тяжелый ручной труд.

Наконец, он написал, что "если мы хотим умыть руки от богохульства евреев и не разделять их вину, наши пути с ними должны разойтись. Их нужно выгнать из нашей страны... как бешеных собак". Это также прямо противоречило более раннему заявлению Лютера, критикующему отношение католиков к евреям. Этому совету последовали и нацисты, но они сделали шаг вперед, реализовав свое "окончательное решение".

"Правда" ли, что Лютер был антисемитом? Я должен ответить утвердительно. Однако я думаю, что термин "антииудейский" лучше описывает Лютера, учитывая тот факт, что "антисемитский" — это современное слово, впервые использованное в середине 19 века. Антисемитизм также касается расового вопроса, тогда как возражения Лютера против евреев не имели ничего общего с их расой, а имели отношение к их религиозным убеждениям. (Темная сторона Мартина Лютера)

Примечание: "Лучшее решение", которое посоветовал Лютер, стало *окончательным решением*, которое реализовал Гитлер.

Подводя итог, дорогие князья и дворяне, у которых есть евреи в ваших владениях, если это мое решение вам не подходит, то найдите *лучшее*, чтобы вы и мы все могли освободиться от этого невыносимого дьявольского бремени - евреев, чтобы мы не стали виновными соучастниками перед Богом в лжи, богохульстве, клевете и проклятиях, которыми безумные евреи так свободно и бессмысленно предаются против личности нашего Господа Иисуса Христа, этой дорогой матери, всех христиан, всей власти и нас самих. Не предоставляйте им защиту, охрану или общности с нами ... Этим верным советом и предупреждением я хочу очистить и оправдать свою совесть. (Лютер, О евреях и их лжи, Работы Лютера)

Следующее – важная проницательность переводчика книги Лютера "О евреях и их лжи" с немецкого на английский Мартина Х. Бертрама (Martin H. Bertram):

Хотя комментарии Лютера кажутся прото-нацистскими, их лучше рассматривать как часть традиции средневекового христианского антисемитизма. Хоть и нет никаких сомнений в том, что христианский антисемитизм заложил социальную и культурную основу современного антисемитизма, современный антисемитизм действительно отличается тем, что основан на псевдонаучных представлениях о расе. *Нацисты сажали в тюрьмы и убивали евреев, обратившихся в христианство: Лютер приветствовал бы их начинания.*

Я считаю это очень важным замечанием в пользу того, что Мартин Лютер был настоящим христианином. Некоторые люди, пытаясь избежать коллективной ответственности христиан за грех антисемитизма, склонны говорить такие вещи, как "ну, Мартин Лютер не был настоящим христианином". Он был настоящим христианином, любимым всеми, как и все бывшие антисемитские отцы церкви. Мы должны со смирением и ответственностью подойти к этому факту и принять все возможные меры, чтобы избавить Церковь от чудовища антисемитизма и от теологии замещения, которая ее установила. (Лютер, О евреях и их лжи; Бертрам)

¶ Я считаю, что Мартин Лютер сначала имел добрые намерения, но затем его гнев и горечь привели его к слепой ненависти — после чего он написал основу для *окончательного решения*, которому последовал Гитлер. Однако Гитлер продвинулся на шаг вперед, но не дальше первоначальных доктрин католической церкви в Испании. Они считали кровь евреев настолько нечистой, что даже после их насильственного или добровольного обращения в христианство их кровь оставалась "нечистой" в глазах испанской инквизиции; таким образом, они называли обращенных евреев *Марраны* (marranos), что означает "свиньи". Адольф Гитлер был католиком, ставший язычником, который последовал совету Мартина Лютера — отца всех протестантов и евангелистов.

Мы снова и снова замечаем, что сочетание католического и протестантского христианства принесло еврейскому народу самые большие и всеобъемлющие страдания, разрушения и геноцид.

То, что сатана испробовал так много мощных приемов, чтобы уничтожить Израиль, и все же еврейский народ выжил, является знамением и чудом. Бенджамин Дизраэли (Benjamin Disraeli), премьер-министр Великобритании во время правления королевы Виктории в 19 веке, как говорят, разговаривал с королевой, когда она спросила его: "Какие есть доказательства того, что Бог существует?". На что премьер-министр Дизраэли ответил: "Евреи, миледи, евреи".

То, что евреи все еще существуют, является достаточным доказательством того, что Бог Израилев реален. Сатана пытался истребить Свой избранный народ всеми возможными способами и потерпел неудачу, хотя неоднократно причинял много боли евреям. Бенджамин Дизраэли принадлежал к еврейской семье, принявшей англиканское христианство. Благодаря этому обращению Дизраэли смог продолжить политическую карьеру и в конечном итоге стал премьер-министром Англии. Единственным способом занять государственную должность в то время была клятва на Библии в верности принципам христианства - таким образом, практикующие евреи не могли занимать государственные должности в Англии или в других народах христианской Европы. Эта мера была частью дискриминации евреев в Европе. Следующая история о Дизраэли очень поучительна в отношении этого политического вопроса.

В 1847 году произошел небольшой политический кризис, который отстранил Бентинка* от руководства и подчеркнул разногласия Дизраэли с его собственной партией. На всеобщих выборах того года Лайонел де Ротшильд (Lionel De Rothschild) был возвращен в избирательный округ города Лондон. Как практикующий еврей, он не мог принести клятву верности в предписанной христианской форме и, следовательно, не мог занять свое место в правительстве. Лорд Джон Рассел, лидер вигов, сменивший Пила на посту премьер-министра и, как и Ротшильд, был членом избирательного округа города Лондон, предложил в Палате общин внести поправки в присягу, чтобы евреи могли входить в парламент. <u>Дизраэли поддержал эту меру, заявив, что христианство является "завершенным иудаизмом", и спросил Палату общин: "Где же ваше христианство, если вы не верите в их иудаизм?"</u> (Участники Википедии)

* Лорд Джордж Бентинк (Lord George Bentinck) был английским консервативным политиком

Это мощное заявление Дизраэли резюмирует всю тему этой книги: раскрытие подмены личности. Где ваша вера в Спасителя, если вы отвергаете тот факт, что Он еврей и что Его еврейский народ по-прежнему является избранным народом? Какому Спасителю вы поклоняетесь, если отвергаете евреев и все еврейское?

Заявление Дизраэли было отклонено, как и законопроект; евреям по-прежнему не разрешали занимать государственные должности. Христианство продолжило курс на антисемитизм.

Молитва покаяния против антисемитизма

Отец Небесный, я благодарю Тебя за то, что дал мне знать правду о христианском антисемитизме. Я потрясена и раскаиваюсь в прахе и пепле за то, что затаила ненависть к Твоему еврейскому народу в моем сердце. Я также прошу Твоего прощения за грехи антисемитизма моих христианских предков, пасторов и наставников, которые у меня были на протяжении многих лет. Я прошу Тебя очистить мое сердце и разум от этих смертоносных теологий ненависти, которые стали причиной унижения, мучений и смерти миллионов евреев. Я отвергаю и отрекаюсь от всякой ненависти к евреям и заявляю, что анти-еврейский демон должен исчезнуть из моей жизни и из всех поколений во имя Йешуа! Я принимаю Тебя, Йешуа, как еврея, как своего еврейского Мессию. Я чту Твой еврейский народ и Тебя как Льва от колена Иудина. Я прошу Тебя считать мою жизнь жизнью возмещения ущерба, чтобы многие другие познали истину и были освобождены. Благодарю Тебя за удивительную милость и сострадание ко мне и всем, кого я представляю во имя Йешуа, аминь.

Для дальнейшего чтения рекомендую свои книги "Yeshua Is The Name" *(Это имя — Йешуа)* и *"The Biblical Cure For Africa And The Nations"(Библейское лекарство для Африки и народов)**.

---

* Это имя — Йешуа: www.kad-esh.org/shop/yeshua-is-the-name/ | Библейское лекарство для Африки и народов: www.kad-esh.org/shop/the-bible-cure-for-africa-and-the-nations/

ОДИННАДЦАТЫЕ ВРАТА

ВОССТАНОВЛЕНИЕ ИЗРАИЛЯ

Голова номер 5: Анти-сионистская

Тогда Адонай возьмет во владение Иуду, Свой удел на святой земле, и снова изберёт Иерусалим. Да молчит всякая плоть пред лицом Адоная! Ибо Он поднимается от святого жилища Своего.

— ЗАХАРИЯ 2:12–13

Это пятая и последняя голова монстра, а также последний фронт сражения перед возвращением Мессии. Я бы назвала эту голову "политическим антисемитизмом", который является противодействием генеральному плану ЯХВЕ по возвращению еврейского народа в его Землю Обетованную, землю, которую Он дал Аврааму, Исааку и Иакову на тысячу поколений.

Вечно помнит завет Свой, слово, которое заповедал в тысячу родов, которое завещал Аврааму, и клятву Свою Исааку, и поставил то Иакову в закон и Израилю в завет вечный, говоря: "тебе дам землю Ханаанскую в удел наследия вашего".

— Псалтирь 104:8-11

26 мая 2016 года на пленарном заседании в Бухаресте было принято следующее, не имеющее обязательной юридической силы рабочее определение антисемитизма:

"Антисемитизм – это определенное восприятие евреев, которое выражается в ненависти по отношению к евреям. Словесные и физические проявления антисемитизма направлены против евреев и неевреев и/или против их собственности, против еврейских общин и организаций и религиозных учреждений."

Следующие примеры могут служить иллюстрацией для руководства IHRA* в ее работе:

<u>Проявления антисемитизма могут включать в себя нападения на Государство Израиль, задуманное как совокупность еврейского общества.</u> Однако критика Израиля, подобная той, что направлена против любой другой страны, не может считаться антисемитской. Антисемитизм часто обвиняет евреев в заговоре с целью причинения вреда человечеству, и антисемитизм часто используется, чтобы обвинять евреев в том, что "что-то идет не так". Это выражается в речи, письме, визуальных проявлениях и действиях, использует зловещие стереотипы и отрицательные черты характера. (Государственный департамент США)

* IHRA: Международный альянс в память о Холокосте

Организация Объединенных Наций была систематически нацелена на Государство Израиль, которое по важности идет первее, чем все остальные страны мира, разоблачая экстремальный международный антисемитизм, сопоставимый или более сильный, чем во время Второй мировой войны.

На текущей 74-й сессии Генеральной Ассамблеи ООН (2019-2020 гг.) все государства-члены ЕС проголосовали за одну резолюцию, в которой они критиковали следующие страны: (1) Ирана, (2) Сирии, (3) Северной Кореи, (4) Мьянмы и (5) США за их эмбарго в отношении Кубы и за две резолюции по Крыму.

Северной Кореи, (4) Мьянмы и (5) США за их эмбарго в отношении Кубы и за две резолюции по Крыму.

Напротив, страны ЕС проголосовали за 13 из 18 резолюций, в которых выделяется Израиль. Тем не менее, эти же государства ЕС не представили ни одной резолюции в Генеральную Ассамблею Организации Объединенных Наций по ситуации о правах человека в Китае, Венесуэле, Саудовской Аравии, Беларуси, Кубе, Турции, Пакистане, Вьетнаме, Алжире или в 175 других странах. (UN Watch)

Такое положение дел характерно не только для года написания этой книги. Это было нормой много-много лет. И этот вопиющий антисемитизм (под новым названием "анти-сионизм") практически не оспаривается странами-членами ООН, за исключением США, а иногда и другими американскими партнерами.

По состоянию на 2013 год, Совет по правам человека ООН осудил Израиль в 45 резолюциях. С момента создания

Совета в 2006 году он представил больше резолюций, осуждающих Израиль, чем почти весь остальной мир вместе взятый (45 резолюций против Израиля составили 45,9% всех резолюций, выделяющих отдельные страны, принятых Советом) (Участники Википедии)

Страны, которые последовательно нарушают права человека вплоть до расхищения и даже убийства своего населения (такие как Сирия, Китай, Северная Корея, Венесуэла и другие), едва ли были осуждены ООН, если вообще были. Однако "маленький Израиль", который с 1948 года стал лучом надежды, сельского хозяйства, технологий, медицины и помощи при стихийных бедствиях для других народов (включая их врагов), безостановочно подвергался осуждению.

Это антисемитизм в худшем его виде, и с этого момента мы будем приравнивать анти-сионизм к антисемитизму.

Христианский, политический антисемитизм

Однако мы не можем отделить политический антисемитизм от глубоко укоренившегося антисемитизма в христианских кругах. Церковь, пропитанная теологией замещения, находится в серьезной опасности переписывания Библии, чтобы привести ее в соответствие со своим политическим антисемитизмом. Следующий отрывок, мягко говоря, настораживает, но отнюдь не удивляет.

Недавний официальный перевод Библии на датский язык вызывает удивление у верующих людей. Датское "Библейское общество", ответственное за перевод, стерло и удалило слово "Израиль" из Нового Завета (который в новой редакции теперь называется "Новое соглашение").

По словам Яна Фроста (Jan Frost), прочитавшего новое издание, это применимо как при упоминании *страны* Израиль, так и при упоминании *народа* Израиля. В обычном варианте Нового Завета Израиль упоминается более 60 раз.

Г-н Фрост заявляет в видео, размещенном на YouTube, что слово "Израиль" используется только один раз в "Библии 2020", что является названием нового издания.

Переводчики нового издания, по словам Фроста, предлагают объяснение, что земля Израиля в библейские времена не была идентична нынешнему Израилю.

Но та же логика не применяется переводчиками, когда упоминаются земли Египта: Египет по-прежнему остается Египтом, даже в этом новом издании от 2020 года.

В социальных сетях многие пользователи возмущены радикальным изменением такого центрального элемента Нового Завета, а широко распространенная критика предполагает подозрение, что они удалили Израиль по политическим причинам. (Датский новостной канал 24NYT)

Боже! Не премолчи, не безмолвствуй и не оставайся в покое, Боже, ибо вот, враги Твои шумят, и ненавидящие Тебя подняли голову; против народа Твоего составили коварный умысел и совещаются против хранимых Тобою; сказали: "пойдем и истребим их из народов, чтобы не вспоминалось более имя Израиля". Сговорились единодушно, заключили против Тебя союз...

— Псалтирь 82:2–6

Что такое анти-сионизм?

Анти-сионизм является политической и религиозной оппозицией окончательному плану искупления еврейского народа, который включает в себя возвращение всех потомков Авраама, Исаака и Иакова в их исконную Обетованную Землю (Сион/Израиль). Об этом говорят многие пророчества в Священном Писании. В СвященномПисании также есть много предупреждений о великом суде над всеми народами, которые осмелятся выступить против генерального плана ЯХВЕ, предназначенного для Его избранного народа и его земли. Подробнее об этом суде будет рассказано в двенадцатых вратах.

> **Вечно помнит завет Свой, слово, которое заповедал в тысячу родов, которое завещал Аврааму, и клятву Свою Исааку, и поставил то Иакову в закон и Израилю в завет вечный, говоря: "тебе дам землю Ханаанскую в удел наследия вашего".**
>
> — Псалтирь 104:8–11

Чтобы понять анти-сионизм, нам нужно знать, что такое сионизм. Сионизм — это религиозное и политическое усилие, которое вернуло миллионы евреев со всего мира на свою древнюю родину на Ближнем Востоке и восстановило Израиль как центральное место еврейской идентичности. В то время как некоторые критики называют сионизм "агрессивной и дискриминационной идеологией", сионистское движение успешно учредило еврейскую родину на земле Израиля.

В 1890 году Натан Бирнбаум (Nathan Birnboim) ввёл термин сионизм, когда учился в Венском университете. Сионизм — это еврейское движение, начавшееся в конце 19 века с целью создания еврейского национального дома для всех евреев, рассеянных по диаспорам. Бесспорным отцом сионизма был Теодор Бенджамин Герцль (Theodor Benjamin Herzl), его еврейское имя - Бенджамин Зеев Герцль (Benjamin Zeev Herzl). Он был венгерским евреем, журналистом, на которого сильно повлияло несправедливое дело Дрейфуса во Франции.

На суде по делу Дрейфуса в 1894 году еврейский офицер французской армии был арестован и осужден за государственную измену. Когда его увозили в ссылку, толпы французов кричали: "Смерть евреям!". Это шокировало молодого еврейского журналиста, освещавшего это дело.

Герцль был "эмансипированным" евреем до этого момента, считая, что евреи могут быть равными со всеми другими народами и могут иметь равные права.

Он решил, что единственный способ предотвратить повторение антисемитизма — это создать еврейское государство. Исходя из этого заключения, он начал работать с сионистским движением, подняв его до уровня, который мир не смог бы игнорировать.

В 1897 году в Базеле, Швейцария, состоялся Первый всемирный конгресс сионистов. Он длился три дня, чтобы лидеры сионизма подробно обсудили планы Герцля и других. Они изложили план, в том числе идею Герцля привлечь к содействию международных лидеров.

После встречи Герцль пошел домой и написал в своем дневнике: "Сегодня я основал еврейское государство. Если бы я сказал это вслух, все бы надо мной посмеялись. Но если не через пять лет, то через пятьдесят лет будет еврейское государство".

Герцль был прав. Пятьдесят лет спустя, в 1948 году, еврейское государство родилось на земле Израиля, библейской Земле Обетованной еврейского народа.

Путешествуя по Европе, встречаясь как с сионистскими общинами, так и с политическими лидерами, Герцль в 1898 году выпустил брошюру под названием "Еврейское государство". (Авраам/Avraham)

Герцль не настаивал на том, чтобы земля Израиля была местом для еврейского государства, и был готов изучить другие возможности, такие как покупка земли или получение грантов, как, например, в Уганде. Он также представлял, что языком этого еврейского государства станет немецкий. Однако вскоре после визита в Палестину и наблюдения за тем, чего там достигли еврейские первопроходцы, он был убежден, что единственный жизнеспособный вариант для еврейского народа - это то, что он назвал в своей книге, *"Альтнойланд"* (Altneuland) или *"Старая новая Земля"*, область, которую тогда называли Палестиной, которая является ничем иным, кроме как древней библейской землей Израиля.

Многие из восточноевропейской еврейской общины осознали, что пора вернуться на Сион, выполнив древнее провозглашение, которое евреи делали на Песах в течение двух тысяч лет мучительного изгнания,

Лешана абаа бирушалаим хабнуя (Le Shana Habaa Byerushalayim Habnuya)

"В следующем году — в отстроенном Иерусалиме!"

От Палестины до отстроенного Израиля

Дух Божий побудил многих молодых евреев и евреек, особенно студентов восточноевропейских университетов и интеллектуалов, пойти и завладеть землей Израиля, используя сельское хозяйство. Когда сюда прибыли эти идеалистические и дальновидные молодые люди, земля называлась Палестиной, а под властью Турции она превратилась в пустошь.

400 лет Османской империи и многочисленных предыдущих империй, жаждавших этой земли, оставили ее разоренной и опустошенной, ни на что не годной землей - полной зараженных малярией болот, а также каменистых и песчаных пустынь.

Сионизм был вызван Кишиневским погромом

Как мы убедились в предыдущих вратах, жестокий христианский антисемитизм и его бесконечные преследования, погромы и геноциды привели к тому, что еврейский народ находился в постоянном изгнании. Очень много евреев по всей Европе были изгнаны из одной деревни или города в другой, или даже из одной страны в другую, пока на земле не осталось ни одного уголка, который можно было бы назвать своим собственным. Кишиневский погром стал "последней каплей". Как и многие другие жестокие погромы и изгнания до него, этот произошел во время христианского праздника Пасхи (праздника Иштар), провозгласивший "смерть евреям, убившим Христа".

8 апреля 1903 года, в пасхальное (иштарское) воскресенье, "легкие волнения" против местных евреев потрясли Кишинев, сонный город на юго-западной границе царской России.

"Немного имущества было уничтожено", - сказал еврейский историк культуры Стивен Дж. Ципперштейн (Steven J. Zipperstein), который в этом году стал научным сотрудником Рэдклиффа, - "и этот всплеск казался не более чем вакханалией (пьяным бунтом) буйных подростков".

Но на следующий день и в течении половины дня после него, насилие усилилось. Банды из 10 или 20 человек, вооруженные топорами и ножами, прорывались через узкие улочки города во дворы, где еврейские семьи защищались с помощью садовых орудий и другого скудного оружия.

В конце концов, 49 евреев были убиты, бесчисленное количество еврейских женщин было изнасиловано, и 1500 еврейских домов были повреждены. Этот внезапный всплеск хулиганского насилия, вызванный обвинительными слухами о еврейском ритуальном убийстве, быстро стал символом "имперской жестокости России по отношению к своим евреям", - сказал Ципперштейн.

"Протоколы сионских мудрецов," долгоживущая антисемитская клеветническая выдумка, в которой излагается план мирового еврейского господства, появилась в своей первой устойчивой форме всего через несколько месяцев после резни в Кишиневе.

Хаим Нахман Бялик (Chayim Nachman Bialik), человек, который через какое-то время будет известен как национальный поэт еврейского народа, был направлен в 1903 году Еврейской исторической комиссией в Одессе для интервьюирования выживших после кишиневского погрома.

Проходя от дома к дому, он заполнил пять блокнотов со свежими свидетельствами насилия. (Айрленд/Ireland)

Развитие сионизма

Мы должны рассмотреть три группы прото-сионистов: сионистов, призывающих к созданию еврейского государства раньше, чем появилось официально учрежденное сионистское движение.

Предтечи сионизма: с 1840-х по 1860-е годы Предтечи сионизма была группой высокообразованных англичан. Они считали, что если евреи всего мира перебрались бы в Израиль, чтобы принять христианство, тогда бы произошло Второе пришествие Иисуса или Мессии. В рамках их работы был создан Фонд исследования Палестины (PEF) для проведения археологических и геологических работ на Святой Земле.

Раввины Алкалай и Калишер: Эти два раввина жили в той части Европы, где вокруг гудело множество национальных движений. И все же, как и многие другие евреи, они не соотносили себя ни к одному из них. Они считали, что евреи должны поселиться в Израиле, чтобы создать условия для прихода Мессии. Это было исключительное мышление для этих двух раввинов в то время, поскольку большинство религиозных евреев считали, что нельзя переезжать в Израиль, пока не придет Мессия.

Моше Гесс и публикация его книги *"Рим и Иерусалим"* в 1862 году: Моше Гесс был важным еврейским и социалистическим мыслителем в Центральной Европе. В своей книге он пишет, что евреи также имеют право быть нацией с тем же определением, что и другие нации.

С ростом национализма, прото-сионистами получающими популярность, восточноевропейскими евреями, опасающимися физической опасности, и западноевропейскими евреями, опасающимися полной ассимиляции, сионизм стал очень серьезным ответом на вопросы.

Земля Израиля, называвшаяся в то время Палестиной, находилась под контролем Османской империи (происходящей из современной Турции). В 1800 году здесь проживало 275 000 арабов и 5 500 евреев. Большинство арабских жителей проживало в сельской местности, в то время как большинство еврейских жителей проживало в городских районах, таких как Иерусалим, Сафед, Тверия и Хеврон.

Пятьдесят лет спустя, в 1850 году, в Палестине проживало 400 000 арабов и 10 000 евреев. Когда османские властители увидели, что начинают происходить изменения, они провели две очень важные земельные реформы:

В 1858 году османские подданные-немусульмане смогли покупать землю и строить на ней. В 1867 году неосманские подданные смогли покупать землю и строить на ней.

Это окажется важным для успеха сионистского движения. До того, как сионисты переехали туда, на этой земле жили две группы евреев. Первая группа состояла из испанских (или сефардских) евреев и арабских евреев, которых также называли мистаарвим (или мустаарбим). Вторая группа состояла из пожилых и одиноких людей, пришедших чтобы изучать Тору и остаться на Святой Земле до конца своей жизни.

В 1870 году была основана сельскохозяйственная школа Микве Исраэль для обучения молодых студентов сельскому хозяйству. Эта школа входит в альянс под названием Всемирный еврейский союз (Alliance Israelite Universelle), который основал школы на Ближнем Востоке и в Северной Африке. (Авраам/Avraham)

Рапорт Марка Твена о Святой Земле

После изобретения парохода в 19-м веке, сотни американских паломников хлынули на Святую Землю, судно за судном. В эпоху, когда типичный американский протестант должен был оттачивать знание Библии, многие из них уже знали базовую географию и названия исторических мест древней земли Израиля еще до прибытия на Святую Землю. Первые американские паломники достигли Палестины в 1819 году. С нормализацией дипломатических отношений между Соединенными Штатами и Османской империей в 1832 году последний бюрократический барьер на пути и без того трудного путешествия был устранен.

В 1866 году молодой писатель Сэмюэл Клеменс (Samuel Clemens), который только начинал становиться известным под псевдонимом Марк Твен (Mark Twain), решил лично исследовать достопримечательности. Быстро развивающаяся индустрия религиозного туризма способствовала естественной склонности Твена к насмешкам и сатире. Он привязался к группе паломников, которых он насмешливо назвал "простаками", и взошел на борт "Квакер-Сити", который направлялся к земле Израиля.

Перед отъездом Твен подписал контракт на написание пятидесяти одной короткой статьи во время путешествия. Письма, которые он написал, находясь в Палестине, были объединены со статьями, которые он написал позже, в результате чего получилась книга под названием *Простаки за границей*, в которой подробно описаны его впечатления от необычной страны, с которой он столкнулся.

Твену надоедала примитивность поселений и дорог, с которыми он сталкивался: *"Чем дальше мы ехали, тем жарче становилось солнце, и тем более каменистым и голым, отвратительным и унылым становился пейзаж… Почти нигде не было ни дерева, ни куста. Даже маслина и кактус, верные друзья никчемной почвы, почти покинули этот край."* В этом заявлении отражено его общее отношение к древней земле на протяжении всего путешествия.

Единственным исключением из правила был город Иерусалим, который Твен описывал в восторженных тонах: *"Расположенный на своих вечных холмах, белых, куполообразных и твердых, собранных вместе и обнесенных высокими серыми стенами, почтенный город сиял на солнце. Настолько мал! Да ведь этот город был не больше американской деревни с четырьмя тысячами жителей… Слезы были бы не к месту. Мысли, которыми веет Иерусалим, полны поэзии, возвышенности (поистине чудесной) и, прежде всего, достоинства. Такие мысли не находят должного выражения в детских эмоциях."*

Основной мотив, который пронизывает творчество Твена, — это поляризация между американским прогрессом и порабощением Святой Земли своим собственным прошлым. По его мнению, именно благоговение трех религий по отношению к земле Израиля стало причиной того жалкого состояния, в котором она находилась. В одном из самых ярких и красивых отрывков книги, Твен утверждает, что, *"Палестина пустынна и некрасива. А почему должно быть иначе? Может ли проклятие Божества украсить землю? Палестина больше не принадлежит этому миру ежедневной суеты. Она свята для поэзии и традиций — это страна грез."* (Библиотекари/The Librarians)

Несмотря на ужасное состояние земли Израиля, еврейские первопроходцы из Восточной Европы прибыли, чтобы выкупить ее, даже ценой своих жизней и всего мирского имущества. Какая-то гораздо более великая сила, чем они сами, выталкивал их из академических занятий в ремесло сельского хозяйства, которое они сначала не освоили. Хотя большинство из них были не религиозными, а социалистами, их дух поднялся в них без их ведома, чтобы понять обетование, описанное ниже:

> Вот, Я соберу их из всех стран, в которые изгнал их во гневе Моем и в ярости Моей и в великом негодовании, и возвращу их на место сие и дам им безопасное житие. Они будут Моим народом, а Я буду им Богом. И дам им одно сердце и один путь, чтобы боялись Меня во все дни жизни, ко благу своему и благу детей своих после них.

> И заключу с ними вечный завет, по которому Я не отвращусь от них, чтобы благотворить им, и страх Мой вложу в сердца их, чтобы они не отступали от Меня.
>
> И буду радоваться о них, благотворя им, и насажду их на земле сей твёрдо, от всего сердца Моего и от всей души Моей. Ибо так говорит Адонай: ак Я навёл на народ сей все это великое зло, так наведу на них все благо, какое Я изрек о них. И будут покупать поля в земле сей, о которой вы говорите: "Это пустыня, без людей и без скота; она отдана в руки Халдеям"; будут покупать поля за серебро и вносить в записи, и запечатывать и приглашать свидетелей – в земле Вениаминовой и в окрестностях Иерусалима, и в городах Иуды и в городах нагорных, и в городах низменных и в городах южных; ибо возвращу плен их, говорит Адонай.
>
> — Иеремия 32:37–44

Посредством создания фонда под названием Еврейский национальный фонд (ЕНФ-ККЛ) земли были куплены, а деревья посажены. Они выкупили у турок части болот, которые кишили малярийными комарами, по непомерным ценам. Еврейские первопроходцы платили любую цену, чтобы получить законные права на землю, которую никто больше не хотел и не вкладывал в ее благополучие. Говорят, что около 80% молодых еврейских мужчин и женщин, которые пошли в болота, чтобы осушить их, умерли от малярии. Земля была получена не только в соответствии с многочисленными обетованиями Божьими в Библии, но и путем покупки (по высокой цене у турок) и проливанием своей крови, поскольку многие заплатили своей жизнью, чтобы выкупить ее.

Еврейский национальный фонд, некоммерческая организация, была основана в 1901 году для покупки и застройки земель в Османской Палестине (позже британская подмандатная Палестина, а затем Израиль и палестинские территории) для еврейских поселений. К 2007 году организации принадлежало 13% всех земель в Израиле. ЕНФ-ККЛ сообщает, что с момента своего создания посадила в Израиле более 240 миллионов деревьев. Организация также построила 180 плотин и водохранилищ, разработала 250 000 акров (1000 км2) земель и создала более 1000 парков.

В 2002 году ЕНФ-ККЛ была награждена Премией Израиля за выдающиеся достижения и особый вклад в общество и Государство Израиль. (Участники Википедии)

Величайшее чудо 20-го века

Как и предсказывал Теодор Герцль, ровно через пятьдесят лет после Первого всемирного конгресса сионистов в Базеле, Швейцария, "Израиль стал страной среди наций". Пророк Исаия также пророчествовал, что израильская нация однажды возродится.

> Кто слышал о таком? Кто видел подобное? Рождается ли страна в один день или народ – за одно мгновение? Но

дочь Сиона, едва начала мучиться родами, как родила своих сыновей.

— Исаия 66:8

Безусловно, величайшим чудом 20-го века было создание возрожденного государства Израиль после 2000 лет губительного изгнания. Это чудо-государство похоже на феникса, восставшего из пепла нацистского Шоа (Холокоста), в результате которого погибло более шести миллионов евреев, а многие другие остались травмированными на всю жизнь. Были уничтожены целые семейные линии, еврейские деревни и общины в нацистской Европе были полностью уничтожены. Уничтожение еврейской жизни, вызванное нацистским режимом, было настолько глубоким и жестоким, что казалось невозможным заново восстановить еврейский народ. Казалось, этот ужасающий сатанинский режим во главе с Адольфом Гитлером, наконец, осуществил сатанинскую мечту об уничтожении евреев навсегда.

Однако обетования Элохима Израилева проявились в самый мрачный и невозможный момент для евреев. Израиль воскрес из мертвых, из пепла Шоа (Холокоста), чтобы стать Государством Израиль, которое мы знаем сегодня, единственной демократией на Ближнем Востоке. Израиль — это страна, которая хоть и небольшая, но всегда первая, кто посылает помощь пострадавшим странам в случае стихийных бедствий, и первой находит методы лечения эпидемий, вирусов и болезней. Это одна из ведущих высокотехнологичных наций мира, страна инноваций, которая помогает сделать мир лучше.

> – Встань, воссияй, так как свет твой пришел, и слава Адоная уже восходит над тобою. Вот, мрак покроет землю, и тьма – народы, но над тобою взойдет Господь, и слава Его явится над тобою. Народы придут к твоему свету, и цари – к сиянию твоей зари. Подними взгляд и оглянись вокруг: все они собираются и идут к тебе; твои сыновья придут издалека, твоих дочерей будут нести к тебе на руках.
>
> — Исаия 60:1-4

Те, кто восстановил Израиль, были в основном выжившими Шоа (Холокоста) и потерявшими всё. Нацистская Германия уничтожила большинство членов их семей в ужасных газовых камерах польских лагерей смерти. Некоторые первопроходцы этого новорожденного государства выглядели как скелеты, когда они прибыли в качестве беженцев на землю Израиля, при этом готовые упорно трудиться, чтобы гарантировать, что евреи воссоздадут свою национальную родину.

Та же самая ООН, которая теперь осуждает Израиль в большинстве случаев, голосовала за раздел Палестины на две страны, арабскую и еврейскую. Однако арабы от предложения отказались, а евреи его приняли. 14 мая 1948 года первый премьер-министр Израиля г-н Давид Бен-Гурион (David Ben-Gurion) зачитал Декларацию независимости из зала в городе Тель-Авив. Два года спустя, когда осажденный западный Иерусалим был защищен от атакующих иорданских и панарабских войск, столица Израиля была перенесена в западную часть его исторического места: Иерусалим, столица царя Давида, царя Израиля, и Иудеи 3000 лет назад.

Наконец, у каждого еврея в мире был дом. Времена "странствующего еврея" или, скорее, "изгнанного и преследуемого еврея" закончились. Евреи из всех народов мира вернулись домой, как и предсказывал пророк Исаия более 2500 лет назад.

> И возвратятся избавленные Адонаем, придут на Сион с радостным восклицанием; и радость вечная будет над головою их; они найдут радость и веселье, а печаль и воздыхание удалятся.
>
> — Исаия 35:10

Государство Израиль на земле Израиля - единственный исторический и библейский дом еврейского народа. Другого нет. И еврейский народ - единственный народ, который вернулся на свою древнюю землю после 2000 лет изгнания и возродил свой древний язык, иврит, который также является языком, на котором они написали большую часть Библии.

Возрождение иврита

Следующая биография объясняет процесс удивительного возрождения иврита.

Элиэзер Бен-Йехуда (7 января 1858-16 декабря, 1922) известен как отец современного иврита. Он был одним из первых сторонников сионизма, и в первую очередь благодаря его инициативе иврит был возрожден как современный разговорный язык.

Бен-Йехуда родился в Виленской губернии Российской империи, в городе Лужки, в 1858 году как Элиэзер

Перельман. Его отец, ортодоксальный хасидский еврей, умер когда Элиэзеру было 5 лет. В 13 лет дядя отправил его в ешиву в Полоцке. Глава ешивы был тайным последователем движения Хаскала (просвещения)* и превратил Бен-Йехуду в вольнодумца. Его дядя пытался спасти его от ереси, отправив учиться в город Глубокое. Там Бен-Иегуда познакомился с Шмуэлем Нафтали Герцем Йонасом (Samuel Naphtali Hertz Jonas), и его старшая дочь Дебора обучала его русскому языку, которая позже стала его женой. Изучение русского языка позволило Бен-Йехуде поступить в гимназию (среднюю школу), которую он окончил в 1877 году. Вскоре он стал убежденным сионистом. Русско-турецкая война 1877-1878 годов и борьба балканских народов за освобождение вдохновили Бен-Йехуду на формирование идеи возрождения еврейского народа на его исконной земле. Он считал, что евреи, как и все другие народы, имели историческую землю и язык.

В предисловии к своему словарю он написал: "Как будто небеса внезапно открылись, и перед моими глазами вспыхнул ясный, ослепляющий свет, и в моих ушах прозвучал мощный внутренний голос: возрождение Израиля на его исконной земле ... Чем больше во мне росла националистическая концепция, тем больше я понимал, что такое общий язык для

---

* Хаскала, так же Гаскала — (просвещение от ивр. слова сехель — здравый смысл, интеллект), также называется еврейским просвещением, интеллектуальное движение конца 18-го и 19-го веков среди евреев Центральной и Восточной Европы, которое пыталось познакомить евреев с европейским языком и ивритом, а также со светским образованием и культурой в качестве дополнения к традиционным талмудическим учениям. (Редакторы Британской энциклопедии)

нации ...". Он решил поселиться на земле Израиля и в 1878 году отправился изучать медицину в Париж, чтобы иметь средства к существованию.

План Бен-Йехуды относительно национального очага по большей части не интересовал еврейских писателей. Его первое эссе "Жгучий вопрос" (She'elat Hasha'ah) был опубликован еврейским периодическим изданием "Рассвет" (Га-шахар/Hasha'har) в 1879 году под редакцией Переца Смоленскина после того, как его отвергли другие. Он призывал к эмиграции на землю Израиля и созданию там национального духовного центра евреев. Таким образом, Бен-Йехуда был также настоящим отцом культурного сионизма, впоследствии популяризированного Ахадом ха-Амом (Achad Haam). (Сионизм-Израиль)

В Париже Бен-Йехуда заболел туберкулезом. Он прекратил свои медицинские учения и решил, что климат Иерусалима будет для него лучше, учитывая его болезнь. Находясь в Париже, он узнал от путешественников, что иврит не является мертвым языком среди азиатских евреев. Он также поступил в учительскую семинарию Всемирного еврейского союза (Alliance Israelite Universelle), где должен был пройти обучение в качестве инструктора в сельскохозяйственной школе Микве Исраэль. Он посещал лекции Жозефа Галеви (Joseph Halevy), который был одним из первых сторонников создания новых слов на иврите.

Бен-Йехуда переехал в Иерусалим в 1881 году со своей новой женой Деборой Йонас. Элиэзер и Дебора основали первый ивритоязычный дом в Эрец-Исраэль*, и их сын Бен-Цион (который стал известен под псевдонимом Итамар Бен-Ави) был первым ребенком современности, для которого иврит стал родным языком. Он попытался замаскироваться под ортодоксального еврея, чтобы поддерживать с ними контакт, учить иврит и распространять его. Однако, последний вскоре отверг его, и Бен-Йехуда стал активно антирелигиозным.

Бен-Йехуда собрал друзей и союзников в Иерусалиме. В 1881 году вместе с Ю. М. Пайнс (Y. M. Pines), Д. Йеллин (D. Yellin), Ю. Мейухас (Y. Meyu'has) и А. Мази (A. Mazie), он основал "Техият Исраэль" - общество возрождения Израиля, основанное на пяти принципах: работа на земле, увеличение продуктивного населения, создание современной еврейской литературы и науки, отражающих как национальный, так и универсалистский дух, и оппозицию системе халуки (благотворительности), которая обеспечивала Иерусалимских учеников ешивы**.

Вскоре после прибытия в Иерусалим Бен-Йехуда стал учителем в Школе Альянса при условии, что его курсы будут преподаваться на иврите. Таким образом, это стало первой школой, где некоторые курсы преподавались на иврите. Бен-Йехуда писал статьи для "Ha'havatzelet" ("Лилия"), литературного журнала на иврите, и выпускал "Hatzvi" ("Олень"), еженедельную газету. "Hatzvi" была первой еврейской газетой, которая сообщала о новостях и проблемах турецкой Палестины. Это было значительным

---

* Эрец-Исраэль — на иврите означает "земля Израильская".

** Ешива: ортодоксальный еврейский колледж или семинария.

достижением, учитывая ограниченность иврита, турецкую цензуру и суровые финансовые ограничения. Бен-Йехуде пришлось создать новые существительные и глаголы на иврите для современных концепций.

Дебора Бен-Йехуда, его первая жена, умерла от туберкулеза в 1891 году. Вскоре ее младшая сестра предложила выйти замуж за Бен-Йехуду и позаботиться о его двух маленьких детях. Эмансипированная женщина, обладающая большим стремлением и убеждением, она сделала делом своей жизни поддержку Элиэзера и его предприятия. Она взяла еврейское имя Хемда (Hemdah), быстро выучила иврит, стала репортером его газеты, а позже стала ее редактором, что позволило её мужу сосредоточиться на исследовании утерянных слов на иврите, которые требовались возрожденному языку, а так же на создании новых.

Ортодоксальные фанатики были возмущены освещением коррупции при раздаче халукки в газете "Hatzvi", их благотворительных выплат (пособий, выплачиваемых государством безработным). Они намеренно неправильно перевели фразу в ханукальном выпуске "Hatzvi": "Соберемся с силами и пойдем вперед", как: "Давайте соберем армию и выступим против Востока". Они сообщили османскому правительству, что Бен-Йехуда призывает своих сторонников к восстанию. Он был арестован, обвинен в заговоре с целью восстания и приговорен к году тюремного заключения. Евреи всего мира были возмущены, его приговор был обжалован, и в конце концов он был освобожден.

В 1904 году Бен-Йехуда вместе с Йеллином (Yellin), Мази (Mazie) и другими основал и возглавил "Ваад ха-лашон", Комитет языка иврит, предшествующую Академии иврита, за создание которой он выступал в 1920 году. Он работал по 18 часов в день над своим "Полным словарем древнего и современного иврита". В 1910 году он опубликовал первый из шести томов, вышедших перед его смертью в 1922 году. После его смерти его вдова Хемда и сын Эхуд продолжали публиковать его рукописи, пока к 1959 году не были опубликованы все 17 томов. В словаре перечислены все слова, используемые в еврейской литературе со времен Авраама и до наших дней, тщательно избегая арамейских слов и других чуждых влияний, которые вошли в библейский и мишнаитский иврит.

Бен-Йехуда был вынужден покинуть Палестину во время Первой мировой войны, когда турки депортировали "вражеских граждан". Вместе с другими сионистскими лидерами он провел военное время в Соединенных Штатах, вернувшись в Палестину в 1919 году.

В ноябре 1920 года ему удалось убедить Герберта Самуэля (Herbert Samuel), британского верховного комиссара Палестины, сделать иврит одним из трех официальных языков подмандатной Палестины.

Трудно переоценить вклад и достижения Бен-Йехуды. Само его лексикографическое достижение - создание современного языка на остатках древнего и окаменелого - было монументальным само по себе, но это было лишь инструментом в успешной кампании одного человека по превращению иврита в разговорный язык еврейского народа. Благодаря его почти единоличной инициативе, это цель была достигнута менее чем за 40 лет. (Сионизм-Израиль)

Декларация Бальфура

На пути к национальному возрождению и восстановлению Израиля мы не можем упустить из виду самый важный документ под названием Декларация Бальфура.

2 ноября 1917 года министр иностранных дел Артур Джеймс Бальфур (Arthur James Balfour) пишет важное письмо самому выдающемуся еврейскому гражданину Великобритании барону Лайонелу Уолтеру Ротшильду (Lionel Walter Rothschild), в котором выражает поддержку британского правительства восстановлению еврейской родины в Палестине. Письмо впоследствии стало известно как Декларация Бальфура.

Поддержка Британией сионистского движения проистекала из ее озабоченности по поводу хода Первой мировой войны. Помимо искренней веры в праведность сионизма, которой придерживался, в частности, Ллойд Джордж (Lloyd George), британские лидеры надеялись, что заявление в поддержку сионизма поможет заручиться помощью евреев для союзников.

2 ноября Бальфур направил свое письмо лорду Ротшильду, видному сионисту и другу Хаима Вейцмана (Chaim Weizmann), в котором говорится, что "правительство Его Величества поддерживает создание в Палестине национального очага для еврейского народа".

Влияние Декларации Бальфура на ход послевоенных событий было немедленным: согласно системе "мандатов", созданной Версальским договором 1919 года, Великобритании было поручено управление Палестиной при том понимании, что она будет действовать от имени как еврейских, так и арабских жителей. (Редакторы издания History.com)

Издание этого исторического документа было должным образом осуществлено, по крайней мере частично, благодаря вмешательству доктора Хаима Вейцмана, выдающегося еврейского ученого, который в конечном итоге стал первым президентом Государства Израиль. Доктор Вейцман "обменял" научные достижения, которые помогли союзникам выиграть Первую мировую войну, на обещание британской короны поддержать идею создания родины для еврейского народа на земле, которая тогда называлась Палестиной. После войны Великобритания получила мандат на всю Палестину на основании этого обещания, которая стала известна как подмандатная Палестина.

Однако позже, во время Второй мировой войны и после нее, когда многие еврейские беженцы, бежавшие из нацистской Европы, пытались добраться до земли Израиля, подмандатная Палестина закрыла свои двери для десятков тысяч этих полумертвых евреев и депортировала их в концлагеря на Кипре, в Индийском океане, а некоторые даже были возвращены в нацистскую Европу, где большинство из них погибло. Британцы объявили попытку еврейских беженцев проникнуть на землю Израиля во время нацистского Холокоста и его последствий "нелегальной иммиграцией" (на иврите *Хаапала или Алия Бет*). Это достойное сожаления закрытие границ привело к ненужной гибели многих жертв и выживших Холокоста.

Более 100 000 человек пытались незаконно проникнуть в подмандатную Палестину. Было совершено 142 рейса на 120 кораблях. Более половины из них были остановлены британскими патрулями. Королевский флот имел восемь кораблей в порту в Палестине, а дополнительным кораблям было поручено отслеживать подозрительные суда, направляющиеся в Палестину. Большинство перехваченных иммигрантов были отправлены в концентрационные лагеря на Кипре. Некоторые были отправлены в лагерь Атлит в Палестине, а некоторые - на Маврикий. Британцы держали в этих лагерях до 50 000 человек (см. Евреи в британских концлагерях на Кипре). Более 1600 человек утонули в море. Только несколько тысяч действительно попали в Палестину.

Поворотным событием в программе *Хаапала* стал инцидент с судном "Эксодус" (Исход) в 1947 году.

"Эксодус" был перехвачен и взят на абордаж британским патрулем. Несмотря на значительное сопротивление пассажиров, *"Эксодус"* был насильно возвращен в Европу. В конце концов его пассажиров отправили обратно в Германию. Это было предано гласности, к великому смущению британского правительства.

Один из рассказов об Алия Бет представлен журналистом И. Ф. Стоуном (I. F. Stone) в его книге 1946 года "Из подполья в Палестину", рассказывающей от первого лица о путешествии из Европы беженцев, пытающихся добраться до еврейской родины.

Около 250 американских ветеранов Второй мировой войны, включая Мюррея Гринфилда (Murrey Greenfield, с корабля *Хатиква*), вызвались отплыть с десятью кораблями ("Секретный флот евреев") из США в Европу, чтобы принять на борт 35 000 выживших в Холокосте (половина нелегальных иммигрантов в Палестину), только для того, чтобы в итоге их депортировали в концлагеря на Кипре. (Участники Википедии)

Подмандатная Палестина в основном отдавала предпочтение арабам перед евреями. Еще одним неудачным решением британцев было назначить Хаджа Амина аль-Хусейни верховным муфтием Иерусалима, верховным мусульманским лидером в стране. Он имел огромное влияние на арабское население, которое находилось под властью Турции в течение 400 лет, а теперь под британской подмандатной Палестиной. В качестве лидера мусульман, Аль-Хусейни подстрекал к ужасающей резне целых еврейских общин в городах Яффо, Хеврон и Моца в 1920 и 1929 годах. Этот человек в конце концов встал на сторону Гитлера в уничтожении всех евреев в Палестине. Он отец того, что мы сегодня называем "Палестинский вопрос". Я называю это "дитя Гитлера", поскольку оно родилось в результате частной встречи Хаджа Амина аль-Хусейни и Адольфа Гитлера в Берлине в 1941 году. И хотя он был отстранен от должности главного муфтия после беспорядков 1936 года, наследие руководства Хаджа Амина аль-Хусейни под британскими властями в течение пятнадцати лет дало ему возможность набрать силу и влияние, которые наносят ущерб Израилю по сей день.

Подмандатная Палестина официально перестала существовать, когда Израиль был провозглашен государством 14 мая 1948 года. Британцы передали ключи от большинства охранных, полицейских и армейских постов и крепостей недавно сформированной иорданской армии, которая выступала против создания государства Израиль. Они атаковали новосозданное государство менее чем через 24 часа после его возникновения. Последовавший за этим конфликт получил название "Война за независимость". Арабские армии осаждали Иерусалим с декабря 1947 года по июль 1948 года. Евреи в городе голодали без еды и боеприпасов. У Израиля еще не было такой армии, как сегодня, но у них было что-то похожее на ополчение. Многие из тех молодых людей, которые отдали свои жизни на кровавой дороге, чтобы открыть путь в Иерусалим, принести еду голодающему населению и оружие для самозащиты, были выжившими Шоа (Холокоста). Британцы хорошо вооружили иорданскую армию, и молодой, только формирующийся Израиль не имел шансов против своих врагов, за исключением того, что Бог Израиля был с ними.

> Вот, будут вооружаться против тебя, но не от Меня; кто бы ни вооружился против тебя, падёт. Вот, Я сотворил кузнеца, Ни одно орудие, сделанное против тебя, не будет успешно; и всякий язык, который будет состязаться с тобою на суде, – ты обвинишь. Это есть наследие рабов Адоная, правдание их от Меня, говорит Адонай.
>
> — Исаия 54:15–17

Эта тенденция к победе Израиля в невозможных войнах после того, как на него нападали арабские страны, повторялась снова и снова на протяжении каждой из крупных войн. Арабские страны обычно первыми нападают на Израиль, и у Израиля нет никаких шансов, поскольку армии его врагов в десять раз больше и хорошо вооружены, как в 1948 году, и тем не менее, каким-то образом Израиль побеждает в каждой войне. Этого должно было быть достаточно, чтобы ООН поняла, что Бог Вселенной, также называемый Богом Израиля, борется за Свой народ, и что любой, кто попытается помешать Его плану по их восстановлению на своей древней родине, будет сражаться против грозного противника.

Через пятнадцать лет после окончания британского мандата, огромной империи, о которой говорилось, что в ней "Солнце никогда не заходит", больше не существует. Сегодня страна называется Соединенным Королевством, а Британской империи не существует. Каким образом меры, принятые подмандатной Палестиной против евреев, повлияли на конец великой Британской империи? Мы можем только процитировать то, что Священное Писание говорит о тех, кто причиняет вред Израилю или не помогает ему. Вот что говорит АДОНАЙ САВАОФ, ГОСПОДЬ Воинств, Тот, кто сражается в войнах Израиля.

"Ибо так говорит АДОНАЙ САВАОФ: для славы Он послал Меня к народам, грабившим вас, *ибо касающийся вас касается зеницы ока Его* И вот, Я подниму руку Мою на них, и они сделаются добычею рабов своих, и тогда узнаете, что АДОНАЙ САВАОФ послал Меня.
Ликуй и веселись, дщерь Сиона! Ибо вот, Я приду и поселюсь посреди тебя, говорит АДОНАЙ. И прибегнут к АДОНАЮ многие народы в тот день, и будут Моим народом; и Я поселюсь посреди тебя, и узнаешь, что

Адонай Саваоф послал Меня к тебе. Тогда Адонай возьмет во владение Иуду, Свой удел на святой земле, и снова изберёт Иерусалим. Да молчит всякая плоть пред лицом Адоная! Ибо Он поднимается от святого жилища Своего.

— Захария 2:8-13

Вот тот же отрывок из другого более легкого перевода.

Ведь так сказал Господь Сил: – Он прославил Меня и послал на народы, которые вас обирали, потому что, кто прикасается к вам, тот касается зеницы Моего ока. Я подниму на них руку, и они станут добычей своих рабов. Тогда вы узнаете, что Господь Сил послал Меня. Кричи от радости и ликуй, дочь Сиона. Ведь Я приду и буду жить у тебя, – возвещает Господь Многие народы примкнут к Господу. в тот день и станут Моим народом. Я буду жить у тебя, и ты узнаешь, что Господь Сил послал Меня к тебе. Господь примет Иудею как Свой удел в святой земле и снова изберет Иерусалим. Умолкни перед Господом, человеческий род, потому что Он поднялся из Своего святого жилища.

— Захария 2:8-13 Nrt

Как видите, Бог Израиля не "политкорректен". Он придерживается Своей собственной "политики". Я называю это "библейской политикой".

Истина, стоящая за Палестинским вопросом

Гитлер однажды сказал: "Чем чудовищнее солжешь, тем быстрее тебе поверят" (Участники Википедии)

Это заявление также относится к политической выдумке Дела палестинцев, одному из самых больших обманов, когда-либо совершаемых. Я называю Палестинский вопрос "дитём Гитлера". Вы скоро поймете, почему.

То, что сегодня политики называют Палестинским вопросом, - это "дитя", рожденное исторической встречей одного из величайших террористов и палачей, когда-либо существовавших, великого муфтия Иерусалима Хаджа Амина аль-Хусейни и самого жестокого и безнравственного человека, который когда-либо жил, Адольфа Гитлера. Встреча состоялась в Берлине, столице Германии, в 1941 году. Муфтий попросил Гитлера собрать ему армию в Палестине, чтобы применить "Окончательное решение" Гитлера к евреям внутри страны. Гитлер согласился с этой отвратительной идеей, и родился предшественник Организации освобождения Палестины (ООП). Все остальные организации, включая ФАТХ, Аль-Каиду, Хезболлу, ХАМАС, Братья-мусульмане и все другие террористические организации, являются производными от дитя Гитлера, ООП.

Единственная цель Организации освобождения Палестины (ООП) - уничтожение всех евреев на земле Израиля. Вот почему они не приняли никакого "мирного плана", сколько бы им ни предлагалось земли и денег. Им нужна вся земля и никаких живых евреев на ней. На картах так называемой Палестинской национальной администрации Израиля не существует. Вся земля снова стала называться Палестиной. Иерусалима так же не существует на их картах, там он называется Аль Кудс.

Когда римляне завоевали землю Израиля, они изменили название на Палестину. Они дали ему имя заклятых врагов Израиля, филистимлян. В большинстве христианских Библий Израиль по-прежнему называется Палестиной, а в приложениях к картам в конце томов используется термин "Карты Палестины". Это играет великому обману на руку и является оскорблением Бога Израиля, который называет Свою землю именем Израиль. Это имя вечного завета. Бог вернул Свой еврейский народ на Свою землю и восстановил имя. Он обращается к "Моим врагам" как к тем, кто отказывается называть Израиль "Израилем". Сколько христиан стали Его врагами только по этому вопросу?

> **Боже! Не премолчи, не безмолвствуй и не оставайся в покое, Боже, ибо вот, враги Твои шумят, и ненавидящие Тебя подняли голову; против народа Твоего составили коварный умысел и совещаются против хранимых Тобою; сказали: "пойдем и истребим их из народов, чтобы не вспоминалось более имя Израиля". Сговорились единодушно, заключили против Тебя союз.**
>
> — Псалтирь 82:2-6

Палестинский народ не существует как историческая нация. Это народ "созданный" политиками тех стран, которые используют Палестинский вопрос как троянского коня для уничтожения Израиля. Позвольте мне объяснить.

С 16-го по 20-ый век Османская империя правила территорией, которая тогда называлась Палестиной. В эту область входили весь современный Израиль и Иордания. Во время турецкого османского владычества было много миграций людей из областей внутри империи, в том числе из области, известной как Левант. Эти миграции принесли в Палестину арабов разных национальностей, которые сделали Палестину своим домом. Это не была их историческая родина, но как османские граждане они могли там поселиться.

История миграции в Палестину
Османский период 1800-1918 гг.

Ряд миграций египтян в Палестину произошли в конце 18-го века из-за сильного голода в Египте, а несколько волн египетских иммигрантов прибыли еще раньше из-за стихийных бедствий, таких как засухи и эпидемии, а так же из-за правительственных репрессий, налогов и воинской повинности. Хотя многие палестинские арабы также переезжали в Египет, иммиграция из Египта в Палестину была доминирующей.

В 19-м веке большое количество египтян бежало в Палестину, спасаясь от воинской повинности и принудительного труда в устье Нила при Мухаммеде Али. После Первой турецко-египетской войны, в ходе которой египтяне завоевали Палестину, еще больше египтян было доставлено в Палестину в качестве подневольных рабочих. После Второй турецко-египетской войны, в результате которой египетское правление в Палестине закончилось, огромное количество солдат дезертировало во время отступления египетской армии из Палестины и поселилось там на постоянной основе. Египтяне селились в основном в Яффе, на взморье, в Самарии и в Вади Ара. На южной равнине было 19 деревень с египетским населением, а в Яффе проживало около 500 египетских семей, в сумме составляя более 2000 человек. Наибольшая концентрация египетских иммигрантов в сельской местности была в регионе Шарон. По словам Дэвида Гроссмана (David Grossman), статистика показывает, что число египетских иммигрантов в Палестину между 1829 и 1841 годами превысило 15 000, и, по его оценкам, это число составляло не менее 23 000 и, возможно, 30 000 человек. В 1860 году произошла значительная иммиграция мавританских (то есть арабо-берберских) племен из Алжира и небольшого числа курдов в Сафед, в то время как около 6000 арабов из племени Бени Сахр иммигрировали в Палестину из нынешней Иордании, чтобы поселиться в Тверии. Кроме того, значительное количество турок были размещены в гарнизоны на территории Палестины с целью присмотра за заселенными землями.

В 1878 году, после австро-венгерской оккупации Боснии и Герцеговины, многие боснийские мусульмане, опасаясь жить под христианским правлением, эмигрировали в Османскую империю, и значительное количество которых отправилось в Палестину, где большинство из них приняло фамилию Бушнак. Иммиграция боснийских мусульман продолжалась в течение следующих десятилетий и усилилась после того, как Австро-Венгрия официально аннексировала Боснию в 1908 году. По сей день Бушнак остается распространенной фамилией среди палестинцев боснийского происхождения.

Число бедуинов, которые начали заселять регион Негев с 7-го века, значительно увеличилось во время османского правления в результате иммиграции бедуинских племен с юга и востока, а так же увеличилось число крестьян-фермеров (феллахинов) из Египта. Египетские феллахины селились в основном в районе Газы и получали защиту от бедуинов в обмен на товары. Бедуины привезли из Судана африканских рабов (абид), которые работали на них. Чтобы уменьшить трение и стабилизировать границы между бедуинскими племенами, османы основали административный центр в Беэр-Шеве примерно в 1900 году, что стало первым запланированным поселением в Негеве с набатейских и византийских времен. В начале 20-го века большая часть населения Хеврона была потомками бедуинов, мигрировавших в Палестину из Трансиордании в 15 и 16 веках.

Период подмандатной Палестины 1919-1948 гг.

По словам Роберто Баки (Roberto Bachi), главы Центрального статистического бюро Израиля с 1949 года, в период с 1922 по 1945 год чистая иммиграция арабов в Палестину составляла от 40 000 до 42 000 человек, не считая 9700 человек, которые были инкорпорированы после корректировок границ в Палестине в 1920-ых гг. Основываясь на этих цифрах, включая данные, полученные в результате изменения границ, Джозеф Мельцер (Joseph Melzer) вычисляет верхнюю границу в 8,5% для роста числа арабов за два десятилетия и интерпретирует это как означающее, что рост местной палестинской общины был вызван в основном естественным приростом.

Мартин Гилберт (Martin Gilbert) подсчитал, что 50 000 арабов иммигрировали в подмандатную Палестину из соседних земель в период с 1919 по 1939 годы, "привлеченные улучшением сельскохозяйственных условий и расширением возможностей трудоустройства, большинство из которых были созданы евреями". По словам Ицхака Гальнура (Itzhak Galnoor), хотя большая часть увеличенного количества местной арабской общины была результатом естественного прироста, иммиграция арабов в Палестину была значительной. По его оценкам, с 1922 по 1948 год в Палестину иммигрировало около 100 000 арабов.

Основываясь на статистике Еврейского агентства за 1947 год, Дебора Бернштейн (Deborah Bernstein) подсчитала, что 77% прироста количества арабского населения в Палестине в период с 1914 по 1945 год, когда арабское население увеличилось вдвое, произошло за счет естественного прироста, а 23% - за счет иммиграции. Бернштейн писала, что арабская иммиграция происходила в основном из Ливана, Сирии, Трансиордании и Египта (всех стран, граничащих с Палестиной). (Участники Википедии; Бюссоу/Büssow; Бернштейн/Bernstein; Мэрри/Merry; Коэн/Cohen)

Во время турецкого правления и вплоть до подмандатной Палестины, земля Израиля, тогда называемая Палестиной, была населена людьми разных национальностей и религий, включая евреев, христиан и мусульман. При британском правлении их всех называли палестинцами. Не было государственности, как, например, в США. Быть палестинцем — это не национальность; это означало только то, что человек жил в Палестине под властью

Великобритании или Турции во времена Османской империи. Как евреев, так и арабов называли "палестинцами". Британских мужчин, рожденных в Палестине, тоже называли "палестинцами". Это действительно не имело значения, поскольку Палестина не была нацией, и в ней не было палестинского народа, но на этой земле проживала смесь людей, независимо от правящей власти. Не было ни общей культуры, ни даже общей истории или языка, ни центральной власти "палестинской" нации. Евреи были палестинцами и арабы также были палестинцами.

В моей собственной сефардской еврейской семье, которая жила в Иерусалиме во время подмандатной Палестины, были родственники, которые имели удостоверения личности с надписью "палестинец".

На земле Израиля всегда существовала еврейская община, восходящая к временам Йешуа и завоеванию Ханаана двенадцатью коленами Израиля около 3500 лет назад.

Государственность образовалась только с созданием Государства Израиль в 1948 году. Израильская нация была сформирована вокруг центрального правительства и с общей целью, чтобы стать национальным очагом для еврейского народа, однако другие различные нееврейские жители страны должны были бы подчиниться национальной власти Израиля.

Еврейский народ, или, скорее, народ Израиля, были единственными жителями этой земли, которые, несмотря на все изгнания и завоевания различными империями, оставались в земле Ханаанской (переименованной Богом Израиля в "Израиль") со времен завоевания 3500 лет назад! Ни один араб или политически так называемый "палестинец" не имеет корней на этой земле завета. Все они мигранты из других мусульманских стран и империй разных времен, особенно периода Османской Турции, датируемого 16-20 веками.

Когда Бог Израиля побудил многих евреев из народов, где они были рассеяны, вернуться в землю Израиля, эта земля была безлюдна и опустошена - настоящее расточительство. Это никого не волновало. Фактически, турки ввели налог на деревья, заставляя людей платить налоги за каждое принадлежащее им дерево. Большинство людей рубили деревья, особенно неплодоносящие деревья, чтобы избежать налогов, превратив землю в пустынную местность. Именно в таком виде её и обнаружили еврейские первопроходцы в конце 19-го и начале 20-го веков: полной зараженных малярией болот, бесплодных скал и песчаных дюн. Не было "палестинского народа", заботившегося о земле. Так называемой "палестинской нации" не существовало. Арабских сельских жителей это не заботило, и они не были "нацией". Они представляли собой пестрое собрание представителей разных национальностей под властью Турции, а затем Великобритании. Еврейское население было очень религиозным, ультраортодоксальным и бедным, проживавшим в основном в Старом городе Иерусалима и нескольких других городах, которые зависели от благотворительности еврейских общин за пределами Палестины.

Когда пришли светские еврейские первопроходцы, они осушили болота ценой своей жизни, многие из них умерли от малярии. Они создали сельскохозяйственные фермы под названием мошав и *кибуц**. Они отвоевали древнюю землю своих предков тяжелым трудом, самопожертвованием и сельским хозяйством.

Чудо гладиолусов

Пустыня Негев на юге составляет более половины современной территории Государства Израиль. Международная комиссия рассматривала, как реализовать план раздела земли, передать ли Негев арабам или евреям. Комиссия посетила *кибуц Ревивим*, общинную ферму, основанную потом и слезами молодых еврейских первопроходцев на засушливых землях с небольшим количеством дождя и пресной воды. Там был источник солоноватых (слегка соленых) грунтовых вод, и они приспособились пить эту солоноватую воду и работать в нечеловеческих условиях, чтобы с помощью сельского хозяйства завоевать сухую, заброшенную пустыню Израиля. Тогда не было "палестинской нации", которая желала бы этой пустоши или соревновалась в попытках сделать её цветущей.

Когда международная делегация (которая позже работала с Организацией Объединенных Наций) приблизилась к *кибуцу* (общинное поселение в Израиле, обычно ферма) по грунтовой дороге под палящим солнцем пустыни, они увидели "мираж". Издалека виднелось удивительное поле, покрытое белыми гладиолусами, которое блестело на солнце и "улыбалось" изумленной делегации, приветствуя их чудом. Делегация не поверила своим глазам! Гладиолусы в этой выжженной пустоши? Невозможно! Они думали, что молодые евреи из *кибуца Ревивим*

---

* Мошавим — это тип израильского города или поселения, в частности, тип кооперативного сельскохозяйственного сообщества индивидуальных ферм, созданный лейбористскими сионистами во время второй волны алии. Кибуц - это социалистическая версия мошава, где территория контролируется правящим органом

подшучивают над ними и "делали вид, что посадили" цветы, чтобы произвести на них впечатление. Но увы! Нет! Это было по-настоящему, у цветущих растений были корни, это была плантация гладиолусов в пустыне.

Делегация была так поражена, что они решили: "Если евреи могут выращивать цветы в этой заброшенной пустыне, то пусть пустыня Негев достанется им!"

Именно так государству Израиль было выделено 50% его современной территории! *Кибуцники* (молодые еврейские первопроходцы) рассказывают, что это был единственный раз, когда на их поле цвели гладиолусы. Сегодня они выращивают отмеченные наградами оливковые деревья, производят оливковое масло и занимаются другими видами сельского хозяйства подходящего пустыне. Бог Израиля заставил расцвести гладиолус, чтобы его соцветие подарило Его народу их древнюю родину, место, где тысячи лет назад жили Авраам и Исаак.

Проклятые пески Газы

Когда первые еврейские поселенцы основали деревни Гуш-Катиф возле города Хан-Юнис в секторе Газа, местный арабский *шейх* (арабский лидер) принял их с хлебом и солью, заключил с ними завет и сказал: "Если вы, евреи, можете сделать эти проклятые пески процветающими сельским хозяйством, мы приветствуем вас!"

Жители Гуш-Катифа развили в этом месте самое превосходное, экологически чистое сельское хозяйство. Они покорили "проклятые пески" сектора Газа с большой любовью, потом, слезами, кровью, жертвами и упорным трудом. Они выращивали лучшие экологически чистые овощи в Израиле, а может и в мире. Это прекрасное развитие продолжалось до тех пор, пока они не были безжалостно выкорчеваны, чтобы удовлетворить стремление к ложному мирному договору, продвигаемому через демонически вдохновленные Соглашения в Осло. Премьер-министр Ариэль Шарон (Ariel Sharon) сдал эту землю под давлением международного сообщества наций и особенно президента США Джорджа Буша. Шарон перенес инсульт сразу после ухода евреев из Газы; он оставался без сознания в коме восемь лет и так и не поправился.

Бог судит всех, кто пытается искоренить Его еврейский народ с их земли. В то время как героев, похороненных на кладбище Гуш-Катиф, переносили на Елеонскую гору, гробы плавали в водах Нового Орлеана, смытые ужасным ураганом Катрина. В 12-ых вратах мы увидим, как ЯХВЕ судит народы в качестве возмездия за Сион.

Сегодня, вместо теплиц с экологически чистыми овощами, арабы Газы через свою правящую партию и террористическую организацию под названием ХАМАС используют бывшую землю еврейских общин для запуска сотен ракет, зажигательных шаров и воздушных змеев, чтобы нанести вред Израилю и уничтожить его. ХАМАС прорывал адские туннели к еврейским детским садам и общинным фермам, чтобы убивать детей и невинных мирных жителей. Тысячи еврейских детей выросли в бомбоубежищах, и тысячи еврейских мирных жителей неоднократно подвергались контузиям.

В 2015 году исполнилась 10-летняя годовщина двух крупных событий, произошедших примерно в одно время: годовщина вывода израильских поселений из сектора Газа и урагана Катрина. На первый взгляд кажется, что эти два события не имеют отношения друг к другу. Однако дальнейшее изучение показывает поразительную божественную связь.

Следующая статья, написанная в 2015 году, взята из газеты Israel Breaking News.

Начиная с 15 августа 2005 года, израильское правительство, возглавляемое тогдашним премьер-министром Ариэлем Шароном, приступило к осуществлению плана по ликвидации всех еврейских общин в Газе и передаче территории палестинцам. Более 10 000 израильтян были переселены из-за политического давления со стороны правительства США. Одностороннее размежевание не сопровождалось никакими мирными соглашениями. С тех пор сектор Газа превратился в **очаг террористической активности**, и за последние 10 лет еврейскому государству угрожали тысячи ракет.

Ураган Катрина, несомненно, был одним из самых страшных стихийных бедствий, когда-либо обрушившихся на США. Через восемь дней после начала выхода из Гуш-Катифа, 23 августа 2005 года на побережье Мексиканского залива обрушился ураган 5-й категории, в результате чего был нанесен ущерб на сумму более 108 миллиардов долларов и погибло 1833 человека. Приблизительно 1,3 миллиона человек были перемещены в результате наводнения, и многие районы, в том числе части Нового Орлеана, до сих пор не восстановлены до их былого состояния.

Как и те, кто пострадал от урагана, большинство изгнанных **семей Гуш-Катифа** не оправились ни эмоционально, ни финансово после созданной руками политиков катастрофы. Многие по-прежнему остаются без постоянного жилья, обещанного правительством, а из-за высокого уровня безработицы семьи Гуш-Катифа живут в бедности. (Берковиц/Berkowitz)

"Ибо вот, в те дни и в то самое время, когда Я возвращу плен Иуды и Иерусалима, Я соберу все народы, и приведу их в долину Иосафата, и там произведу над ними суд за народ Мой и за наследие Моё, Израиля, который они рассеяли между народами, и землю Мою разделили. И о народе Моем они бросали жребий, и отдавали отрока за блудницу, и продавали отроковицу за вино, и пили.

— Иоиль 3:1-3

Любой "план перемирия", который пытался разделить землю завета и изгнать ее еврейских граждан с этой земли, потерпел неудачу перед лицом суда. Это решение является причиной того, что печально известные Соглашения в Осло прекратили действовать.

2 ноября 1917 г.

Уважаемый лорд Ротшильд,

Имею честь передать Вам от имени правительства Его Величества следующую декларацию, в которой выражается сочувствие сионистским устремлениям евреев, представленную на рассмотрение кабинета министров и им одобренную:

"Правительство Его Величества с одобрением рассматривает вопрос о создании в Палестине национального очага для еврейского народа и приложит все усилия для содействия достижению этой цели; при этом ясно подразумевается, что не должно производиться никаких действий, которые могли бы нарушить гражданские и религиозные права существующих нееврейских общин в Палестине или же права и политический статус, которыми пользуются евреи в любой другой стране".

Я был бы весьма признателен Вам, если бы Вы довели эту Декларацию до сведения Сионистской федерации.

Искренне Ваш,

Артур Джеймс Бальфур (Текст Декларации Бальфура)

Нарушенное обещание и создание Иордании

Государство Иордания никогда не существовало до британского мандата над Палестиной. Великобритания создала это искусственное государство на более чем 70% территории, которая тогда называлась Палестиной и которая, согласно Декларации Бальфура (см. выше), считалась "еврейским национальным очагом". Великобритания нарушила свое обещание и основала на Ближнем Востоке страну, которую они вооружили и которую они могли контролировать в своих целях. Большая часть Иордании расположена на библейской земле, отведенной колену Рувимову, Гадову и полуколену Манассиевому. (Иисус Навин 13 и 14).

Британское правление заменило турецкое правление в Трансиордании. Мандат, подтвержденный Лигой Наций в июле 1922 года, предоставил британцам практически полную свободу действий в управлении территорией. <u>Однако в сентябре создание "еврейского национального очага" было прямо исключено из положений мандата, и они дали понять, что этот район также будет закрыт для</u>

еврейской иммиграции. On 25 мая 1923 года британцы признали независимость Трансиордании под властью эмира Абдуллы, но, как указано в договоре и конституции 1928 года, финансовые, военные и международные дела оставались в руках британского "резидента". Наконец, они достигли полной независимости после Второй мировой войны по договору, заключенному в Лондоне 22 марта 1946 года, и впоследствии Абдулла провозгласил себя королем. Была промульгирована (объявлена) новая конституция, а в 1949 году название государства было изменено на Иорданское Хашимитское Королевство.

Все межвоенные годы Абдулла зависел от финансовой поддержки Великобритании. Британцы также помогли ему сформировать элитный отряд под названием "Арабский легион", состоящий из бедуинских войск под командованием и обучением британских офицеров, которые использовались для поддержания и обеспечения лояльности бедуинских подданных Абдуллы. 15 мая 1948 года, на следующий день после того, как Еврейское агентство провозгласило независимое Государство Израиль и сразу после ухода британцев из Палестины, Трансиордания присоединилась к своим арабским соседям в первой арабо-израильской войне. (Британская энциклопедия; Бикертон/Bickerton и Ирвин/Irvine)

Британцы не только незаконно создали Иорданию, но и помогли финансировать и обучать ее армию, известную как Арабский легион, которая впоследствии злобно атаковала формирующееся новое Государство Израиль в 1948 году.

Заброшенность земель

После того, как арабские страны отвергли план Организации Объединенных Наций от 29 ноября 1947 года по разделу Палестины на арабское и еврейское государство, они призвали арабских жителей Палестины покинуть свои земли.

Арабские лидеры говорили: "Евреи создадут свое государство и убьют вас всех, так что *бегите!* Вы победоносно вернетесь, когда наши армии победят сионистское государство."

> Они думали, что у немощных евреев, переживших Холокост, без гроша и без организованной армии, не будет ни единого шанса против всех окружающих их арабских народов. Как они ошибались! С тех пор Израиль побеждал во всех войнах, в которых на неё нападали армии его арабских соседей. Если бы Бог Израиля не был с Израилем, она бы никогда не выжила!
>
> Песнь восхождения Давида. "Если бы Адонай был не на нашей стороне, – да скажет Израиль, — если бы Адонай был не на нашей стороне, когда напали на нас люди, то они поглотили бы нас живьем, когда их гнев разгорелся на нас". Тогда потопили бы нас воды, поток пронесся бы над нами; бурные воды прошли бы над душой нашей. Благословлен Адонай, Который не отдал нас добычей в их зубы. Наша душа избавилась, как птица из сети ловца: сеть порвана, и мы избавились. Помощь наша – в имени Адоная, сотворившего небо и землю.
>
> — Псалтирь 123:1–8

Конечно, войны всегда приносят жертвы, и зверства иногда могут совершать обе стороны. Однако на самом деле Израиль не намеревался намеренно изгнать 700 000 арабов, которые бежали, отказываясь от своих земель из-за страха, движимого слухами и пропагандистскими обещаниями, данными их собственными лидерами.

Ниже приведена цитата из статьи в газете The Guardian.

Арабы приказали или посоветовали гораздо большей части из 700 000 арабских беженцев покинуть свои дома, чем я отмечал ранее. Из новой документации ясно, что палестинское руководство в принципе выступало против бегства арабов с декабря 1947 года по апрель 1948 года, одновременно поощряя или приказывая большому количеству деревень отослать своих женщин, детей и стариков от греха подальше. Целым деревням, особенно на взморье, где преобладали евреи, также было приказано эвакуироваться. Нет сомнений в том, что уход иждивенцев снизил моральный дух оставшихся мужчин и подготовил почву для их возможного ухода.

Если смотреть на всю ситуацию в целом, невозможно избежать простого аргумента арабов: "Нет сионизма - нет проблемы палестинских беженцев". Однако принятие такого лозунга означало бы принятие точки зрения, которая гласит, что еврейское государство не должно было быть создано в Палестине (или, предположительно, где-либо еще). Нельзя также избежать стандартного сионистского контраргумента: "Нет войны - нет проблемы палестинских беженцев", что означает, что проблема была создана не сионистами, а самими арабами и проистекает непосредственно из их жестокого нападения на Израиль. <u>Если бы палестинцы и арабские государства воздержались от развязывания войны с целью уничтожения зарождающегося еврейского государства, не</u>

было бы нужды в бегстве, и беженцев бы не было сегодня. (Моррис/Morris)

Иордания/Палестина

Жители арабских деревень бежали в Иорданию, и включая в те места, которые они называли "Западным берегом", сектором Газа и другими арабскими территориями, по приказу их собственных лидеров. Палестинской нации никогда не существовало! Это были арабы разных национальностей, такие как иракцы, турки, египтяне, ливанцы и им подобные. Они жили в Палестине со времен турецкого и британского правления, но были верны арабским кланам и национальностям, из которых они произошли. Таким образом, они послушались своих лидеров и *покинули* недавно возникшее государство Израиль. Они в *панике* отказались от своих земель и домов и поверили обещанию своих лидеров, что они победоносно вернутся. Хотя это обещание никогда не могло быть выполнено, поскольку арабские страны проиграли Войну за независимость, которую они начали что бы разрушить вновь возникшее Государство Израиль в 1948 году.

Ответственность арабских народов

С начала израильско-палестинского мирного процесса в начале 1990-х годов палестинское руководство потребовало, чтобы Израиль как принял на себя ответственность за создание проблемы беженцев, так и признал "право на возвращение" беженцев в том виде, как оно закреплено в 194 резолюции Генеральной Ассамблеи ООН от декабря 1948 года. С июня по август 1948 года кабинет министров Израиля одобрил политику запрета на возвращение, утверждая, что массовое возвращение тех, кто боролся за разрушение еврейского государства, станет смертельной угрозой для существования государства.

Этот аргумент также актуален сегодня, как и в 1948 году. Сегодня в Израиле проживает 5 миллионов евреев и более 1-го миллиона арабов. От 3,5 до 4 миллионов палестинских беженцев - число, указанное в переписи населения ООН, были бы вынуждены немедленно вернуться на территорию Израиля. Результатом этого возвращения станет повсеместная анархия и насилие. Даже если бы возврат был распределен на несколько лет или даже десятилетий, конечный результат, учитывая гораздо более высокую рождаемость арабов, был бы таким же: постепенно это привело бы к превращению страны в государство с арабским большинством, из которого (оставшиеся) евреи будут постоянно эмигрировать. Хотели бы евреи жить как граждане второго сорта в авторитарном государстве с преобладанием мусульман и арабов? Это также относится к идее замены Израиля и оккупированных территорий одним унитарным двунациональным государством - решению, о котором трубили некоторые слепые или лицемерные западные интеллектуалы. (Моррис/Morris)

Эти беженцы и их потомки не имеют права на возвращение. Они отказались от своих деревень. В основном, за некоторыми исключениями, Израиль их не изгонял. Их арабские правительства поддерживают их как беженцев, разыгрывая собственный народ как "политическую карту". Вдобавок к этому, более 70% земли, обещанной в Декларации Бальфура еврейскому народу в качестве родины, называемой Палестиной во время британского мандата, сегодня называется Иорданией. Если "палестинцы" настаивают на "возвращении Палестины" или возвращении в "Палестину", Иордания - их место. Арабские народы сами несут ответственность за все беды своего народа, и они достаточно долго играют в эту политическую игру. Они встали на сторону "Дитя Гитлера", и теперь их судит ЯХВЕ, Бог Израиля. Он судит Сирию, Ливан, Египет и Иорданию. То, что они назвали "арабской весной", превратилось в арабский кошмар смерти, бедности и беженцев.

Израиль всегда помогает первой, даже своим врагам

> Вы слышали, что сказано: "Люби ближнего твоего и ненавидь врага твоего". А Я говорю вам: Любите врагов ваших, благословляйте проклинающих вас, благотворите ненавидящим вас и молитесь за обижающих вас и гонящих вас да будете сынами Отца вашего Небесного, ибо Он повелевает солнцу Своему восходить над злыми и добрыми и посылает дождь на праведных и неправедных.
>
> — ОТ МАТФЕЯ 5:43–45

Несмотря на всю ненависть врагов к ней, Израиль продолжает оказывать помощь раненым из всех стран вдоль своих границ, включая Ливан, Сирию, Газу и Иорданию.

Пойдите, расскажите об этом Организации Объединенных Наций, которая постоянно осуждает Израиль, вместо того, чтобы осуждать арабские страны, которые убивают, вредят и злоупотребляют своим собственным народом.

Семь раненых - двое детей, четыре женщины и мужчина с болью ждали наступления темноты, что бы они смогли перейти на вражескую территорию. Под слабым лунным светом израильская военно-медицинская служба быстро переправила пациентов через враждебную границу в бронированные машины скорой помощи, направлявшиеся в больницы для реанимации.

Такие эпизоды повторялись с 2013 года, когда израильские военные начали оказывать помощь сирийским мирным жителям, раненым в боях всего в нескольких милях от них. Израиль заявляет, что без привлечения особого внимания вылечил 3000 пациентов - число, которое, как ожидается, быстро вырастет, поскольку боевые действия в соседней Сирии накаляются в результате химической атаки и, как ответ на это преступление, беспрецедентного ракетного удара США.

Хотя эти цифры составляют лишь крошечную долю от сотен тысяч убитых и раненых в ходе шестилетней сирийской войны, и врачи, и пациенты говорят, что эта программа изменила восприятие и помогла ослабить напряженность на враждебной границе. (Макнил/McNeil)

Израиль - первая страна, которая откликнулась и оказала помощь странам, которые противостоят ей и голосуют против нее в Организации Объединенных Наций.

Группа специалистов по оказанию первой помощи после разрушительного землетрясения на Гаити; десятилетия гуманитарной помощи и наращивания потенциала в Африке; экстренная медицинская помощь и переводы в сектор Газа: правительство Израиля и его народ демонстрируют образцовые уровни гуманитарной помощи как на международном, так и на местном уровне.

Даже после многих лет провокаций, ракетных обстрелов и бомбардировок Израиль бросает вызов террористическим организациям и работает над поддержанием высочайших стандартов помощи и поддержки мирным жителям во всем мире, будь то в Азии, Африке, Европе, Ираке или на Западном берегу и в секторе Газа.

У Израиля повышенное чувство гуманитарной осведомленности и ответственности. С группами помощи, готовыми к реагированию на стихийные бедствия или антропогенные катастрофы в любой точке мира, команда из 200 человек первой прибыла на место происшествия в январе 2010 года после землетрясения на Гаити. Израиль помог спасти тысячи жизней. В марте 2011 года, после разрушительных землетрясений в Японии, Израиль был одной из первых стран, которые направили помощь в соответствии с потребностями и запросами правительства Японии, и одним из первых государств, которые отправили медицинскую бригаду и открыли полевую клинику.

В силу трагических обстоятельств Израиль является мировым лидером в борьбе с массовой гибелью населения. Ни одна другая страна не может направлять поисково-спасательные отряды и полевые госпитали так быстро и эффективно.

Израильские усилия также включают оказание помощи Новому Орлеану после урагана Катрина и оказание первой помощи после цунами 2004 года с 60 тоннами международной помощи Индонезии и 82 тоннами помощи только Шри-Ланке, не учитывая остальное. (Министерство иностранных дел Израиля)

Израиль — это благословление для народов

Американо-израильский комитет по общественным связям (АИКОС/AIPAC) пишет следующее.

> **Израильские технологии развивают ключевые методы ведения сельского хозяйства**
>
> Поскольку Израиль на 60 процентов представляет собой пустыню, его фермеры и ученые-агрономы уже давно сосредоточены на увеличении урожайности и качества сельскохозяйственных культур, а также на повышении эффективности сельского хозяйства в целом.
>
> Капельное орошение стало популярным среди производителей фруктов и овощей в регионах с засушливой погодой, от Южной Калифорнии до Ближнего Востока. Первая в мире система поверхностного капельного орошения была разработана в 1960-х годах в кибуце Хацерим недалеко от Беэр-Шевы.
>
> **Израильские врачи разработали спасающие жизнь методы лечения и лекарства**
>
> На протяжении всей истории Израиля израильские врачи, ученые и исследователи добились бесчисленных медицинских достижений. Независимо от того, были ли они достигнуты в результате независимых исследований или совместных проектов с Соединенными Штатами,

медицинские открытия, сделанные еврейским государством, улучшают жизнь миллионов американцев и других людей по всему миру.

Израильские высокотехнологичные разработки используются во всем мире

Высокотехнологичные инновации Израиля в гражданском секторе оставили важный след в домах, офисах и предприятиях по всему миру.

Во многих офисах теперь есть компьютеризированные телефоны, которые подключаются к Интернету, используя преимущества передачи голоса по Интернет-протоколу, или VoIP. VocalTec Communications из Герцлии, Израиль, разработала первое программное обеспечение для Интернет-телефонов. Точно так же тем, кто любит чатиться с друзьями через Интернет, может быть интересно узнать, что это онлайн-явление зародилось в Израиле. Хотя технология теперь принадлежит AOL, израильская компания Mirabilis разработала первую популярную интернет-чат программу — ICQ.

Каждый день миллионы американцев смотрят потоковое онлайн-видео в развлекательных или образовательных целях. Metacafe, третий по популярности веб-сайт для обмена видео, был основан в Израиле. Точно так же технически подкованные американцы старше 30 помнят оригинальный персональный компьютер IBM начала 1980-х годов. Они могут не знать, что его мозг, процессор Intel 8088, был разработан израильским подразделением Intel. Совсем недавно Intel Israel разработала серию процессоров Pentium

M для портативных компьютеров, использующих платформу Intel Centrino, а также некоторые из последних процессоров Intel (Yonah, Merom, Woodcrest). Кроме того, электронная книга компании Amazon — Kindle, во многом обязан своим успехом технологиям, разработанным в Израиле.

Израиль вносит свой вклад в очищение окружающей среды

В эпоху быстрого роста населения, сокращения ресурсов и деградации окружающей среды Израиль лидирует в таких важнейших областях, как производство солнечной энергии и опреснение морской воды. В то время как страны пытаются наилучшим образом использовать свои ресурсы, передовые израильские технологии обещают улучшить здоровье и уровень жизни сотен миллионов людей во всем мире, одновременно повышая эффективность промышленности и сводя к минимуму воздействие человеческой деятельности на окружающую среду.

План Израиля по избавлению от бензиновой зависимости обеспечивает структуру и предсказуемость рынка, сочетая долгосрочную приверженность государственного сектора со стабильностью регулирования, чтобы послать четкий сигнал о том, что инновации будут иметь место в Израиле. Благодаря инвестициям в фундаментальную науку и промышленные НИОКР (R&D), а также запуску пилотных программ и полномасштабному внедрению перспективных технологий Израиль лидирует в решении одной из самых острых проблем безопасности нашего времени. В стране с населением менее 8 миллионов человек, Израиль не может в одиночку положить конец глобальной монополии на бензин или положить конец зависимости Запада от враждебных нефтяных режимов. Однако вместе с международными партнерами Израиль может служить генератором интеллектуальной собственности и испытательной площадкой для инновационных решений, бросая вызов экономической уязвимости и уязвимости безопасности, с которой Соединенные Штаты и Израиль сталкиваются из-за зависимости от бензина.

Израиль также поставил национальную цель в соответствии с Копенгагенским соглашением увеличить свою долю возобновляемых источников энергии в производстве электроэнергии до 10 процентов к 2020 году. В тот же период Израиль планирует сократить потребление электроэнергии на 20 процентов. (Редакторы Aipac.org)

Для меня было бы невозможно перечислить все израильские инновационные разработки и медицинские открытия, которые улучшили жизнь каждого человека на планете Земля. И все же, несмотря на это, Организация Объединенных Наций осуждает Израиль больше, чем любую другую страну, игнорируя тот факт, что Израиль помогает народам больше, чем любая другая страна, несмотря на ее небольшие размеры.

Атиква - Государственный гимн Израиля

Пока ещё внутри сердца,

    Тоскует еврейская душа,

И на Восток, вперёд,

    На Сион устремлён взгляд, —

Ещё не пропала наша надежда,

    Надежда, которой две тысячи лет:

Быть свободным народом на нашей земле,

    Земле Сиона и Иерусалима.

Молитва покаяния за враждебное отношение к Израилю

Дорогой Отец Небесный, я прихожу к Тебе сегодня в глубоком покаянии за себя, своих предков и людей, которых я представляю и ради которых стою в проломе. Я прошу Тебя простить нас за обиду на Сион, будь то легкомысленное отношение к Израилю или проклятие его. Я раскаиваюсь от упрямых уст, сердца и разума, и прошу вас поставить Израиль во главе веселия моего (Псалтирь 136:6). Я обязуюсь благословить ее, поскольку благословляющие ее становятся благословенными, а те, кто злословит ее, становятся проклятыми. Во имя Йешуа, Аминь!

Для дальнейшего чтения рекомендую мою книгу Stormy Weather (Штормовая погода)*".

---

* www.kad-esh.org/shop/stormy-weather/

ДВЕНАДЦАТЫЕ ВРАТА

СУД НАД НАРОДАМИ

> Я благословлю благословляющих тебя, и злословящих тебя прокляну, и благословятся в тебе все племена земные.
>
> — БЫТИЕ 12:3

Есть лишь один ключ, который "движет миром", и я называю его *ключом Авраама*. Он определяет проклятие или благословение для каждой страны, режима, империи и народа. Бог Израиля сделал истину этого ключа основой для Своих отношений со целыми нациями, народами и отдельными людьми.

Я объясняла значение этого ключа ранее, но повторю его в этой главе, чтобы освежить наши воспоминания.

Теперь давайте изучим этот отрывок на иврите:

Словом благословения является браха. Слово браха образованное от слова лебарех означает, "провозглашать кому-либо слово жизни, добра, милости, здоровья, успеха и благополучия." В этом благословении есть много замечательных и позитивных событий и возможностей, которые принесут большую радость, счастье, целостность, процветание, величие, изобилие, плодородие и исполнение. (Второзаконие 28:1-14).

Однако это слово происходит от слова берех, что на иврите означает "колено". Так что позвольте мне перефразировать вам этот стих:

"Я (Бог Израилев) преклоню Мое царственное колено, чтобы приободрить и поддержать тех, кто преклоняет колени, и смиряет себя, чтобы почтить, говорить хорошо о народе Израилевом, защищать и делать добро Моему народу Израилевому" (Бытие 12:3а).

ЯХВЕ Саваоф, Господь Воинств, Бог Вселенной, Создатель небес и земли обязал Себя, Своим непоколебимым и неизменным словом преклонить Свое царственное колено, чтобы благословлять, благоволить и возвышать тех, кто смиряет себя, и преклоняет свои колени, чтобы превозносить и прославлять Израиль! Однако, если они этого не сделают, Он в равной степени обязуется проклясть их.

"И злословящих тебя прокляну…"

— Бытие 12:3б

В этом стихе на иврите используются два термина для слова проклятие, один из них - *клала*, а другой - *меэра*. *Клала* происходит от слова кал, что означает "легкий" (противоположный тяжелому). Это проклятие относится к тем, кто легкомысленно относится к Израилю и евреям, не почитает и не уважает их как Его избранных. Бог использует то же слово для тех, кто проклинает своего отца или мать:

> Кто злословит отца своего или свою мать, того должно предать смерти.
>
> — Исход 21:17

Те, кто не уважают своих родителей, умрут! Относиться к родителям легкомысленно, насмехаться над ними, не слушать их наставления или неуважительно относиться к ним, все это приносит в жизнь зло. Бог сравнивает Израиль с родителем, а точнее матерью, матерью народов. Он призывает народы почитать ее как мать. Бог повелевает нам чтить своих родителей даже в их несовершенстве: от этого зависит наша жизнь.

> **Почитай отца твоего и матерь твою, как повелел тебе Адонай, чтобы продлились дни твои, и чтобы хорошо тебе было на той земле, которую Адонай, Бог твой, даёт тебе.**
>
> — **Второзаконие 5:16**

Если мы не будем смиренны, дабы почтить своих родителей даже в их несовершенстве, это не пойдет нам на пользу. Когда мы относимся к ним легкомысленно (*кал-клала*), происходит проклятие или разрушение, то есть меэра, Всевышний считает Израиль матерью народов. Она принесла человечеству Библию, Мессию и Евангелие. Без Израиля не было бы спасения ни для одного народа, точно так же, как без вашей естественной биологической матери вы не могли бы родиться. Одного этого достаточно, чтобы заставить вас уважать и быть благодарными за свою мать, даже в ее несовершенстве. Она дала вам жизнь! Израиль дала жизнь всем народам. Мессия - еврей, а спасение – от иудеев.

> **Вы не знаете, чему кланяетесь, а мы знаем, чему кланяемся, ибо спасение – от иудеев.**
>
> — От Иоанна 4:22

Вспомните, Меэра означает "объявить словесный указ об уничтожении кого-либо". За ним следует множество злых событий, которые принесут мучение, бедствие, горе, болезни, замешательство, потери, лишения, банкротства, одиночество, раздор, отвержение, тщетность, ужас, саморазрушение и полное истребление. (Второзаконие 28:14-68)

Суд стучится в двери каждого народа, который встает на сторону Палестинского вопроса, чтобы уничтожить Израиль, стремясь стереть имя Израиля, чтобы не вспоминалось более имя Израиля. Вся небиблейская политкорректность была и будет наказана Всемогущим. Он спешит сдержать Свое слово после 2000 лет изгнания, чтобы восстановить всю землю, обещанную заветом Аврааму, Исааку и Иакову. И эта земля охватывает всю территорию от реки Нил в Египте до реки Евфрат в Ираке.

Каждый план, в котором решение предусматривает сосуществование двух государств, терпел неудачу. Соглашения в Осло на данный момент не имеют силы, те самые соглашения, которые почти двадцать лет пытались разделить землю Божью. Организация Объединенных Наций уже представила концепцию раздела земли на два государства 29 ноября 1947 года. Это был очень неблагоприятный план для евреев, которым был выделен всего лишь кусочек земли, и все же евреи приняли план, в то время как арабы отклонили его, несмотря на то, что план был ангажирован в их пользу. Арабы не заинтересованы в каком-либо мире. Он не интересовал их в 1948 году, они не заинтересованы и сегодня - они приняли план сатаны по уничтожению Израиля.

Вот серьезное предупреждение о суде над этим нечестивом замыслом в Писании:

> Так говорит Господь обо всех злых Моих соседях, нападающих на удел, который Я дал в наследие народу Моему, Израилю: вот, Я исторгну их из земли их и дом Иудин исторгну из среды их.
>
> — Иеремия 12:14

И Организации Объединенных Наций и всем тем, кто согласен с осуждением Израиля денно и нощно, Он говорит это:

> Боже! Не премолчи, не безмолвствуй и не оставайся в покое, Боже, ибо вот, враги Твои шумят, и ненавидящие Тебя подняли голову; против народа Твоего составили коварный умысел и совещаются против хранимых Тобою; сказали: "пойдем и истребим их из народов, чтобы не вспоминалось более имя Израиля".
>
> — Псалтирь 82:2-5

Он не молчит и не будет молчать. Корреспондент Белого дома Уильям Кениг (William Koenig) резюмирует это в своей просветительской книге Eye to Eye ("С глазу на глаз"), расширенное издание 2017 года.

Произошли рекордные катастрофы и/или события на сумму более ста миллиардов долларов, в то время, когда президенты США Джордж Буш — старший, Билл Клинтон, Джордж

Буш — младший, Барак Обама и Дональд Трамп оказывали давление на Израиль или призывали её разделить землю своего завета.

Самые дорогостоящие страховые случаи, самые дорогостоящие ураганы, крупнейшие всплески торнадо, "Идеальный шторм", террористические события 11 сентября и ураган Катрина соответствовали давлению Белого дома на Израиль с целью раздела их земель.

- США, ООН и ЕС не имеют права делить Божию землю завета.
- Называть израильско-палестинские переговоры "мирными переговорами на Ближнем Востоке" — это ложный нарратив.
- Евреи имеют трехтысячелетнюю историю с Иерусалимом, а христиане имеют двухтысячелетнюю историю.
- Библейское сердце Израиля - Иудея, Самария и Восточный Иерусалим - не должно быть частью арабского государства.
- Библия заявляет, что Иерусалим станет неподъемным камнем, и усилия по разделению города и земли приведут к Армагеддону, решающей битве за Иерусалим.
- Бог Израиля будет продолжать упрекать этих лидеров и их народы за попытки разделить Его землю! (Уильям/William)

Одним из главных определяющих событий для США стал переезд посольства из Тель-Авива в столицу Израиля, Иерусалим. Многие президенты до Дональда Трампа обещали совершить этот шаг с тех пор, как он был принят в качестве резолюции в Палате представителей в 1960-х годах. Однако каждый президент регулярно откладывал переезд и оставлял посольство США в Тель-Авиве. Можете ли вы представить себе презрение и неуважение, которые испытали бы американцы, если бы все страны мира имели свои посольства в Нью-Йорке, а не в Вашингтоне? Это было бы полным неуважением к США как суверенной нации! Так было до 14 мая 2018 года, когда все страны мира имели свои посольства в Тель-Авиве, хотя Иерусалим был официальной столицей Израиля с 1950 года, а фактически со времен правления царя Давида 3000 лет назад. Израильтяне и американцы отметили этот важный шаг, а израильтяне провозгласили президента Трампа героем на транспарантах, вывешенных на улицах и стенах Иерусалима. США поступили правильно, наконец, Дональд Трамп стал первым президентом, совершившим этот шаг. Несколько других стран последовали примеру Трампа, в то время как другие показали, что они последуют позже.

Однако наиболее показательная вещь произошла до того, как Дональд Трамп решил выполнить свое предвыборное обещание перенести посольство. Трамп, как и все президенты до него, казалось, затормозил и отложил этот шаг. Американский народ избрал его в ноябре 2016 года, и ему потребовалось почти два года, чтобы сдержать свое слово.

Ураган Ирма, Сентябрь 2017

В то время мы были в Сент-Огастине, Флорида, и до самой последней минуты молились и вели трансляцию через Интернет. Как еврейский израильский апостол этой нации, я стояла в проломе, прося у Бога Израиля прощения от имени президента Трампа за то, что переезд посольства США в Иерусалим было замедлено его предшественниками. Я знала, что этот шаг был самым важным фактором благополучия Америки, согласно ключу Авраама (Бытие 12: 3). Губернатор Рик Скотт (Rick Scott) приказал всем эвакуироваться. Я не забуду его слова:

"Ирма может разрушить весь штат Флорида. Правительство не может вам помочь, вы должны спасаться бегством."

Ирма должна была разрушить весь штат Флорида, но я попросила Отца дать президенту Трампу еще один шанс сделать то, что правильно, и переместить посольство. Во время нашего молитвенного собрания, которое транслировалось в Интернете, ураган превратился в тропический шторм. 11 сентября, в годовщину 9/11, Бог снизил мощность урагана до шторма 1-ой категории.

Я никогда не забуду метеорологов, которые восклицали: "Это невероятно, Тампа должна была исчезнуть под наводнением, но вода отступает..." (наш сын и внуки живут в Тампе) или "Это невероятно, Ирма перешла из 4-ой категории в 3-ю, и теперь это тропический шторм" ... "Мы не понимаем, как это произошло!"

Это сбивало людей с толку, специалисты по погоде были сбиты с толку и шокированы. Я не была. <u>Бог Израиля еще раз ответил на наши молитвы и дал президенту Трампу время, чтобы сделать то, что правильно, и переместить посольство в Иерусалим.</u>

На следующий день после урагана я вышла на балкон нашей квартиры и увидела паука, пережившего ураган. Дух Святой сразу же дал мне тему для написания книги, которая предупредила бы президента Трампа, под названием *The Spider that Survived Hurricane Irma* — "Паук, переживший ураган Ирма".

Это было предупреждением о необходимости как можно скорее переместить посольство США в Иерусалим.

Я позвала своего мужа и попросила его убрать паука и паутину, и менее чем через полминуты он опрыскал ее, и паук погиб. Флорида была похожа на этого паука: мы пережили ураган Ирма, но если США не сделают то, что правильно в отношении Израиля, мы могли бы исчезнуть так же быстро.

Ураган Ирма был самым мощным атлантическим ураганом в истории человечества. Это был шторм 5-й категории, когда он обрушился на Барбуду 6-го сентября 2017 года. Его скорость ветра составляла 185 миль в час (~300 км/ч) в течение 37 часов. Неофициальный порыв ветра был зарегистрирован на скорости 199 миль в час (~320 км/ч). Эти ветры простирались на 50 миль от центра урагана.

Тропический штормовой ветер простирался на 185 миль от центра урагана. Его прибрежные штормовые нагоны были на 20 футов (~6 метров) выше обычного уровня прилива. Сила урагана поддерживалась температурой океана, которая была выше средней, 86 градусов по Фаренгейту (30°C). Температура океана поднимается из-за глобального потепления.

Ураган Ирма высвободил 7 триллионов ватт энергии. Это вдвое больше, чем у всех бомб, использованных во Второй мировой войне. Сила урагана была настолько мощной, что ее зафиксировали даже сейсмометры. Ураган произвел наибольшее количество циклонической накопленной энергии (ACE) за 24 часа.

Наступление Ирмы было первым случаем за 100 лет, когда два шторма категории 4 или более обрушились на материковую часть США в один и тот же год. Ураган Харви опустошил Хьюстон 25 августа 2017 г.

Хронология

Президент Трамп объявил чрезвычайные ситуации во Флориде, Пуэрто-Рико и на Виргинских островах (США). 6 сентября губернатор Флориды приказал жителям архипелага Флорида-Кис эвакуироваться.

- **6 сентября** 2017 г.: Ирма прошла над Подветренными островами со скоростью ветра более 180 миль в час (~290 км/ч). Премьер-министр Антигуа и Барбуды охарактеризовал Барбуду как "едва пригодную для жизни".
- **7 сентября:** Ирма оставила без электричества сотни людей в Пуэрто-Рико. В северной части Гаити и Доминиканской республике выпало 15 дюймов (~38 см) дождя.
- **8 сентября:** Ирма оставалась ураганом 5-й категории, скорость ветра составляла 175 миль в час. Ураган затронул острова Теркс и Кайкос и восточные Багамы. Шторм прошел над водами теплее 86 градусов по Фаренгейту (30°C). Правительство Барбуды выпустило

предупреждение об урагане Хосе.

- **9 сентября:** Ирма затронула северное побережье Кубы, затопив Гавану. Скорость ветра составляла примерно 150 миль в час (~140 км/ч), а волны достигали высоты до 36 футов (~11 метров). Порывы ветра со скоростью 55 миль в час обрушились на юго-восток Флориды. Шторм был понижен до 3-й категории, но предполагалось, что он восстановит силу до того, как обрушится на Флориду.

- **10 сентября:** Ирма была повышена до 4-й категории. Она прошла над Куджо-Ки, в 20 милях к северу от Ки-Уэста, а затем над Нейплс. Центр урагана не прошел над Майами, но на город по-прежнему обрушивались опасные ветра. На Флорида-Кис выпало около 12 дюймов дождя и на побережье был 10-футовый штормовой нагон. Осадки в среднем составляли от 10 до 15 дюймов.

- **11 сентября:** Ураган Ирма ослаб до 1-й категории, когда он направлялся в Тампу. Двенадцать миллионов человек остались без электричества. Уровень урагана был понижен до тропического шторма, когда он обрушился на Джорджию. 1,5 миллиона человек там остались без электричества. Государство приказало людям начать эвакуацию 9 сентября.

Число погибших в урагане Ирма составило 129 человек. Власти Флориды приказали эвакуировать 6,5 миллиона человек. В 450 убежищах находилось 77000 человек. (Амадео/Amadeo)

После того, как ураган Ирма пригрозил стереть Флориду с лица земли, США переместили посольство в Иерусалим. Три месяца спустя, 6-го декабря 2017 г., то, что с 1960-х гг. было бесконечным промедлением и задержкой, наконец, закончилось.

6 декабря 2017 года президент США Дональд Трамп объявил о *признании Соединенными Штатами Иерусалима столицей Израиля* и распорядился о планировании переезда посольства США в Израиле из Тель-Авива в Иерусалим. Биньямин Нетаньяху, премьер-министр Израиля, приветствовал это решение и высоко оценил это заявление. 8 декабря госсекретарь США Рекс Тиллерсон пояснил, что заявление президента "не указывает на окончательный статус Иерусалима" и "очень ясно показывает, что окончательный статус, включая границы, будет оставлен на усмотрение обеих сторон для переговоров и принятия решений."

Большинство мировых лидеров отвергли решение Трампа признать Иерусалим столицей Израиля. 7 декабря Совет Безопасности ООН провел экстренное заседание, на котором 14 из 15 членов осудили решение Трампа, но США наложили вето на эту инициативу. (Fassihi)

Великобритания, Франция, Швеция, Италия и Япония были среди стран, раскритиковавших решение Трампа на экстренном заседании. Другие страны поддержали этот шаг: Гватемала заявила, что последует за ними, а также перенесет свое посольство; Парагвай, Чешская Республика, Румыния и Гондурас заявили, что рассматривают возможность переноса. Глава внешнеполитического ведомства Европейского союза Федерика Могерини заявила, что все правительства стран-членов ЕС едины в вопросе Иерусалима, и подтвердила свою приверженность Государству Палестина со столицей в Восточном Иерусалиме. На открытии посольства присутствовали представители 32 стран, включая членов ЕС Австрии, Чехии и Румынии. (Санду/Sandhu)

Всем тем, кто выступает против плана ЯХВЕ по восстановлению избранного им еврейского народа на Его земле, посмотрите, что Он говорит в Священном Писании:

Боже мой! Да будут они, как пыль в вихре, как солома перед ветром. Как огонь сжигает лес, и как пламя опаляет горы, <u>так погони их бурею Твоею и вихрем Твоим приведи их в смятение; исполни лица их бесчестием, чтобы они взыскали имя Твоё, Господи!</u> Да постыдятся и смятутся навеки, да посрамятся и погибнут, и да познают, что Ты, Которого одного имя Господь, Всевышний над всею землею.

— Псалтирь 82:14–19

COVID-19 и разделение Израиля

Хотя президент Дональд Трамп был самым благосклонным американским президентом в отношении Израиля, он вступает на очень опасный путь, когда пытается осуществить любой мирный план, который разделяет землю завета, передавая любую ее часть, в любом виде, проявлении или форме врагам Израиля. Бог Израиля не терпит компромиссов по этому поводу. Он не позволит никому, великому или малому, определять границы, которые Он уже определил для Земли Обетованной, как Он объявил Аврааму, Исааку и Иакову, как Он заповедал в тысячу родов.

> **Я проведу ваши границы от Красного моря до Филистимского моря, и от пустыни до Евфрата**. Я отдам вам во власть жителей этой земли, и вы прогоните их от себя.
>
> — Исход 23:31

> Он Адонай Бог наш: по всей земле суды Его. Вечно помнит завет Свой, слово, которое заповедал в тысячу родов, которое завещал Аврааму, и клятву Свою Исааку, и поставил то Иакову в закон и Израилю в завет вечный, говоря: "тебе дам землю Ханаанскую в удел наследия вашего".
>
> — Псалтирь 104:7-11

Пандемия коронавируса следует той же схеме, которую описал корреспондент Белого дома Уильям Кениг (William Koenig) в своей книге *Eye to Eye — "С глазу на глаз"*, в которой он рассказывает о 127 случаях антибиблейской политики против Израиля, поддерживающих раздел земли, решениях о создании двух государств и определениях границ президентами США. В каждом из случаев, в течение 24 часов разразилась ужасная катастрофа или шторм, нанесшие миллиарды долларов ущерба и принесшие большие человеческие жертвы. Некоторые из них являются хорошо известными событиями, такие как 11 сентября и ураган Катрина, обрушившийся на США после того, как они поддержали Палестинский вопрос, разделив или искоренив израильские поселения (как в случае Гуш-Катифа в Газе). В течение 24 часов после таких случаев на США обрушивались бедствия.

Ибо вот, в те дни и в то самое время, когда Я возвращу плен Иуды и Иерусалима, Я соберу все народы, и приведу их в долину Иосафата, и там произведу над ними суд за народ Мой и за наследие Моё, Израиля, который они рассеяли между народами, и землю Мою разделили. И о народе Моем они бросали жребий, и отдавали отрока за блудницу, и продавали отроковицу за вино, и пили.

— Иоиль 3:1–3

В ток-шоу, организованном пастором Сэмом Рорером (Sam Rohrer) работающего на радио Stand in the Gap Today, Билл Кениг (Bill Koenig) был приглашенным гостем в канун Песаха, 8 апреля 2020 года. Он говорил:

28 января 2020 года президент Дональд Трамп представил Ближневосточный план, который он назвал "Сделкой века". Он также представил карту, определяющую границы Израиля согласно его плану. На этой карте 70% библейской Земли Иудеи и Самарии будут находиться под управлением Государства Палестина.

Через несколько часов после того, как он представил свой мирный план по разделению Израиля, в Майами произошло землетрясение 7,7 балла по шкале Рихтера.

Геологическая служба США сообщила, что во вторник мощное землетрясение магнитудой 7,7 произошло к югу от Кубы и к северо-западу от Ямайки. Землетрясение ощущалось в Майами, и полиция сообщила, что из некоторых зданий в городе проводится эвакуация. (Новостной канал NBC ; Popep/Rohrer)

В течение 24 часов администрация США начала обсуждать, что делать с пандемией коронавируса, которая начала свое распространение, с момента обнаружения в Ухане 31 декабря 2019 года. <u>30 января они объявили вспышку чрезвычайной ситуацией в области здравоохранения, имеющей международное значение для Всемирной организации здравоохранения. Это произошло всего через два дня после того, как мирный план по разделу Израиля был представлен, 28 января 2020 года, который был принят премьер-министром Биньямином Нетаньяху.</u>

Тем временем ЕС и международное сообщество подтвердили свою приверженность разделу земли Израиля. Они настаивали на возвращении Израиля к границам, существовавшим до 1967 года, до Шестидневной войны. Международное сообщество настаивало на определении границ Земли Обетованной, которые Бог Израиля уже определил тысячи лет назад.

Пандемия COVID-19 стала судом над всем миром, изолировав большую часть населения мира и затронув экономику всех стран, особенно США и Израиля, поскольку премьер-министр Биньямин Нетаньяху согласился с планом, который не является планом Бога для Израиля. Вдобавок к этому премьер-министр Нетаньяху не смог сформировать правительство после мартовских выборов, до тех пор пока не было подписано коалиционное соглашение с Ганцем (Benny Ganz) 20 апреля 2020 года.

Билл Кениг (Bill Koenig) считает (и я тоже), что коронавирус – суд над всем миром по двум причинам:

- Он происходит за попытку разделить землю Израиля на два государства путем определения антибиблейских границ и рисования карт, оскорбляющих Бога Живаго.
- Так же он происходит за неповиновение Божьим моральным законам и заповедям.

Вполне вероятно, что дальнейшие попытки осуществить любой мирный план, разделив Израиль и основав Государство Палестина вопреки завету, катапультируют мир в то, что Библия называет гневом Божьим. Тогда COVID-19 покажется детской забавой. Он накажет весь мир за противодействие Его земельному завету с Израилем, и за безнравственность, бунтарство, гомосексуализм, убийства, аборты, и корыстолюбие (Римлянам 1:18-32).

> **Ибо открывается гнев Божий с неба на всякое нечестие и неправду человеков, подавляющих истину неправдою**
>
> — Римлянам 1:18

> **Пойди, народ мой, войди в покои твои и запри за собой двери твои, укройся на мгновение, доколе не пройдет гнев; ибо вот, Господь выходит из жилища Своего наказать обитателей земли за их беззаконие, и земля откроет поглощенную ею кровь и уже не скроет убитых своих.**
>
> — Исаия 26:20–21

Из-за анти-сионистской головы пятиглавого монстра антисемитизма весь мир созрел для суда

Пока я пишу эти строки, весь Израиль и большая часть США находятся на карантине из-за чумы коронавируса. Народы, которые не раскаиваются в том, что они анти-сионисты, и которые поддерживают раздел земли, данной ЯХВЕ Его народу Израилевому, будут уничтожены. Большинство стран-членов Организации Объединенных Наций сейчас висит на волоске.

> **Приступите, народы, слушайте и внимайте, племена! Да слышит земля и всё, что наполняет её, вселенная и всё, рождающееся в ней! Ибо гнев Адоная на все народы, и ярость Его на все воинство их. Он предал их заклятию, отдал их на заклание. И убитые их будут разбросаны, и от трупов их поднимется смрад, и горы размокнут от крови их. И истлеет все небесное воинство; и небеса свернутся, как свиток книжный; и все воинство их падёт, как спадает лист с виноградной лозы, и как увядший лист – со смоковницы. Ибо упился меч Мой на небесах: вот, для суда нисходит он на Едом и на народ, преданный Мною заклятию. Меч Адоная наполнится кровью, утучнеет от тука, от крови агнцев и козлов, от тука с почек овнов: ибо жертва у Адоная в Восоре и большое заклание в земле Едома. И буйволы падут с ними и тельцы вместе с волами, и упьется земля их кровью, и прах их утучнеет от тука.**
> **Ибо день мщения у Адоная, год возмездия за Сион.**
>
> — Исаия 34:1–8

Йешуа, еврейский Мессия, Сам будет сражаться против всех народов, которые выступят против Его народа, Израиля, Его земли и города Иерусалима. Он Сам будет судить все народы по тому, как они обращались с Израилем. Перед Его возвращением мы увидим, как эта битва станет более ожесточенной. Он не сядет на Свой престол на Храмовой горе в Иерусалиме, пока Он не покорит все народы, которые выступили против Его плана по восстановлению его еврейского народа на всей земле, обещанной Аврааму, Исааку и Иакову. Он не согласится с перекраиванием границ кем-либо и ни один политик не заставит Его передумать и отказаться от Своего слова.

> **Тогда Господь выйдет и сразится с этими народами, как сражается Он в день битвы. В тот день Его ноги встанут на Оливковой горе, что к востоку от Иерусалима, и Оливковая гора расколется надвое, с востока на запад, открыв огромную долину, и половина горы отодвинется на север, а половина на юг. Вы побежите по долине Моих гор, потому что долина между горами протянется до Ацеля. Вы будете бежать, как бежали от землетрясения во дни Уззии, царя Иудеи. И тогда явится Господь, мой Бог, и с Ним все святые.**
>
> — Захария 14:3–5

Где вы будете в тот день, когда Он вернется? Будете ли вы среди народа, который боролся против Его плана? Будете ли вы теми, кто бросает вызов Его плану по восстановлению Его еврейского народа в его Земле Обетованной и будете ли вы считаться врагом еврейского Мессии, Льва от колена Иудина? Или вы будете Его другом и будете среди святых, пришедших с Ним, чтобы править и царствовать из Иерусалима?

Ваши отношения с Ним и Его план полного восстановления Израиля - людей и земли - определят, будете ли вы другом или врагом Йешуа.

Молитва меняющая жизнь

Небесный Отец, прости меня за любое невежество, апатию или противодействие Твоему Божественному плану по установлению еврейского народа на земле, которую Ты обещал и дал им навсегда. Я обязуюсь поддержать Твой план - восстановить Израиль на всей земле, данной Аврааму, Исааку и Иакову. Я не буду "политкорректной", примкнув к анти-сионистам, но буду "библейски" корректна в защите Твоего завета с Израилем любым возможным способом. Я отрекаюсь от анти-сионистской головы начальства анти-МЕСИТОЕСа и приказываю всем мыслям и демонам анти-сионизма покинуть меня и никогда не возвращаться во имя Йешуа, Аминь!

Для дальнейшего изучения последствий анти-сионизма я рекомендую вам прочитать мою книгу, Stormy Weather (Штормовая погода).*

---

* www.kad-esh.org/shop/stormy-weather/

ЗАКЛЮЧЕНИЕ

Мне было очень сложно писать эту книгу. Я знала, что Отец бросил мне вызов, чтобы разоблачить этого ужасающего кровожадного монстра теологии замещения, начальство анти-МЕСИТОЕСа. Это означало, что мне пришлось вернуться к христианскому антисемитизму, происходящему на протяжении веков и до нашего времени. Это болезненно для еврея и особенно для этого еврея, который одновременно является верующим в Мессию, служителем Его общины и евреем, пострадавшим от христианского антисемитизма как лично, так и косвенно через свою семью. Я бы предпочла, чтобы ЯХВЕ передал эту работу кому-то другому. Я бы хотела проповедовать о чем-то более "красивом" и "более легком в осознании". Но Дух Святой "сидел на мне", наставляя меня годами, чтобы разоблачить и победить этого кровожадного монстра. Я чувствую, как Его сердце обременено глубокой болью - желанием полностью освободить Его невесту от всего, спасти ее от грядущего возмездия за Сион (Исаия 34:8), и через Свою невесту раскрыться как победоносный еврейский Мессия, стремящийся принести искупление Своей возлюбленной — Израилю.

Я молюсь и надеюсь, что, заканчивая это руководство, вы поделитесь всем, что здесь представлено, чтобы мы спасли многих от этого ужасного извечного обмана. Суд уже стоит у ворот многих церквей и христиан во всем мире из-за нераскаянного греха антисемитизма и анти-сионизма, коренящегося в теологии замещения, языческих праздниках и аморальности, порожденной беззаконием или *безторием*. (От Матфея 5:17-19, 7:23-24).

> **Многие будут говорить Мне в тот День: "Господи, Господи, да разве мы не пророчествовали от Твоего имени, разве не изгоняли Твоим именем демонов и не совершали многих чудес". Но тогда Я отвечу им: " Я никогда не знал вас, прочь от Меня, беззаконники!"**
>
> — От Матфея 7:23

Он очень хочет, чтобы Его невеста называла Его заветным именем Йешуа, таким образом восстанавливая Его еврейство. Это принесет "жизнь из мертвых" к недавно пересаженной розе, к Его недавно привитой невесте (Римлянам 11:15), когда разразится последнее "Пробуждение третьего дня", приносящее последнюю и величайшую жатву язычников. После этого "весь Израиль спасётся," как и было написано! (Римлянам 11:25-27)

Истинное покаяние за обманчивые религиозные теологии и возмещение ущерба Израилю, Его еврейскому народу, срочно необходимы, чтобы отменить суд и обеспечить победу истинного Евангелия, получившего свое начало на Сионе. Это откроет еврейского Мессию во всем Его великолепии как еврея через Его прославленную невесту, которая восстановит свою личность, как царица Есфирь восстановила свою. Тогда Йешуа будет готов вернуться, спустившись на Елеонскую гору под приветственные возгласы Израиля, готов установить Его тысячелетнее царствование - и мы будем править с Ним.

> Говорю вам, что вы уже не увидите Меня до тех пор, пока не скажете: "Благословен Тот, Кто приходит во имя Господа!"
>
> — От Матфея 23:39

Барух ха-ба б'Шем Адонай, что на иврите означает, "Благословен Тот, Кто приходит во имя ЯХВЕ."

> И сделает Господь Саваоф на горе сей для всех народов трапезу из тучных яств, трапезу из чистых вин, из тука костей и самых чистых вин; и уничтожит на горе сей покрывало, покрывающее все народы, покрывало, лежащее на всех племенах Поглощена будет смерть навеки, и отрет Господь Бог слезы со всех лиц, и снимет поношение с народа Своего по всей земле; ибо так говорит Господь.
>
> — Исаия 25:6–8

Я очень благодарна, что вы прочитали до этого места, и желаю оставаться с вами на связи.

Если вы хотите связаться с нами, отправьте нам электронное письмо по адресу hello@zionsgospel.com или напишите по адресу 52 Tuscan Way, Ste 202-412 St. Augustine, FL 32092, USA. Вы можете посетить наш веб-сайт *Глобальной инициативы по переобучению* по адресу www.against-antisemitism.org, чтобы продолжить учебу. Приобретая эту книгу, вы получите бесплатный доступ к курсу.

Идите и расскажите: долгожданное возрождение зависит от покаяния в этой извечной подмене личности еврейского Мессии.

За Льва от колена Иудина — Архиепископ доктор Доминика Бирман, Президент Служения Кад-Эш МАП (Kad-Esh MAP Ministries) и Объединенные Нации за Израиль.

ДОПОЛНЕНИЕ I

ПРОЖИВАЯ ЖИЗНЬ ВОЗМЕЩЕНИЯ

Он снимет бесчестие Своего народа по всей земле…

— ИСАИЯ 25:8

Ваши действия по осуществлению Его плана по устранению навсегда *всего бесчестия в отношении Его земли и людей* будут иметь большое значение в мире, который становится все более и более антисемитским. Именно данное обстоятельство устранит бедствия, восстановит радость и обеспечит Божественное благоволение.

Каждый христианин в мире призван возместить грехи многих поколений христиан и всех народов, совершенных на протяжении веков против еврейского народа. Возмещение может отменять суды. Оно поворачивает ключ Авраама, открывая дверь Божественной милости. Возмещение наносит последний удар, который гарантирует, что демоническое пятиглавое начальство, яд которого заразил всю землю, никогда больше не восстанет!

Возмещение – это то, что нужно делать каждому христианину в мире

Мы призываем вас "заплатить вперёд" своими пожертвованиями, чтобы мы могли продолжить нашу миссию по поддержке платформы Глобальной инициативы по переобучению (GRI) бесплатной для всех. Вы можете перейти на сайт www.against-antisemitism.org, чтобы заплатить вперёд за эту миссию своей щедрой поддержкой.

Ниже приводится письмо пастора Сезара Сильвы (Cesar Silva) из Тамаулипаса, Мексика.

Восстановление чести Израиля

Пусть мое свидетельство о Его доброте и верности Его святому слову будет благословением для всех. Это началось, когда я внезапно осознал, что восстановление чести Израиля было столь же *неотложным*, сколь и *необходимым* для исцеления моего города, нации, жизни и семьи. Я понял, что больше нельзя оставаться духовным, физическим, финансовым и эмоциональным банкротом, потому что все это ведет к одному и тому же: пустоте и разрушению.

Этот процесс восстановления чести начинается с чудесных учений, которые мы получили от служения апостола Доминики Бирман, которая через откровение могущественного ключа Авраама (открывающего двери) посеяла в моем сердце то семя, которое сейчас приносит плоды в моей жизни и вокруг нее.

Настал день, когда Руах (Дух Элохима) показал мне сон. Во сне я увидел, что оставил свой автомобиль у главного въезда в город Рио-Браво (где я живу), и по этому проспекту течет река крови (из-за смертей, вызванных торговлей наркотиками). Я увидел, что река почти доходит до нас. Я быстро вышел к своей машине, потому что знал, что внутри было приношение, которое церковь дала для отправки в Израиль, и я знал, что это приношение приносит возмещение - единственное, что могло вызвать уменьшение этой реки крови, а также её исчезновение. Поэтому я попытался открыть машину и быстро проверить, есть ли там эти приношения. Руах ха-Кодеш также говорил мне, что это действительно то, что остановит эту реку крови. Спасибо Господу, они были там!

На севере Мексики идет постоянная война между наркокартелями и вооруженными силами. Есть постоянная опасность оказаться в эпицентре перестрелки. Вот почему Руах сказал мне через этот сон, что мы должны вернуть честь Израилю через приношения, а также молитвы и смирение из-за ненависти к Израилю со стороны народов земли. Эта стратегия приносит свободу от смерти и от рек крови. Это будет иметь значение, потому что могущественный ключ Авраама приведен в действие — это ключ к молитвам на которые будет получен ответ, и ключ к излитию милосердия вместо гнева.

Примерно в то время, когда мне приснилось это, мы говорили об Израиле, молились и благословляли Израиль искренними действиями и приношениями. Затем мы увидели ответ на наши молитвы о защите нашего города, и я почувствовал атмосферу покоя. Это снизило преступную деятельность картелей.

Восстановите честь — это заповедь Торы!

> И сказал Господь Моисею, говоря: если кто согрешит, и сделает преступление пред Господом, и запрется пред ближним своим в том, что ему поручено, или у него положено, или им похищено, или обманет ближнего

своего, или найдет потерянное, и запрется в том, и поклянется ложно в чем-нибудь, что люди делают и тем грешат, – то, согрешив и сделавшись виновным, он должен возместить похищенное, что похитил, или отнятое, что отнял, или порученное, что ему поручено, или потерянное, что он нашёл или если он в чем поклялся ложно, то должен возместить сполна, и приложить к тому пятую долю, и отдать тому, кому принадлежит, в день приношения жертвы повинности; и за вину свою пусть принесет Господу к священнику в жертву повинности из стада овец овна без порока, по оценке твоей; и очистит его священник пред Господом, и прощено будет ему, что бы он ни сделал, все, в чем он сделался виновным.

— Левит 6:1–7

Подобно тому, как мы желаем возвратиться к своему целостному состоянию, когда кто-то обижает нас, крадет у нас или клевещет на нас, так и мы, народы мира, должны осознавать, что мы в долгу перед благословенным народом Израиля. Обетование Бытия 12:3 все еще в силе, "Я благословлю благословляющих тебя, и злословящих тебя прокляну."

Глобальная инициатива переобучения (GRI), возглавляемая апостолом Доминикой Бирман, не только *необходимо*, но и *неотложно*! Ибо миллионы умирающих будут исчислены среди язв, которые будут бичевать землю без конца, пока Господь не найдет кого-нибудь, кто полностью понимает, что значит восстановить честь Израиля. Возмещение — это больше, чем просьба о прощении! Поистине, просить прощения — это первое, что мы должны сделать, когда знаем, что сделали что-то неправильно, но чтобы вернуть кому-то честь, мы должны сделать больше, чем просто извиниться.

Из истории мы видим, что, когда честь человека ставилась под сомнение, люди договаривались о встрече для разрешения спора и говорили: "Я бросаю вызов дуэлью рыцарю, который подверг сомнению мою честь". Тогда люди знали, что тот, кто пришел защищать свою честь, показал, что его честь выше всех клевет на него.

Мы, народы мира, совершили великое бесчестие, используя клеветнические и лживые слова против Израиля, запятнав его честь. Итак, пора раскаяться, попросить прощения и восстановить Его честь.

В Левите 6:5, когда приносили жертву повинности за клевету, человек признавал нанесенный ущерб и просил прощения своим приношением искупления Господу. После этого наступало время *восстановления*, как написано ниже:

> ... то должен отдать сполна, и приложить к тому пятую долю, и отдать тому, кому принадлежит, в день приношения жертвы повинности.
>
> — Левит 6:5

В Левите 6:6 Бог добавляет, что приношение должно быть принесено священнику.

> А в расплату он должен привести к священнику жертву повинности Господу.
>
> — Левит 6:6

Помимо покаяния, возмещения ущерба и добавления пятой части (эквивалентной 20%), необходимо было передать ее священнику - поэтому мы должны представить ее служителю, который может помолиться за нас, чтобы мы могли получить милость от Предвечного.

Иногда мы восстаем против *единственного человека, который услышит*. Вы знаете, чьи двери открыты, чтобы спросить Адоная пощадить нас? Да, ответ - *современный еврейский народ*. Они Его избранные, свет народов - они наши священники, которые откроют путь для нашего прощения Адонаем и для грядущего освежения Его присутствия (Деяния 3:19).

Еврейские слова *шув* и *шалем* разъясняют концепцию возмещения. Слово "возместит" (Левит 6: 4) — это еврейское слово *шув*, от которого мы производим слово *тшува*, что означает "обратиться или вернуться" или "покаяние для великого восстановления". А слово "восстанавливать" в Левите 6: 5 — это слово *"шалам"*, которое здесь означает "производить платежи" и от слова *"лешалем"*, что означает "производить платеж". Итак, чтобы смириться, вам нужно произвести *платеж возмещения*. Йешуа упомянул об этом в Евангелии от Матфея 5, стихи 21-26.

> **Вы слышали, что сказано древним: "НЕ УБИВАЙ" и "Кто же убьет, подлежит суду". А Я говорю вам, что всякий, гневающийся на брата своего напрасно, подлежит суду; кто же скажет брату своему: "рака", подлежит синедриону; а кто скажет: "безумный", подлежит геенне огненной. Итак, если ты принесёшь дар твой к жертвеннику и там вспомнишь, что брат твой имеет что-нибудь против тебя, оставь там дар твой пред жертвенником, и пойди прежде примирись с братом твоим, и тогда приди и принеси дар**

твой. Мирись с соперником твоим скорее, пока ты ещё на пути с ним, чтобы соперник не отдал тебя судье, а судья не отдал бы тебя слуге, и не ввергли бы тебя в темницу истинно говорю тебе: ты не выйдешь оттуда, пока не отдашь до последнего кодранта.

— От Матфея 5:21–26

Весь этот отрывок из Писания говорит о силе возмещения, но давайте немного углубимся в то, как работает анти-иудаизм. Именно из-за антисемитизма были смерти, ненависть и из-за него собирались армии против еврейского народа. Большая часть этой ненависти скрывается "под маской христианства", которое утверждает, что приносит и требует воскресных приношений Богу. Но мой вопрос таков: будет ли Предвечный ЯХВЕ Израиля благосклонно смотреть на те приношения, которые одной рукой приносятся Ему, а другой - держат нож ненависти, гнева и даже желания смерти против народа Израиль? Ответ прост - он не принимает этих приношений! Итак, Йешуа советует сначала примириться со своим братом Иудой и смириться. Так что восстанови и помирись.

Всё дело в восстановлении чести Израиля!

Мы знаем, что в каждом царстве сын царя является наследным принцем - однажды он станет царем. Это верно для любого из царств, которые мы все еще знаем, и очень интересно, что ЯХВЕ - Царь, и что он назвал одного из потомков Авраама "первенец Мой" (Исход 4:22). Того, кого зовут Мой князь, изначально звали Иаков, но Адонай решил, что его имя будет известно как Израиль, что означает "князь Элохимов". Какая большая разница, какая существенная разница! Но какая ужасная разница в том, как народы мира разговаривают с Израилем - они говорят, что это просто еще один народ на земле, как и любой из наших народов. Однако в глазах Элохима Живаго они не просто какой-то народ – этот народ является "Его князем".

Сегодня я вижу множество людей, говорящих о Царстве Божьем: проявлении Царства Божьего, о том, как они ищут Царство Божье, и о своей работе по расширению Царства ЯХВЕ. Однако они спотыкаются об этот *принцип*. Вот почему они постоянно крутятся в колесе, как хомяки, всё это просто пустые слова, не приносящие никаких результатов. И мы не видим создания Царства ЯХВЕ. Почему? Потому что они спотыкаются о камень преткновения - но тот, кто верит слову Элохима, должен любить и принимать этого князя, которым является Израиль. Для них это будет "как тень от высокой скалы в земле жаждущей" (Исаия 32:2); в то время как для того, кто относится к этому легкомысленно, "Кто упадет на этот камень, разобьется вдребезги, а на кого он упадет, того раздавит." (от Матфея 21:44)

Заключение

Народы мира в долгу перед народом Израиля, потому что он дал нам Тору, заветы, обещания, откровение Элохима Живаго и дал нам Йешуа ха Машиаха ('Мессия' на иврите).

Сегодня мы должны полностью обратиться к Нему, любя Его Тору (которая является воплощением Йешуа) и восстанавливать честь Израиля, их князя. Я свидетель Его доброты, ибо Господь несомненно имеет ввиду, о чем он говорит.

> Я благословлю благословляющих тебя, и злословящих тебя прокляну.
>
> — Бытие 12:3

Со всей моей любовью в Йешуа ха Машиахе — Пастор Сезар Силва (César Silva), Рио Браво, Тамаулипас, Мексика

Национальный делегат Мексики, Объединенные нации за Израиль *(UNIFY)*

www.UnitedNationsForIsrael.org

ДОПОЛНЕНИЕ II

ДОПОЛНИТЕЛЬНАЯ ИНФОРМАЦИЯ

Пройдите онлайн-курс GRI против антисемитизма

Пройдите онлайн-курс Глобальная инициатива по переобучению (GRI) против антисемитизма, который предоставляется вместе с покупкой этой книги, перейдя на сайт www.against-antisemitism.com и войдя в систему с учетными данными, использованными для покупки этой книги. Покупка этой книги на другом веб-сайте, например Amazon, не разблокирует доступ к курсу. Чтобы разблокировать доступ к курсу, вам необходимо купить электронную книгу с нашего веб-сайта с минимальным пожертвованием в размере $17."

Другие книги д-ра Доминики Бирман

Order online: www.kad-esh.org/shop/

Restoring the Glory – Volume I: The Original Way
The Ancient Paths Rediscovered

The MAP Revolution (Free E-Book)
Find Out Why Revival Does Not Come... Yet!

The Healing Power of the Roots
It's a Matter of Life or Death!

Grafted In
The Return to Greatness

Sheep Nations
It's Time to Take the Nations!

Stormy Weather
Judgment Has Already Begun, Revival is Knocking at the Door

Yeshua is the Name
The Important Restoration of the
Original Hebrew Name of the Messiah

The Bible Cure for Africa and the Nations
The Key to the Restoration of All Africa

The Key of Abraham
The Blessing... or the Curse?"

"Yes!"
Archbishop Dominiquae Bierman's Dramatic Testimony of Salvation

Eradicating the Cancer of Religion
Hint: All People Have It

Restoration of Holy Giving
Releasing the True 1,000 Fold Blessing

Vision Negev
The Awesome Restoration of the Sephardic Jews

Defeating Depression
This Book is a Kiss from Heaven

From Sickology to a Healthy Logic
The Product of 18 Years Walking Through Psychiatric Hospitals

ATG: Addicts Turning to God
The biblical Way to Handle Addicts and Addictions

The Woman Factor by Rabbi Baruch Bierman
Freedom From Womanphobia

The Spider That Survived Hurricane Irma
God's Call for America to Repent

The Revival of the Third Day (Free E-Book)
The Return to Yeshua the Jewish Messiah

Приобретайте оснащение и станьте нашим партнером

www.kad-esh.org/shop/
The Key of Abraham
Abba Shebashamayim
Uru
Retorno

Global Revival MAP (GRM — Мессианская, Апостольская, Пророческая) израильская библейская школа

Взгляните на самую полную библейскую онлайн-видеошколу, посвященную разрушению теологии замещения. Для получения дополнительной информации или заказа свяжитесь с нами по адресу:
www.grmbibleschool.com
grm@dominiquaebierman.com

Движение "Объединенные Нации за Израиль"

Мы приглашаем вас присоединиться к нам в качестве члена и партнера, внося 25 долларов США в месяц, которые будут поддерживать продвижение этого видения последних времен, которое принесет истинное единство в тело Мессии. Мы увидим создания одного нового человека, станем свидетелями восстановления Израиля и примем участие в рождении народов овец. Сегодня — прекрасное время чтобы служить Ему!
www.unitednationsforisrael.org
info@unitednationsforisrael.org

Присоединяйтесь к нашим ежегодным турам по Израилю

Путешествуйте по Святой Земле и смотрите, как еврейские Священные Писания оживают.
www.kad-esh.org/tours-and-events/

Присылайте пожертвования для поддержки нашей работы

Ваша помощь поддерживает распространение этой миссии восстановления повсюду.
www.kad-esh.org/donations

СВЯЖИТЕСЬ С НАМИ

Архиепископ доктор Доминика Бирман и раввин Барух Бирман
Служение Кад-Эш МАП | www.kad-esh.org | info@kad-esh.org
Объединенные Нации за Израиль | www.unitednationsforisrael.org
info@unitednationsforisrael.org
Издательство Zion's Gospel Press | shalom@zionsgospel.com
52 Tuscan Way STE 202-412, St. Augustine, Florida, 32092, USA
+1-972-301-7087

ДОПОЛНЕНИЕ III

МОЛИТВА ПРОТИВ АМАЛЕКА

Так как ты не послушал гласа ЯХВЕ и не выполнил ярости гнева Его на Амалека, то ЯХВЕ и делает это над тобою ныне.

— 1-Я КНИГА ЦАРСТВ 28:18

Провозглашайте эту молитву утром и вечером и столько раз, сколько раз вы испытаете молитвенное побуждение, в течение дня. Это принесло много свободы моей команде и мне с тех пор, как мы начали громко провозглашать эту молитву против Амалека. Я молюсь и надеюсь, что она может сделать то же самое и для вас!

Авва Шебашамаим (Отец Небесный), Всемогущий Элохим, ЯХВЕ Саваоф (Господь Воинств) мы заявляем, что Ты сражаешься с Амалеком из поколения в поколение, и мы просим Тебя провести эту битву сегодня в нашем поколении, чтобы Ты мог изгладить память об Амалеке из поднебесной!

Хинени (а вот и я) ЯХВЕ веду войну против Амалека, который был очень нечестив, ибо он нападает на нашу жизнь и Израиль и бьет сзади тебя всех ослабевших, детей, женщин и как он поступает со всеми нашими слабыми местами. Наша битва не против плоти и крови, и мы ведем Твою войну против Амалека с духовным оружием молитвы, поста и хвалы. Ты сражаешься в этой битве, и мы говорим: "Восстань, ЯХВЕ, и рассыплются враги Твои, и побегут от лица Твоего ненавидящие Тебя, от Твоей невесты и от Израиля во имя могущественного имени Йешуа!". ЯХВЕ, мы просим Тебя осуществить Свой яростный гнев против Амалека сегодня и мы исполняем Твой яростный гнев против Амалека сегодня. Мы полностью истребляем и уничтожаем тебя, Амалек, из всей нашей жизни, семей, дел, финансов, служений, общин и всего Израиля во имя Йешуа! Мы заявляем, что будем преследовать и обязательно догоним и вернем все, что ты украл, Амалек! С обоюдоострым мечом (словом Божьим) в наших руках и с высокой похвалой Элохима в наших устах, мы связываем тебя, Амалека, цепями, а всех твоих друзей и союзников железными оковами - мы накладываем наказание и исполняем приговор и месть, которая уже написана против тебя, Амалек, сегодня! Во имя Йешуа. Мы возвращаем все души, ставшие твоими жертвами, Амалек, в теологии замещения христианства! Мы возвращаем всю Землю Израиля, которая была украдена в результате ложных Соглашений в Осло и соглашений "Земля в обмен на мир" - ЯХВЕ имеет земельный завет с Израилем на 1000 поколений! Мы возвращаем все богатство, которое было украдено из-за антисемитизма, анти-иудаизма и преследований евреев посредством христианских крестовых походов, испанской инквизиции, погромов, нацистского Шоа (Холокоста) и т.п.!

Мы преследуем, перехватываем и возвращаем всю территорию, украденную в нашей жизни, в наших семьях и в наших служениях (назовите ваше служение), служение UNIFY и Служение Кад-Эш МАП. Мы разрушаем твою силу, Амалек, в каждой общине ЯХВЕ Живаго в Израиле и во всех народах из-за обмана теологии замещения! Мы искореняем теологию замещения во всей нашей жизни, в служении и во всём теле Мессии, чтобы само имя Амалек и теология замещения были изглажены с лица земли и из поднебесной. Мы восстанавливаем всех верующих, пленных в теологии замещения во имя могущественного имени Йешуа!

Мы искореняем и уничтожаем тебя, Амалека, в наших финансах, нашем здоровье, наших детях и наших браках! Мы вызываем яростный гнев ЯХВЕ против тебя, Амалек, во всех сферах нашей жизни и служения! Мы исполняем яростный гнев ЯХВЕ и полное уничтожение в отношении всех болезней, вызванных Амалеком, таких как болезнь Лайма, фибромиалгия, рак, болезни сердца, артериальное давление, диабет, деменция, рассеянный склероз, болезнь Паркинсона, депрессия, биполярное расстройство, СДВГ, шизофрения (и все их производные), которые атакуют слабые места человека!

Мы исполняем яростный гнев ЯХВЕ против тебя, Амалек, по всей Земле Израиля (и в моем городе и народе), искореняя весь террор, скрытый террор, террористические ячейки в Газе, Самарии, Иудее и всей израильской территории от реки Нил в Египте до Великой Реки Евфрат в Ираке и до Средиземного моря.

ЯХВЕ, Ты гонишь Амалека и всех его друзей бурею Твоею, да исполни лица их бесчестием, и да познают, что Ты, Которого одного имя ЯХВЕ Элохим, Всевышний над всею землею! Мы исполняем Твой яростный гнев против Амалека в руководстве Церкви и нашем народе [вашей страны], и каждого народа, представленного в движении "Объединенные Нации за Израиль", и мы возвращаем наши правительства и народы, чтобы стать народами овец, верующими в Йешуа и теми, кто любит Израиль!

Мы исполняем Твой яростный гнев против Амалека в Организации Объединенных Наций и изглаживаем само имя Амалека и всех его друзей из каждого антиизраильского и анти-сионистского совета или ведомства во имя могущественного имени Йешуа. ЯХВЕ, ты исполняешь Свой яростный гнев против Амалека в Исламе, искореняешь и изглаживаешь память об исламе из поднебесной и мы возвращаем все души, которые были пленниками Амалека-Ислама во имя могущественного имени Йешуа.

ЯХВЕ, ты исполняешь Свой яростный гнев против Амалека среди всех преследователей мессианских, апостольских, пророческих евреев и привитых к оливе (неевреев) в Израиле и всех народах, а особенно среди христиан и мессианских верующих, которые выступают против Твоего Движения восстановления последних времен — включая организацию Яд Лахим, которая стремится уничтожить мессианских евреев, которые являются истинными последователями Мессии. Мы исполняем Твой яростный гнев, ЯХВЕ, против Амалека и каждого духа анти-Мессии в иудаизме, христианстве, исламе и каждой религии и религиозной системе во имя могущественного имени Йешуа!

Мы разрушаем твою силу Амалек в Негеве, Беэр-Шеве, Эйлате, горах Эдом, Мевассерет Зион, Йерушалаим, Герцлия, Раанана, Кфар-Саба, Сент-Августине в штате Флорида... (назовите здесь свой город) и по всему Израилю, без остатка! Во имя могущественного имени Йешуа мы молимся, провозглашаем, исполняем, искореняем и возвращаем все, что было украдено тобой, Амалек, в нашей жизни, наших семьях, служениях, финансах, отношениях, делах, общинах, народах и во всем Израиле, и мы берем награбленное для продвижения Царства ЯХВЕ с обильным видением, обеспечением, здоровьем, благосклонностью и успехом во имя могущественного Йешуа ха Машиаха!

Если вы хотите увидеть библейское основание этой молитвы, посмотрите отрывки Бытие 36: 12,16; Исход 17: 8-16; Числа 13:29, 24:20; Второзаконие 25:17-20, Иисуса Навина 1:4; Судей 3:13; 5:14; 1-я книга Царств 15: 2-20; 28:18; 1-я книга Царств 30; Псалтирь 83: 7; Псалтирь 105:8-11; Псалтирь 149: 5-9; от Матфея 18:18-20; от Луки 10:19; Ефесянам 6: 10-18

Израиль, услышь слово твоего Элохима, которое говорит тебе: " Будешь искать их, и не найдешь их, враждующих против тебя; борющиеся с тобою будут как ничто, совершенно ничто; ибо Я ЯХВЕ, Бог твой; держу тебя за правую руку твою, говорю тебе: "не бойся, Я помогаю тебе". Не бойся, червь Иаков, малолюдный Израиль, – Я помогаю тебе, говорит ЯХВЕ и Искупитель твой, Святой Израилев.

— Исаия 41:12–16

ДОПОЛНЕНИЕ IV

БИБЛИОГРАФИЯ

Цитаты из Священных Писаний взяты из Синодального перевода (SYN), Нового русского перевода (NRT) и Еврейского Нового Завета в переводе Давида Стерна (ENT) — *Библия онлайн* <https://bible.by/>.

Aipac.org Editors. *Israel's Achievements*. 2013. The American Israel Public Affairs Committee. 19 May 2020. <https://www.aipac.org/resources/about-israel/israels-achievements>.

Amadeo, Kimberly. *Hurricane Irma Facts, Damage, and Costs*. 8 September 2017. The Balance. 19 May 2020. <https://www.thebalance.com/hurricane-irma-facts-timeline-damage-costs-4150395>.

Anti-Defamation League. *Extremist "Zoombombing" Hijacks Meetings; Swastika hits Sanders Campaign Office; Antisemitic Pastor Blames Jews for COVID-19*. https://www.adl.org/blog/extremist-zoombombing-hijacks-meetings-swastika-hits-sanders-campaign-office-antisemitic 2020. ADL. 18 May 2020.

Anti-Defemation Leauge. *2017 Audit of Anti-Semitic Incidents*. 2020. Anti-Defamation League. 20 5 2020. <https://www.adl.org/resources/reports/2017-audit-of-anti-semitic-incidents#major-findings>.

Avraham, Samantha Ben. *The First Aliyah to Israel.* 14 April 2016. 18 May 2020. <https://www.samanthaisraeltours.com/the-first-aliyah-to-israel/>.

Avrutin, Eugene M., Jonathan Dekel-Chen and Robert Weinburg. "Ritual Murder in Russia, Eastern Europe, and Beyond: New Histories of an Old Accusation." Avrutin, Eugene M. *Ritual Murder in Russia, Eastern Europe, and Beyond: New Histories of an Old Accusation.* Bloomington: Indiana University Press, 2017. 39-40.

Büssow, Johann. "The Ottoman Empire and its Heritage: Hamidian Palestine." *Hamidian Palestine: Politics and Society in the District of Jerusalem 1872-1908.* Vol. 46. BRILL, 2011. 195.

Bachner, Michael. *Polish crowd beats, burns Judas effigy with hat, sidelocks of ultra-Orthodox Jew.* 21 April 2019. 18 May 2020. <https://www.timesofisrael.com/polish-crowd-beats-burns-judas-effigy-featuring-anti-semitic-tropes/>.

—. *Spanish Inquisition | Definition, History, & Facts | Britannica.* 2020. 18 May 2020. <https://www.britannica.com/topic/Spanish-Inquisition>.

Berkowitz, Adam Eliyahu. *Scary Divine Connections Between Gush Katif and Hurricane Katrina Revealed On 10 Year Anniversary.* 24 August 2015. 18 May 2020. <https://www.breakingisraelnews.com/47546/10-year-anniversary-scary-connections-between-gush-katif-hurricane-katrina-revealed-jewish-world/>.

Bernstein, Deborah S. "SUNY series in Israeli Studies: Constructing Boundaries." *Constructing Boundaries: Jewish and Arab Workers in Mandatory Palestine.* 2000, SUNY Press. 20-21.

Bickerton, Ian J. and Verity Elizabeth Irvine. *Jordan*. 2 May 2020. Encyclopædia Britannica, inc. 18 May 2020. <https://www.britannica.com/place/Jordan>.

Burleigh, Michael and Wolfgang Wippermann. "The Racial State." Burleigh, Michael. *The Racial State*. Reprint. Cambridge University Press, 1991. 40.

Cline, Austin. *Adolf Hitler on God: Quotes Expressing Belief and Faith*. 7 August 2007. Learn Religions. 18 May 2020. <https://www.learnreligions.com/adolf-hitler-on-god-quotes-248193>.

Cohen, Philip J. "Eugenia & Hugh M. Stewart '26 Series: Serbia's Secret War." *Serbia's Secret War: Propaganda and the Deceit of History*. Reprint. Vol. 2. Texas A&M University Press, 1996. 123.

Encyclopaedia Britannica. *The Colonial and Postcolonial Middle East*. Ed. Bailey Maxim. First. Rosen Publishing, 2016.

Fassihi, Farnaz. *Fourteen of 15 Security Council Members Denounce US Stance on Jerusalem*. 9 December 2017. The Wall Street Journal. 24 May 2020. <https://www.wsj.com/articles/fourteen-of-15-security-council-members-denounce-u-s-stance-on-jerusalem-1512777971>.

Florida Center for Instructional Technology. *Map of Jewish expulsions and resettlement areas in Europe*. 2013. 18 May 2020.

Fordham University. *Internet History Sourcebooks Project | Medieval Sourcebook: Constantine I: On the Keeping of Easter*. 1996. Paul Halsall. 18 May 2020. <https://sourcebooks.fordham.edu/source/const1-easter.asp>.

Gaines, Adrienne S. *Todd Bentley's New Wife Breaks Silence*. 2009. Charisma Magazine. 18 May 2020. <https://

www.charismamag.com/site-archives/570-news/featured-news/7046-todd-bentleys-new-wife-breaks-silence>.

Gerstenfeld, Manfred. *The Origins of Christian Anti-Semitism*. 25 November 2012. 18 May 2020. <https://jcpa.org/article/the-origins-of-christian-anti-semitism/>.

Goldhagen, Daniel J. *Hitler's Willing Executioners: Ordinary Germans and the Holocaust*. Vintage, 2007.

Gottesman, Itzik. *When Christmas Was a Time of Fear for Jews*. 18 December 2019. 18 May 2020. <https://forward.com/yiddish/436870/when-christmas-was-a-time-of-fear-for-jews/>.

Haaretz.com. *Hundreds of Jews Massacred in Prague on Easter*. 2019. 18 May 2020. <https://www.haaretz.com/hblocked?returnTo=https%3A%2F%2Fwww.haaretz.com%2Fjewish%2F.premium-1389-hundreds-of-jews-massacred-in-prague-on-easter-1.5432665>.

Harries, Richard. *After the Evil: Christianity and Judaism in the Shadow of the Holocaust*. Oxford University Press, 2003.

Hay, Malcolm. *Roots of Christian Anti Semitism*. Anti Defamation League of Bnai, 1984.

Heschel, Susannah. "The Aryan Jesus." Heschel, Susannah. *The Aryan Jesus: Christian Theologians and the Bible in Nazi Germany*. Princeton University Press, 2010. 20.

History.com Editors. *Balfour Declaration letter written*. 16 November 2009. 18 May 2020. <https://www.history.com/this-day-in-history/the-balfour-declaration>.

—. *Pogroms*. 21 August 2018. A&E Television Networks. 18 May 2020. <https://www.history.com/topics/russia/pogroms>.

Hitler, Adolf. "Mein Kampf." *Mein Kampf*. 1926. 60.

Ireland, Corydon. *The pogrom that transformed 20th century Jewry*. 9 April 2009. Harvard Gazette. 18 May 2020. <https://news.harvard.edu/gazette/story/2009/04/the-pogrom-that-transformed-20th-century-jewry/>.

Israel Ministry of Foreign Affairs. *Israel's humanitarian aid efforts*. 2014. 19 May 2020. <https://mfa.gov.il/MFA/ForeignPolicy/Aid/Pages/Israel_humanitarian_aid.aspx>.

Joslyn-Siemiatkoski, Daniel. *Why Good Friday was dangerous for Jews in the Middle Ages and how that changed*. 15 April 2019. 18 May 2020. <https://theconversation.com/why-good-friday-was-dangerous-for-jews-in-the-middle-ages-and-how-that-changed-114896>.

Keter Books. "Israel Pocket Library: Anti-Semitism." *Israel Pocket Library: Anti-Semitism*. Jerusalem: Keter Books, 1974.

Koyzis, Nancy Calvert. *Paul, Monotheism and the People of God*. Continuum International Publishing Group, 2004.

Liardon, Roberts. *God's Generals: Smith Wigglesworth*. Whitaker House, 2001.

Luther, Martin. *On The Jews and Their Lies*. Ed. Coleman Rydie. Trans. Martin H. Bertram. Coleman Rydie, 2008.

—. *On The Jews and Their Lies, Luthers Works*. Trans. Martin H. Bertram. Vol. 47. Fortress Press, 1971.

MacCulloch, Diarmaid. *Reformation: Europe's House Divided 1490-1700*. Penguin UK, 2004.

Marans, Noam E. *On Luther and his lies*. 11 October 2017. 18 May 2020. <https://www.christiancentury.org/article/critical-essay/on-luther-and-lies>.

McNeil, Sam. *Israel treating thousands of Syrians injured in war*. 8 April 2017. The Independent. 19 May 2020. <https://

www.independent.co.uk/news/world/middle-east/israel-syria-assad-treating-airstrikes-military-wounded-injured-war-a7673771.html>.

Merry, Sidney. "How the State Controls Society." *How the State Controls Society*. Null. Lulu.com, 2008. 220.

Michael, Robert. *A History of Catholic Antisemitism: The Dark Side of the Church*. 1. Palgrave Macmillan US, 2011.

Morris, Benny. *What caused the Palestinian refugee crisis?* 14 January 2004. The Guardian. 19 May 2020. <https://www.theguardian.com/world/2004/jan/14/israel>.

NBC News. Ed. Janelle Griffith. NBC News. 28 January 2020. Talk Show.

Nicholls, William. "Christian Antisemitism: A History of Hate." Nicholls, William. *Christian Antisemitism: A History of Hate*. 1. Lanham, Maryland, Boulder, Colorado, New York City, New York, Toronto, Ontario, and Oxford, England: Rowman & Littlefield Publishers, Inc., 1993. 178-187.

Nirenburg, David. "The Rhineland Massacres of Jews in the First Crusade." Nirenburg, David. *The Rhineland Massacres of Jews in the First Crusade: Memories Medieval and Modern*. Cambridge University Press, 2002. 279-310.

Outler, Albert C. "Augustine: Confessions Newly translated and edited." *Augustine: Confessions Newly translated and edited*. 1. Prod. Texas Southern Methodist University Dallas. Dallas, n.d. 18 May 2020. <https://www.ling.upenn.edu/courses/hum100/augustinconf.pdf>.

"Pantheon (Religion)." Wikipedia, Wikimedia Foundation, 31 July 2020, <https://en.wikipedia.org/wiki/Pantheon_(religion)>.

Percival, Henry R. "The Nicaean & Post-Nicaen Fathers." *The Nicaean & Post-Nicaen Fathers*. Vol. XIV. T. & T. Clark Publishers, 1979. 54-55.

Rohrer, Sam. *4/8/20 - Connecting COVID-19 and God's Message to the World*. 8 April 2020. 19 May 2020. <https://subsplash.com/americanpastors/lb/mi/+hjfspf6>.

Süss, René and Martin Luther. *Luthers theologisch testament*. 2. VU University Press, 2010, n.d.

Sandhu, Serina. *The 32 countries that support the US embassy moving to Jerusalem*. 15 May 2018. inews. 19 May 2020. <https://inews.co.uk/news/world/the-32-countries-that-support-the-us-embassy-moving-to-jerusalem-291611>.

Sasse, Martin. *Martin Luther and the Jews*. CPA Books, 1998.

Seltman, Muriel. *The Changing Faces of Antisemitism*. Troubador Publishing Ltd, 2015.

Telegraph.co.uk. *Centuries of Christian anti-Semitism led to Holocaust, landmark Church of England report concludes*. The Telegraph. 5 May 2020. November 21 2019. < https://www.telegraph.co.uk news/2019/11/21/centuries-christian-anti-semitism-led-hol caust-landmark-church/>

Text of the Balfour Declaration. 2020. 24 May 2020. <https://www.jewishvirtuallibrary.org/text-of-the-balfour-declaration>.

The Darker Side of Martin Luther. *Constructing the Past: The Darker Side of Martin Luther*. n.d. Emily Paras. <https://www.iwu.edu/history/constructingthepastvol9/Paras.pdf>.

The Editors of Encyclopaedia Britannica. *Haskala | Judaic movement | Britannica*. 2020. 18 May 2020. <https://www.britannica.com/topic/Haskala>.

The Jerusalem Post. *An American Holocaust? Antisemitism in the 21st Century, Part One of Three.* 16 March 2014. David Turner. 18 May 2020. <https://www.jpost.com/Blogs/The-Jewish-Problem---From-anti-Judaism-to-anti-Semitism/An-American-Holocaust-Antisemitism-in-the-21st-Century-Part-One-of-Three-363922>.

—. *World Council of Churches trainees use antisemitic rhetoric, advocate BDS.* 14 January 2019. Lahav Harkov. 18 May 2020. <https://www.jpost.com/diaspora/antisemitism/world-council-of-churches-trainees-use-antisemitic-rhetoric-advocate-bds-577256>.

The Librarians. *Mark Twain in Palestine - "A Hopeless, Dreary, Heart-Broken Land."* 5 November 2018. 18 May 2020. <https://blog.nli.org.il/en/mark-twain-in-palestine/>.

The Sabbath Sentinel. "Council of Laodicea – 364 AD." *The Sabbath Sentinel*, The Sabbath Sentinel, 10 Nov. 2016, sabbathsentinel.org/2016/11/10/council-of-laodicea-364-ad/amp/.

TIME.com. *Religion: Luther Is to Blame.* 6 November 1944. 18 May 2020. <http://content.time.com/time/magazine/article/0,9171,803412,00.html>.

UN Watch. *2019 UN General Assembly Resolutions Singling Out Israel – Texts, Votes, Analysis - UN Watch.* 19 November 2019. 18 May 2020. <https://unwatch.org/2019-un-general-assembly-resolutions-singling-out-israel-texts-votes-analysis/>.

United States Department of State. *Defining Anti-Semitism - United States Department of State.* 6 March 2020. 18 May 2020. <https://www.state.gov/defining-anti-semitism/>.

VU University Press. *Luthers theologisch testament*. 2018. 18 May 2020. <https://www.vuuniversitypress.com/product/luthers-theologisch-testament/>.

Wikipedia Contributors. *Aliyah Bet*. 14 April 2020. Wikimedia Foundation. 18 May 2020. <https://en.wikipedia.org/wiki/Aliyah_Bet>.

—. *Antisemitism in Christianity*. 3 May 2020. 18 May 2020. <https://en.wikipedia.org/wiki/Antisemitism_in_Christianity#Church_Fathers>.

—. *Benjamin Disraeli*. 15 May 2020. Wikimedia Foundation. 18 May 2020. <https://en.wikipedia.org/wiki/Benjamin_Disraeli>.

—. *Big lie*. 2 May 2020. Wikimedia Foundation. 18 May 2020. <https://en.wikipedia.org/wiki/Big_lie>.

—. *Demographic history of Palestine (region)*. 2 May 2020. Wikimedia Foundation. 18 May 2020. <https://en.wikipedia.org/wiki/Demographic_history_of_Palestine_(region)#cite_ref-44>.

—. *First Crusade*. 16 May 2020. 18 May 2020. <https://en.wikipedia.org/wiki/First_Crusade>.

—. *Identity Theft*. 4 May 2020. Wikimedia Foundation. 18 May 2020. <https://en.wikipedia.org/wiki/Identity_theft>.

—. *Jewish deicide*. 12 April 2020. Wikimedia Foundation. 24 May 2020. <https://en.wikipedia.org/wiki/Jewish_deicide>.

—. *Jewish National Fund*. 3 March 2020. Wikimedia Foundation. 2020 May 2020. <https://en.wikipedia.org/wiki/Jewish_National_Fund>.

—. *List of United Nations resolutions concerning Israel*. 17 March 2020. Wikimedia Foundation. 18 May 2020. <https://en.wikipedia.org/wiki/List_of_United_Nations_resolutions_concerning_Israel>.

William, Koenig R. *Eye to Eye: Facing the Consequences of Dividing Israel*. Revised. Christian Publications, 2017.

Wood, Christopher S. "Albrecht Altdorfer and the Origins of Landscape." Wood, Christopher S. *Albrecht Altdorfer and the Origins of Landscape*. London: Reaktion Books, 1993. 251.

World Israel News. *WZO report: 18% spike in global anti-Semitism*. 20 April 2020. <https://worldisraelnews.com/wzo-report-18-spike-in-global-anti-semitism/>.

YashaNet. *Anti-Semitism of the "Church Fathers."* 2019. 18 May 2020. <http://www.yashanet.com/library/fathers.htm>.

Zionism-Israel. *Zionism & Israel Information*. 2020. 14 April 2020. <http://www.zionism-israel.com/bio/E_Ben_Yehuda_biography.htm>.

—. *Zionism & Israel Resources*. 2020. 14 April 2020. <http://www.zionism-israel.com/bio/echad_haam.htm>.

www.ingramcontent.com/pod-product-compliance
Lightning Source LLC
Chambersburg PA
CBHW021438070526
44577CB00002B/205